法槌下的正义

全民反诈指引

爱新觉罗启骋　姜在斌 / 顾问
罗 兰　秦凯丽　杨 柳　黄 冰 / 著

中国法制出版社
CHINA LEGAL PUBLISHING HOUSE

前　言

“法官同志，您先千万别说话，我接一下闺女电话，她不知道我来法院了。”这是我在接待一位古稀老人时听到的话，而类似的场景已经不是第一次出现。近年来，诈骗犯罪已经成为发案高、损失大、群众反映强烈的典型犯罪类型之一，有些涉案老人投钱时没有告知家人，被骗后又怕家人埋怨，不敢告诉家人，独自维权，遭受财产损失的同时背负着巨大的心理压力。

“现在骗子都‘与时俱进’，我不学习不是等着被骗吗？”这是我在社区普法时，一位耄耋老人领取我编写的《谨防养老诈骗》普法手册时的感慨[①]。现在不法分子都在根据社会热点、认知盲点和人性弱点变着招数骗钱，我们仅凭自信能够幸免和相信他人是不切实际的。

在真实的案例中，被诈骗的群体涉及各个年龄段、各个领域、各种职业和文化程度，没有一个群体对诈骗可以做到完全免疫。被骗后，大家面临的不仅是为了追赃挽损所耗费的时间和精力，还有身心的打击，有的老人一生积蓄血本无归，一病不起甚至搭上生命。每每看到这些，我总会觉得自己的工作不能仅限于公正的审判，不能仅满足于事后的惩罚和救济，而应尽己所能再多做一点、往前再迈一步，运用我们的专业知识和经验帮助更多老百姓少受骗、不受骗，让不法分子不敢骗、不能骗、骗不了。一枝一叶总关情，

---

① 参见《排队的功夫，就学了不少预防养老诈骗的知识》，载京法网事微信公众号（2022 年 6 月 2 日），https://mp.weixin.qq.com/s/__YKPcr-vDd61V7iU6CwJg，最后访问时间：2022 年 12 月 31 日。

正是这份情怀，让我始终坚持以案普法，须臾不敢懈怠。于是，我和我的同事们成立“兰心”志愿普法党小组，我也走下审判席，迈上了社区的“讲台”[①]，并尝试用老百姓喜闻乐见的话剧[②]、融媒体直播[③]等形式宣传反诈，希望早一点为老百姓搭建起防范风险的绿色屏障。

与本书编辑孙静的相识正是源于普法宣传。2022年全国打击整治养老诈骗专项行动掀起强大攻势，我审理的迟某、杨某等涉收藏品诈骗系列案及反诈宣传工作得到多家媒体报道，又恰逢《中华人民共和国反电信网络诈骗法》表决通过，全民反诈势在必行、势如破竹。当孙静编辑以反诈为主题向我约稿，希望以图书的形式分享这些普法成果时，我们相见恨晚、一拍即合。因为我深知预防诈骗的重要性，办案人员口中常说的“快破案不如不发案，多追赃不如不受骗”讲的就是这个道理，打击治理诈骗犯罪守护好老百姓的钱袋子不能止于见招拆招，必须让防治走在诈骗前面，这也是本书创作的初衷。

一本好书就是与读者对话，作为全民普法书籍，怎么写读者愿意看，怎么写专业知识可以深入浅出、深入人心，帮助更多人轻松获取反诈知识和能力呢？我们翻阅了很多线上线下反诈主题的书籍和公众号，集思广益后确定了写作思路，试图让本书博采众长并有自身的特点：

其一，法官视角＋专业解析。本书的各位作者均在基层审判一线工作

---

① 参见《“兰心”志愿普法党小组推动普法零距离》，载前线新闻客户端，http://appqianxian.ebda.cn:9009/newsInfo.html?newsId=41072&type=share，最后访问时间：2023年3月28日。参见《北新桥街道普法大课堂邀请法官讲反诈 守好百姓养老钱》，载《北京日报》APP北京号，https://bj.bjd.com.cn/bjrbbeijinghao/contentShare/5de62e2be4b0fe93cc13b8cf/AP62cbe93ee4b0cd8d0ea6697f.html?from=appMessage&timestamp=1676362389023，最后访问时间：2022年7月1日。

② 参见《一等奖！东城法院原创话剧连获四年奖再上新台阶》，载北京法官微信公众号（2022年3月31日），https://mp.weixin.qq.com/s/H0VjCSCyznJhNw-FFJ_2cw，最后访问时间：2022年12月31日。参见《法槌有温度，普法有热度！》，载东城政法微信公众号（2023年7月28日），https://mp.weixin.qq.com/s/0veGFYbtExiqCp3tGRKKHg，最后访问时间：2023年7月29日。

③ 参见《五种骗局三张牌四把锁，法官教您防范涉老诈骗》，载京法网事微信公众号（2022年11月2日），https://mp.weixin.qq.com/s/MFrTkYa3qac5MjwpCvxVNg，最后访问时间：2022年11月6日。

十余年，赋予了本书鲜明的专业视角和实务导向。全书援引《中华人民共和国刑法》《中华人民共和国民法典》《中华人民共和国反电信网络诈骗法》等四十余部法律、司法解释、指导性文件和规范性文件，新闻报道和数据通报遍及新华网、人民网、央视网、“两高一部”微信公众号、国家级行业主管部门官网等权威媒体。全书采取“总（了解诈骗犯罪）—分（易发高发9种常见骗局）—总（综合反诈指引）”的写作结构，常见骗局按照“识别指南—典型案例—防范举措”的逻辑依次展开，释法精准到位，析法层次分明。

其二，案例真实＋易读趣读。本着“专、真、新、时”（典型性、真实性、新颖性、时效性）的标准，经过层层筛选、反复打磨，本书最终挑选出近年来发生在全国范围内、在相关行业领域颇具权威性、代表性、前沿性的真实案例作为素材，案例内容表述严谨、力求保留原貌、有裁判文书及官方报道可追溯的同时，挖掘案例细节、提炼案例标题、提升故事张力，让本书易读、有趣、解悬念。

其三，多维反诈＋全面指引。区别于其他书籍，本书试图满足不同读者的普法需求，在防范举措上还尝试了两个方面的创新：一是针对不同类型的骗局，首次提出涵盖刑事法律评价、民事行为指引、综合治理建议“刑民行”三位一体的多维度反诈指南，其中综合治理建议系结合实际审判中的司法建议及回函梳理的涉及行政监管和行业自治的反诈建议；二是本书用一整章的篇幅系统总结提炼出全链条反诈、全行业阻诈、全社会防诈的全方位反诈指引。我们相信，本书既是法律实务人员的工具用书，还是金融、旅游、食药、电信等行业工作人员的合规指南，更是社会大众的普法读物，具有重要的实用价值。

感谢一起创作本书的凯丽、杨柳、黄冰，相信那些夜以继日却孜孜不倦，如切如磋但共同精进的时光必将成为我们宝贵的人生经历。

在此还要特别感谢为本书的创作给予大力支持和悉心指导的北京市东城区人民法院何马根院长，爱新觉罗启骋副院长和姜在斌庭长，感谢为本书创作提供帮助的各位领导、同事、亲友，还有为丰富普法素材毫无保留给予改编、转载授权的各位政法同仁、记者编辑、媒体朋友，是你们的帮助和期待让本书有了更多元的视角、更新颖的内容，也对本书提出了更严格的要求。希望本书不负所望，让读者有所裨益，助全民反诈星火之力。

受经历和水平所限，书中的一些观点认识可能尚不成熟，不足和疏漏之处，恳请广大读者不吝赐教。

罗兰

写于2023年7月

目录
Contents

第一章

了解诈骗犯罪

诈骗罪是一项古老而传统的侵犯财产犯罪，在刑事法律中将其作为重要犯罪予以惩治和防范，是当今世界各国的通例。随着社会生活的不断变化，诈骗罪的内涵和外延也呈现出新的发展，本章主要从宏观层面对诈骗犯罪的立法变迁、发展演进、趋势特征等内容进行梳理，便于读者在深度阅读前先形成一个整体认识。

第一节　诈骗的罪与罚

一、诈骗罪的法律规定：什么是诈骗罪

诈骗罪，是指以非法占有为目的，采用虚构事实或者隐瞒真相的方法，骗取数额较大的公私财物的行为。

我国古代将侵犯财产权利的犯罪统称为“盗”罪，对“欺诈取财”行为予以专门规定是后来才有的。1979 年《中华人民共和国刑法》[①] 在第 151 条和第 152 条中规定了诈骗罪和惯骗罪，该部刑法仍然强调诈骗罪与盗窃罪、抢夺罪之间的亲近性，将三种罪名规定在同一法律条文中主要是基于犯罪发生的概率、感官上的危害程度等因素作出的立法选择，同时考虑到三种罪行处罚相当、经常混杂出现，便一并设置了相同的法定刑。

① 1979 年 7 月 1 日，第五届全国人民代表大会第二次会议通过《中华人民共和国刑法》，自 1980 年 1 月 1 日起施行，现已失效。

目前，《中华人民共和国刑法》[①] 采用了罪名分立模式，设置专条对诈骗罪作出规定，并取消了惯骗罪这一罪名。该法第 266 条规定："诈骗公私财物，数额较大的，处三年以下有期徒刑、拘役或者管制，并处或者单处罚金；数额巨大或者有其他严重情节的，处三年以上十年以下有期徒刑，并处罚金；数额特别巨大或者有其他特别严重情节的，处十年以上有期徒刑或者无期徒刑，并处罚金或者没收财产。本法另有规定的，依照规定。"

二、诈骗罪的构成要件：什么情况下成立诈骗罪

在刑法中，用来判断行为是否成立犯罪的标准是构成要件，包括犯罪主体、主观方面、犯罪客体、客观方面四个内容。以诈骗罪为例：

第一，犯罪主体为一般主体。凡年满 16 周岁且具有刑事责任能力的自然人都可以成为诈骗罪的犯罪主体，但是单位不能成为诈骗罪的犯罪主体。

第二，主观方面只能是直接故意，并且具有非法占有公私财物的目的，即明知自己的行为意图排除财产的权利主体，将公私财物作为自己的财物进行支配。

第三，犯罪客体是公私财物所有权。公私财物是指公共财产、私人所有或者占有的财产，包括社会保险金等财产性利益。

第四，客观方面表现为诈骗财物的行为，包括如下几个环节：实施欺诈行为，虚构事实、隐瞒真相→使对方陷入错误认识，信假为真→对方基于错误认识"自愿"交付、处分财物→行为人或者第三人获得财物→对方遭受财产损失。前述环节，缺一不可。

此外，根据《中华人民共和国刑法》的规定，诈骗公私财物的行为，必须达到"数额较大"的程度，才构成犯罪。根据 2011 年 3 月 1 日通过的《最

① 本书如未特别标注，所称规范均为现行法律规范。

高人民法院、最高人民检察院关于办理诈骗刑事案件具体应用法律若干问题的解释》第 1 条的规定，诈骗公私财物价值 3000 元至 1 万元以上，应当认定为“数额较大”；各省、自治区、直辖市高级人民法院、人民检察院可以结合本地区经济社会发展状况，在前款规定的数额幅度内，共同研究确定本地区执行的具体数额标准，报最高人民法院、最高人民检察院备案。

三、诈骗罪的量刑标准：诈骗罪要面临什么样的处罚

（一）一般规定

根据《中华人民共和国刑法》第 266 条的规定，诈骗罪有三个刑档：

第一档：犯诈骗罪，数额较大的，处三年以下有期徒刑、拘役或者管制，并处或者单处罚金；

第二档：犯诈骗罪，数额巨大或者有其他严重情节的，处三年以上十年以下有期徒刑，并处罚金；

第三档：犯诈骗罪，数额特别巨大或者有其他特别严重情节的，处十年以上有期徒刑或者无期徒刑，并处罚金或者没收财产。

根据《最高人民法院、最高人民检察院关于办理诈骗刑事案件具体应用法律若干问题的解释》的规定，诈骗公私财物价值 3 万元至 10 万元以上、50 万元以上的，应当分别认定为“数额巨大”“数额特别巨大”。

以北京法院实际办案为例，分别以 5000 元、10 万元和 50 万元作为不同量刑幅度的数额标准。一般情况下，诈骗公私财物，犯罪数额达到 5000 元的，认为达到了“数额较大”的起点，在第一档内量刑；犯罪数额达到 10 万元的，认为达到了“数据巨大”的起点，在第二档内量刑；犯罪数额达到 50 万元的，认为达到了“数额特别巨大”的起点，在第三档内量刑。

（二）从严惩处

根据《最高人民法院、最高人民检察院关于办理诈骗刑事案件具体应用法律若干问题的解释》第 2 条的规定，诈骗公私财物达到前述数额标准，具有下列情形之一的，可以酌情从严惩处：

1. 通过发送短信、拨打电话或者利用互联网、广播电视、报刊杂志等发布虚假信息，对不特定多数人实施诈骗的；

2. 诈骗救灾、抢险、防汛、优抚、扶贫、移民、救济、医疗款物的；

3. 以赈灾募捐名义实施诈骗的；

4. 诈骗残疾人、老年人或者丧失劳动能力人的财物的；

5. 造成被害人自杀、精神失常或者其他严重后果的。

诈骗数额接近“数额巨大”“数额特别巨大”的标准，并具有从严惩处情形之一或者属于诈骗集团首要分子的，应当分别认定为“其他严重情节”“其他特别严重情节”。

（三）不起诉或者免予刑事处罚

根据《最高人民法院、最高人民检察院关于办理诈骗刑事案件具体应用法律若干问题的解释》第 3 条的规定，诈骗公私财物虽已达到“数额较大”的标准，但具有下列情形之一，且行为人认罪、悔罪的，可以不起诉或者免予刑事处罚：

1. 具有法定从宽处罚情节的；

2. 一审宣判前全部退赃、退赔的；

3. 没有参与分赃或者获赃较少且不是主犯的；

4. 被害人谅解的；

5. 其他情节轻微、危害不大的。

（四）不按犯罪处理

根据《最高人民法院、最高人民检察院关于办理诈骗刑事案件具体应用法律若干问题的解释》第 4 条的规定，诈骗近亲属的财物，近亲属谅解的，一般可不按犯罪处理，确有追究刑事责任必要的，具体处理也应酌情从宽。

四、诈骗犯罪≠诈骗罪：欺骗行为还可能触犯其他罪名

罪名，是犯罪行为的名称，通俗理解就是给犯罪行为取的名字。《中华人民共和国刑法》自颁布至今已经颁布了 11 个修正案[①]，共确定了 483 个罪名，其中“欺诈”“欺骗”“骗取”三个词语在刑法条文中出现了 43 次，遍布于 22 个罪名。而在刑法意义上，我们通常所说的诈骗罪，就是在“罪名”语境下的表达与使用，具有专门指代，即刑法第 266 条规定的普通诈骗罪。

根据犯罪行为的具体差别，《中华人民共和国刑法》在普通诈骗罪之外，又分离出了独立的特殊诈骗罪名，例如，第 224 条规定的合同诈骗罪，与诈骗罪的行为手段都是虚构事实或者隐瞒真相，不同之处是后者需以签订合同的方式实施。又如《中华人民共和国刑法》第 140 条至第 150 条规定，在产品中掺杂、掺假，以假充真，以次充好或者以不合格产品冒充合格产品，欺骗消费者的，应当以生产、销售伪劣商品的相关犯罪处理。

了解这一情况后，就不难理解《中华人民共和国刑法》第266条规定的“本

---

① 《中华人民共和国刑法（修正案）》作为对刑法条文的具体修正，与现行《中华人民共和国刑法》具有同等法律效力。目前，我国已对刑法颁布了 11 个修正案，分别是：1999 年《中华人民共和国刑法修正案》，2001 年《中华人民共和国刑法修正案（二）》和《中华人民共和国刑法修正案（三）》，2002 年《中华人民共和国刑法修正案（四）》，2005 年《中华人民共和国刑法修正案（五）》，2006 年《中华人民共和国刑法修正案（六）》，2009 年《中华人民共和国刑法修正案（七）》，2011 年《中华人民共和国刑法修正案（八）》，2015 年《中华人民共和国刑法修正案（九）》，2017 年《中华人民共和国刑法修正案（十）》以及 2020 年《中华人民共和国刑法修正案（十一）》。

法另有规定的，依照规定”，如果该法对某种欺诈行为已经设立了其他罪名，就不能再按照第266条规定的诈骗罪论处。特别是对于使用特定诈骗方法或者骗取特定对象的行为，根据《中华人民共和国刑法》及有关司法解释的规定，一般直接以相关罪名定罪处罚，而不认定为诈骗罪，本书后面章节对相关罪名进行了详细介绍，此处不再赘述。

第二节　诈骗犯罪形态的演进路径

诈骗犯罪与社会公众日常生活密切相关，从基本的衣食住行到投资、消费、社交等各方面、各领域，都有可能成为犯罪分子实施诈骗的手段、工具和场景。诈骗犯罪案件呈现出传统诈骗手法升级、新型骗局与互联网技术勾连、以经济活动为掩护、犯罪模式多元化等趋势，并逐步呈现出作案手段隐蔽、资金往来密集、电子数据庞杂、刑事民事关系交织等复杂现象。诈骗犯罪已成为司法实践中最为疑难的案件类型之一。历经社会发展阶段变迁和经济发展样态转型，诈骗犯罪也呈现出不同特征及外延，为便于读者理解，这里我们简单将诈骗犯罪形态划分为传统型诈骗犯罪、新类型诈骗犯罪、电信网络诈骗犯罪三个阶段。

一、第一阶段：1.0 版多发性街面犯罪——传统型诈骗犯罪

本部分所称的传统型诈骗犯罪，是指《中华人民共和国刑法》第 266 条所规定的诈骗罪，是侵犯财产罪类别的一种。此处将其限定为传统型诈骗犯罪，主要是为了与近年来涌现的新类型诈骗犯罪予以区分。

传统型诈骗犯罪属于自然犯，是一种明显违背伦理道德的犯罪。它区别于违反法律但没有明显违背伦理道德的法定犯，即这种犯罪之恶是具有正常理性的普通人通过社会常识和朴素的伦理道德观念就可以评价的，不需要借助于法律知识。

早期的诈骗犯罪不常发生在商品生产流通领域，而是较多发生于一般生

活领域中。因此，在较长一段时间内刑法对于诈骗犯罪只规定了以公私财产所有权为客体的诈骗罪，对于利用票据、合同等手段实施的诈骗犯罪行为并没有作专门的规定，而是按照诈骗罪定罪处罚。

在打击犯罪的惯常表达中，通常将传统盗窃、抢夺、诈骗犯罪简称为“盗抢骗”犯罪。据了解，随着社会开放程度不断加深、人财物流动进一步加大，一段时间内“盗抢骗”侵财性犯罪案件曾居高不下，占到刑事发案总数的八成以上。根据公安部情况通报，2015 年，全国所立“盗抢骗”犯罪案件占全部刑事案件总数的 84%。一些犯罪嫌疑人以地缘、血缘或亲缘关系为纽带，结成团伙，流窜全国作案，逐渐形成了地域性职业犯罪群体。利用手机市场、二手车市场、金银首饰加工点等建立销赃渠道，形成了辐射全国的销赃网络。一些地方扒窃、盗窃电动车、自行车等街面犯罪活动高发，成为影响社会治安的突出问题。[①]

二、第二阶段：2.0 版向金融领域扩张——新类型诈骗犯罪

随着经济的发展，诈骗犯罪逐渐从原先单一的侵犯公民财产所有权的犯罪发展成为涉及社会各个领域、侵犯多重社会关系的复合型犯罪，并且呈现金融诈骗罪、合同诈骗罪等新类型诈骗犯罪与传统型诈骗犯罪并存的局面。新类型诈骗犯罪的社会危害性不仅表现为对于公私财产所有权的侵犯，更重要的是表现为对社会主义市场经济秩序的侵犯。在新类型诈骗犯罪中，金融诈骗犯罪是发生在金融领域中波及面广泛、社会危害性极其严重、在经济犯罪中增长最快的高频多发犯罪。据此，《中华人民共和国刑法》在分则部分第三章破坏社会主义市场经济秩序罪一章专设一节对金融诈骗罪作出明确规定，

① 参见《公安部部署开展打击“盗抢骗”犯罪专项行动》，载中国政府网，http://www.gov.cn/xinwen/2016-03/23/content_5056620.htm，最后访问时间：2022 年 11 月 1 日。

具体包括：集资诈骗罪、贷款诈骗罪、票据诈骗罪、金融凭证诈骗罪、信用证诈骗罪、信用卡诈骗罪、有价证券诈骗罪和保险诈骗罪。

所谓“新类型”，是相对于传统型而言的，主要考虑到从普通诈骗罪中分解而来的新型金融诈骗犯罪具有不同于传统侵犯财产犯罪的新因素，大体上可归纳为以下三个方面：

1. 犯罪主体不同

犯罪主体是指实施危害社会的行为、依法应当负刑事责任的自然人和单位。传统型诈骗犯罪的犯罪主体为自然人，不需要具备特殊的身份条件。新类型金融诈骗罪属于智能犯罪、职业上的犯罪，犯罪主体既可以是单位，也可以是自然人。根据《中华人民共和国刑法》的规定，在金融诈骗犯罪中，可以由单位或者自然人构成的是保险诈骗罪、集资诈骗罪、票据诈骗罪、金融凭证诈骗罪和信用证诈骗罪；只能由自然人构成的是贷款诈骗罪、信用卡诈骗罪、有价证券诈骗罪。

2. 犯罪客体不同

犯罪客体即刑法所保护的法益。新类型金融诈骗罪作为经济类犯罪，兼具金融犯罪与财产犯罪的双重属性，犯罪客体是复杂客体，即国家相关金融管理制度和管理秩序，以及公私财产所有权。传统型诈骗罪作为侵犯财产类犯罪，犯罪客体是单一客体，仅为公私财产所有权。因此，新类型金融诈骗罪的社会危害程度及其后果具有延伸性和扩散性，社会危害程度相对严重。

3. 犯罪数额不同

诈骗数额在传统型诈骗犯罪中是衡量犯罪行为侵犯公私财产所有权严重程度的重要依据，而在新类型金融诈骗犯罪中，诈骗数额不仅是衡量犯罪行为侵犯公私财产所有权严重程度的依据，同时也是衡量犯罪行为侵犯金融管理秩序严重程度的依据，且构成犯罪的数额起点更高。以贷款诈骗罪为例，《中华人民共和国刑法》第 193 条规定，贷款诈骗的行为，除需满足相关构成要件外，还必须达到“数额较大”的程度，根据《最高人民检察院、公安部关于公安机关管辖的刑事案件立案追诉标准的规定（二）》第45条的规定，以非法占有为目的，诈骗银行或者其他金融机构的贷款，数额在5万元以上的，应予立案追诉。可见，新类型诈骗犯罪的犯罪数额在入罪标准上要高于传统型诈骗罪。

三、第三阶段：3.0版全民反诈时代——电信网络诈骗犯罪

2022年8月31日，据中国互联网络信息中心（CNNIC）发布的第50次《中国互联网络发展状况统计报告》显示，截至2022年6月，我国网民规模达10.51亿人次，互联网普及率达74.4%。①

2022年8月1日，据中国司法大数据研究院发布的《涉信息网络犯罪特点和趋势（2017.1—2021.12）司法大数据专题报告》显示，2017年至2021年，全国法院一审审结涉信息网络犯罪案件共计28.2万余件，且案件量呈逐年上升趋势，2018年、2019年、2020年、2021年分别同比上升57.18%、28.43%、20.9%、104.56%。其中，诈骗案件占比高达36.53%。②

在信息网络背景下，诈骗犯罪作为倍增式高发的犯罪形态，与信息网络深入勾连，逐渐呈现出精准化、链条化的特征。随着数字经济等新业态的兴起，电信网络诈骗在网络空间中进一步寻求到“可寄生”宿主，以刷单、“杀猪盘”③等为新样态的新型网络诈骗，已经超脱于传统诈骗犯罪空间，呈现出典型的网络黑灰产业化。值得注意的是，随着信息社会快速发展，当前犯罪结构已经发生了重大变化，传统诈骗犯罪持续下降，以电信网络诈骗为代表

① 参见《中国互联网络发展状况统计报告》，载中国互联网络信息中心网站，http://www.cnnic.net.cn/n4/2022/0914/c88-10226.html，最后访问时间：2022年11月2日。

② 参见《涉信息网络犯罪特点和趋势司法大数据专题报告发布》，载中国法院网，https://www.chinacourt.org/article/detail/2022/08/id/6826831.shtml，最后访问时间：2022年11月2日。

③ “杀猪盘”一词是来自从事电信诈骗行业人员对交友婚恋类网络诈骗的内部称呼，他们形象地将结交受害人、与受害人建立亲密关系、骗取受害人财物等过程比作“养猪、杀猪”的过程。详见本书第八章电信网络诈骗之二——交友婚恋骗局反诈指引。

的新型网络犯罪已成为主流犯罪。尽管此类案件防控在严打高压态势下取得一定成效，但发案量仍在高位运行，且随着人们的生产生活加速向网上转移，电信网络犯罪形势将持续严峻复杂。①

（一）电信网络诈骗的发展样态

诈骗犯罪主要经历了从撒网式诈骗到精准式电信网络诈骗的转变，而在电信网络诈骗犯罪形态中，又因互联网发展程度的不同催生出四种不同样态，各样态叠加出现，并依次占据电信网络诈骗的主导地位。

1. 由线下向线上的空间迁移阶段

在移动互联网初始发展阶段，移动通信电话的普及和广泛应用，为诈骗犯罪提供了新的滋生空间，电信诈骗主要通过随机拨打电话或者群发短信的方式向不特定的社会公众实施诈骗。随着智能手机、移动互联网的出现以及"三网融合"（电信网、广播电视网、互联网）的逐步深入，信息网络技术几乎渗透到社会生活的方方面面，也衍生了电信诈骗的新技术手段，如犯罪分子利用伪基站②、智能拨号软件实施诈骗，受害者的数量暴增。

2. 信息数据加持的精准投送阶段

大数据时代悄然降临，公民个人信息数据安全开始面临严重挑战，公民个人信息的非法获取和买卖成为严重困扰公众正常生活的问题隐患。在大数据背景下，电信网络诈骗犯罪的精准化及其同集资诈骗罪等犯罪的勾连化特征明显，诈骗犯罪依托非法获取的公民个人信息，精准定位易骗人群使普通人被害的可能性放大，诈骗犯罪与公民个人信息犯罪成为并发型犯罪。

---

① 参见《打击治理电信网络诈骗 | 电信网络诈骗呈现新变化新特点诈骗手法加速迭代 攻防对抗加剧升级》，载中国工信产业网，https://www.cnii.com.cn/rmydb/202204/t20220418_373348.html，最后访问时间：2023 年 2 月 10 日。

② 伪基站，又称假基站、假基地台，是一种利用 GSM（全球移动通信系统）单向认证缺陷的非法无线电通信设备，主要由主机和笔记本电脑组成，能够搜取以其为中心、一定半径范围内的 GSM 移动电话信息，并任意冒用他人手机号码强行向用户手机发送诈骗、推销等垃圾短信，通常安放在汽车或者一个比较隐蔽的地方发送。伪基站运行时，用户手机信号被强制连接到该设备上，无法连接到公用电信网络，以影响手机用户的正常使用。

3. 与黑灰产业勾连的同流寄生阶段

在数字经济背景下，电信网络诈骗犯罪进一步找到了犯罪的对象与空间，利用电子商务平台的相关漏洞，通过恶意退换货骗取平台赔付、电商赔付，衍生为一种以诈骗为形式和目的的“薅羊毛”恶意索赔行为，呈现出索赔对象量的倍增，手段链条化、产业化，尤其是索赔行为与恶意注册、虚假交易相结合，具有网络黑灰产业的危害性特征，使典型网络诈骗与网络黑灰产业相勾连。

4. 攻防对抗加剧的迭代升级阶段

随着信息技术的广泛运用，电子科技和支付方式迅猛发展，数字经济在给人们生活带来便利的同时，也使信息网络犯罪有了滋生蔓延的土壤，并逐步取代传统犯罪形式成为主流犯罪形式，电信网络诈骗是信息网络犯罪中最为常见的犯罪类型。一方面，诈骗手法加速迭代变化。诈骗集团紧跟社会热点，随时变化诈骗手法和“话术”，迷惑性强，群众很容易上当受骗，据公安部通报，当前电信网络诈骗类型已经超过 50 种。[①] 另一方面，攻防对抗不断加剧升级。诈骗集团利用虚拟货币、人工智能、远程操控、共享屏幕等新技术新业态，不断更新升级犯罪工具，与公安机关在通信网络和转账洗钱等方面的攻防对抗不断加剧升级。

（二）电信网络诈骗犯罪情况综述

1.“数”说犯罪趋势

从总体趋势来看，2006 年至 2016 年，我国电信诈骗案件每年以 20% 至 30% 的速度快速增长，电信网络诈骗犯罪已经成为当下社会综合治理和刑事犯罪打击的顽疾之一。[②]

① 参见《国新办举行打击治理电信网络诈骗犯罪工作进展情况发布会》(图文实录)，载国务院新闻办公室网站，http://www.scio.gov.cn/xwfbh/xwbfbh/wqfbh/47673/48097/wz48099/Document/1722819/1722819.htm，最后访问时间：2022 年 4 月 14 日。

② 参见南京邮电大学信息产业发展战略研究院编著：《中国反电信网络诈骗蓝皮书（2016）》，人民邮电出版社 2007 年版，第 3 页。

据最高人民法院 2022 年 9 月 6 日发布的数据显示，2017 年至 2021 年，全国法院一审审结电信网络诈骗犯罪案件 10.3 万件，22.3 万名被告人被判处刑罚。其中，2018 年同比上升 71.69%；2019 年同比上升 25.15%；2020 年同比上升 40.36%；2021 年同比下降 17.55%。2022 年上半年，全国法院一审审结电信网络诈骗犯罪案件 1.1 万件，2.1 万名被告人被判处刑罚，同比又有所下降。①

据最高人民检察院 2022 年 3 月 2 日发布的数据显示，2019 年至 2021 年，检察机关分别起诉电信网络诈骗犯罪 3.9 万人、5 万人、4 万人。仅就数据而言，虽然 2021 年电信网络诈骗犯罪起诉人数有所回落，但是总体上仍在高位运行。需要指出的是，与 2021 年电信网络诈骗犯罪起诉人数有所回落相伴生的现象是，为诈骗犯罪“输血供粮”的各类网络犯罪增长较快，主要涉及帮助信息网络犯罪活动罪，掩饰隐瞒犯罪所得、犯罪所得收益罪，侵犯公民个人信息罪，妨害信用卡管理罪，买卖国家机关公文、证件、印章罪，偷越国（边）境罪，非法利用信息网络罪，等等。其中，2021 年检察机关起诉帮助信息网络犯罪活动罪近 13 万人，同比上升超 8 倍，居各类刑事犯罪的第 3 位（前两位分别为危险驾驶罪和盗窃罪），成为电信网络诈骗犯罪链条上的第一大罪名。②

据公安部 2022 年 3 月 5 日公布的数据显示，2021 年，公安机关共破获电信网络诈骗案件 44.1 万余起，抓获违法犯罪嫌疑人 69 万余名，打掉涉“两卡”违法犯罪团伙 3.9 万个，追缴返还人民群众被骗资金 120 亿元。③据了解，当前电信网络诈骗已成为发案数最高、损失最大、群众反响最强烈的犯罪形

---

① 参见《最高法发布依法惩治电信网络诈骗犯罪工作情况 | 从严惩处是“首要原则”，打击跨境诈骗是“重中之重”》，载最高人民法院网站，https://www.court.gov.cn/zixun-xiangqing-371151.html，最后访问时间：2022 年 11 月 3 日。

② 参见《检察机关全链条惩治电信网络诈骗犯罪 2021 年起诉 4 万人》，载最高人民检察院微信公众号（2022 年 3 月 2 日），https://mp.weixin.qq.com/s/6kpr8oDr61N4TSu_kJC8Ew，最后访问时间：2022 年 11 月 3 日。

③ 参见《重拳打击电信网络诈骗犯罪 坚决守好人民群众的“钱袋子”》，载公安部网站，https://www.mps.gov.cn/n2254098/n4904352/c8392739/content.html，最后访问时间：2022 年 11 月 2 日。

态。

2022 年 4 月，国务院新闻办公室举办的打击治理电信网络诈骗犯罪新闻发布会上指出，尽管电信网络诈骗打击治理工作取得了明显成效，案件快速上升的势头得到了有效遏制，但犯罪形势依然严峻复杂。从打击治理实践看，电信网络诈骗不是简单的社会治安问题，而是复杂的社会治理难题。[①]

2.“变”析套路手法

根据国家反诈中心发布的《防范电信诈骗宣传手册》，当前电信网络诈骗中，刷单返利、网络贷款、“杀猪盘”、购物退款这四类高发网络诈骗案件占 70% 以上。此外，也有研究机构认为，“屏幕共享、呼叫转移被滥用”与“制造纠纷掩人耳目、交易诈骗难甄别”“个人信息泄露是源头、公开信息存隐患”“‘安全账户’转账有防备、资金归集难提防”“多平台引流难治理、风控能力有壁垒”“贷款诈骗目标群体聚类、征信修复两头施骗”“事后察觉被骗难、有效救济失时机”“骗光财物不收手、债台高筑难翻身”等，共同构成 2021 年电信网络诈骗的八大新特征。

在传统诈骗手段花样翻新，新型诈骗手段不断出现的基础上，电信网络诈骗手段交织运用，迷惑性强、危害性大，出现了一些新变化、新特点：

（1）有组织犯罪，公司化管理

犯罪团伙内部组织架构严密，就角色分工、话术培训、奖金提成甚至是休假福利都有明确规定。有些诈骗犯罪团伙伪装成传媒公司、收藏品公司等合法形式，向社会招录员工，通过人身控制加上高薪诱惑以实现员工招徕及管理，不断为诈骗队伍充实力量。

（2）黑灰产业为电信网络诈骗不断“输血供粮”

当前，辅助于电信网络诈骗的犯罪工具不断翻新，手法更新加速迭代升

① 参见《国新办举行打击治理电信网络诈骗犯罪工作进展情况发布会》（图文实录），载国务院新闻办公室网站，http://www.scio.gov.cn/xwfbh/xwbfbh/wqfbh/47673/48097/wz48099/Document/1722819/1722819.htm，最后访问时间：2022 年 4 月 14 日。

级。大量 GOIP/VOIP[①]、“猫池”[②]设备被用于实施犯罪，金融领域跑分平台极易沦为洗钱工具，一些虚拟货币更是因为点对点交易、追踪难、匿名便捷等特征而被利用成为跨境洗钱通道，多行业支撑使打击电信网络诈骗难上加难。

（3）作案隐蔽性高，侦查取证困难

电信网络诈骗相较于传统诈骗，具有远程性、非接触式的特征，犯罪嫌疑人往往依托改号软件、使用电信运营的虚拟号段或以非法向他人购买身份证、银行卡等方式扮演角色、伪装身份，编造包括身份证号、手机号码、职业情况、银行卡号等在内的虚假信息诓骗被害人。

被害人在报案时往往无法准确提供对方基本信息，甚至连嫌疑人都无法指认。相比之下，犯罪团伙的反侦查意识及抗抓捕能力却在不断提升，例如，韩某某犯帮助信息网络犯罪活动罪一案中，韩某某供述其与购买“两卡”的上家联系仅限于使用指定的 APP（第三方应用程序）聊天软件，除此之外没有任何联系方式，由此给侦查工作带来巨大困难。

（4）跨境作案日益猖獗，增加破案及抓捕难度

犯罪团伙纷纷将犯罪地转设境外，据统计，电信网络诈骗犯罪境外作案占比达 80%，跨国有组织特征日趋明显。[③]目前在柬埔寨、菲律宾、阿联酋、

① GOIP 设备，是指网络通信的一种硬件设备，即虚拟拨号设备，能将传统电话信号转化为网络信号，一台设备可供上百张手机卡同时运作。犯罪分子在境外通过设置于国内的 GOIP 设备远程控制国内的手机数据卡实施诈骗。

VOIP 技术，是指将声讯信号数字化，封存为数据包利用网络传送的方式搭建话务平台，在网络拨号过程中，在 VOIP 厂商的协助下，在境外利用任意显号技术虚拟我国境内国家机关电话号码，透传到受害人电话上，增加诈骗犯罪的迷惑性。

② “猫池”，是一种扩充电话通信带宽和目标对象装备的别称，可以同步拨打大批量的用户号码，骗子们往往利用它来提高拨打电话环节的效率。不仅能够实现集群发布，而且使用方便、成本低廉，已经成为电信诈骗者常用的诈骗用具。

③ 参见《公安部：目前电信网络诈骗犯罪境外作案占比达 80%》，载中国新闻网百度账号，https://baijiahao.baidu.com/s?id=1739292039875987008&wfr=spider&for=pc%EF%BC%9A，最后访问时间：2022 年 11 月 11 日。

土耳其、缅北等国家和地区，仍有大量犯罪团伙向我国公民实施诈骗活动。[①]伴随异地作案导致的流动性和隐蔽性增强，增加了公安机关追查溯源及跨境协调抓捕的难度，尤其跨境电信网络诈骗还涉及不同国家之间的主权保护、司法协助、引渡协议等问题，也使电信网络诈骗日益成为全球性的打击治理难题。

（5）技术手段翻新，利用木马程序转移钱款

事实上，并非所有的诈骗都需要通过被害人直接转账到不法分子的账户才能实现钱款转移，实践中还有一种较为常见的骗术，不法分子诱导被害人点击下载“安全软件”，谎称向银行卡里归集资金就可以进行“资金清算”。被害人天真地相信“反正钱都是转到自己的卡上，只要卡和U盾在手中，资金就是安全的”谎言，殊不知犯罪分子可以通过电脑软件远程操控被害人的电脑，并通过安全账户中的金额来判断目标对象是否具有经济实力。被害人下载的所谓“安全软件”实际上是“木马”程序，这个计算机恶意程序通常以极其隐蔽的方式运行，随时可以进行资金转账操作，只要被害人将所有资产悉数存入“安全账户”便会血本无归。

（6）钱款转移迅速，追赃挽损比率低

追赃挽损工作一直是侵犯财产类案件的重点难点，电信网络诈骗追赃挽损困难表现在：

其一，财产损失巨大。2015年12月，一个特大电信诈骗团伙在某地建话务窝点，冒充我国公检法机关工作人员大肆进行电信诈骗活动，短短一周内将配合“清查”的单位银行账户中1.17亿元人民币转走，先后有62名犯罪嫌疑人被抓获，该案涉案金额大、涉案区域广、涉案人员多、作案手法先进，成为近年

① 参见《国新办举行打击治理电信网络诈骗犯罪工作进展情况发布会》（图文实录），载国务院新闻办公室网站，http://www.scio.gov.cn/xwfbh/xwbfbh/wqfbh/47673/48097/wz48099/Document/1722819/1722819.htm，最后访问时间：2022年4月14日。

来单笔最大跨境网络诈骗案件。[①]

其二，赃款数额认定难。电信网络诈骗犯罪往往涉及的被害人人数众多，犯罪嫌疑人往往通过虚拟交易平台、虚设股票账户等方式逃避监管，使得犯罪数额无法全部通过银行交易明细、电子转账凭证等方式与被害人陈述相互佐证，财产线索梳理以及涉案金额认定成为难题。

其三，追查资金去向难。诈骗金额往往在短时间内被迅速分散转移至几级甚至几十级账户，其中不乏境外账户，导致钱款难以追回。在不少诈骗案中，被害人报案时，钱款已由诈骗团伙最初收款的境内账户经过层层转账，汇入诈骗团伙控制的境外账户。

3.“拳”力打击整治

党中央高度重视电信网络诈骗打击治理工作。2021 年 4 月，习近平总书记专门就打击电信网络诈骗犯罪工作作出重要指示，强调“近年来，各地区各部门贯彻党中央决策部署，持续开展电信网络诈骗犯罪打击治理，取得了初步成效。要坚持以人民为中心，统筹发展和安全，强化系统观念、法治思维，注重源头治理、综合治理，坚持齐抓共管、群防群治，全面落实打防管控各项措施和金融、通信、互联网等行业监管主体责任，加强法律制度建设，加强社会宣传教育防范，推进国际执法合作，坚决遏制此类犯罪多发高发态势，为建设更高水平的平安中国、法治中国作出新的更大的贡献”[②]。

这充分彰显了党和国家对打击治理电信网络诈骗犯罪工作的高度重视，也为做好当前和今后一个时期打击治理电信网络诈骗犯罪工作指明了前进方向、提供了根本遵循。电信网络诈骗犯罪发展势头猛、现实危害大、打击治

① 参见《62 人团伙诈骗 1.17 亿元 大陆多名官员涉案》，载中国新闻网，https://www.chinanews.com.cn/sh/2016/04-24/7845817.shtml，最后访问时间：2022 年 11 月 5 日。

② 参见《习近平对打击治理电信网络诈骗犯罪工作作出重要指示强调 坚持以人民为中心 全面落实打防管控措施 坚决遏制电信网络诈骗犯罪多发高发态势 李克强作出批示》，载新华网，http://www.xinhuanet.com/politics/leaders/2021-04/09/c_1127313085.htm，最后访问时间：2022 年 11 月 5 日。

理难，需要出重拳、用重典，合力打击电信网络诈骗犯罪的飓风行动正持续发力、依法严打严惩的丰硕战果正在逐步显现。

（1）打防管控

其一，全链条重拳打击涉诈犯罪。公安部连续组织开展“云剑”“长城”“断卡”“断流”“5·10”等专项行动，始终保持严打高压态势。自2021年4月至2022年4月，全国共破获电信网络诈骗案件39.4万起，抓获犯罪嫌疑人63.4万名，同比分别上升28.5%、76.6%，先后发起全国集群战役150次，捣毁诈骗窝点3.2万个，打击战果创历史新高。公安部会同国家移民管理局组织开展“断流”专项行动，打掉非法出境团伙1.2万个，抓获偷渡犯罪嫌疑人5.1万名；会同最高人民法院、最高人民检察院、工业和信息化部、中国人民银行和三大运营商持续推进“断卡”专项行动，打掉“两卡”违法犯罪团伙4.2万个，查处犯罪嫌疑人44万名，惩戒失信人员20万名，惩处营业网点、机构4.1万个。[①]

其二，全方位织密技术反诈防护网。自2021年4月至2022年4月，国家反诈中心直接推送全国预警指令4067万条，各地利用公安大数据产出预警线索4170万条，成功避免6178万名群众受骗。公安部会同工业和信息化部、中国人民银行，充分利用大数据、云计算、人工智能等科技手段与防范治理深度融合，开创性开展数据赋能、域名封堵、技术反制等工作，全力构筑防止群众被骗的“防火墙”，成功拦截诈骗电话19.5亿次、短信21.4亿条；封堵涉诈域名网址211万个；紧急止付涉案资金3291亿元。[②]2022年4月19日，全国首个四级街乡反诈中心——北京市房山区拱辰街道防范电信网络诈骗犯

① 参见《打好反诈人民战争 维护群众财产安全》，载人民网，http://society.people.com.cn/n1/2022/0415/c1008-32399528.html，最后访问时间：2022年11月5日。

② 参见《打好反诈人民战争 维护群众财产安全》，载人民网，http://society.people.com.cn/n1/2022/0415/c1008-32399528.html，最后访问时间：2022年11月5日。

罪预警劝阻中心正式启动，反诈触角延伸到基层。[①]

其三，全行业铲除滋生犯罪土壤。金融、通信、互联网等行业主管部门切实履行监管责任，强化行业治理，全面堵塞漏洞，全力铲除黑灰产业。在2022年公安部会同工业和信息化部对利用固定电话号码实施的电信网络诈骗犯罪集团开展收网行动中，北京、天津、河北等15个省区市公安机关成功抓获了一批违规代理商工作人员及与境外诈骗团伙勾连人员，打掉了一批违法犯罪窝点。[②]工业和信息化部组织三大运营商升级启动“断卡行动2.0”，先后清理高危电话卡7769万张、行业卡1931万张[③]，依法处置涉诈号码4.5万个、域名网址104万个，部署推进“打猫（池）行动”，大力清理诈骗作案工具。中国人民银行深入开展“资金链”治理工作，拒绝可疑交易1.3亿笔。[④]中央网信办牵头加强网络巡查监测和网络生态治理，集中整治互联网行业涉诈突出问题，有效挤压犯罪生存空间。

相关各方守土有责、守土尽责，向电信网络诈骗全面宣战，充分发挥职能作用，合力挤压犯罪空间，有效遏制了电信网络诈骗案件的快速上升势头。

（2）有法可依

循法而行，依法而治，政策法律的支持是打击治理电信网络诈骗犯罪的有力保障。为进一步完善相关法律体系，推进源头治理和综合治理，近年来我国相继出台和发布了多个涉诈反诈法律、司法解释、指导意见等规范性文

---

① 参见《各地区各部门合力筑牢反诈“长城”》，载新华网，http://www.xinhuanet.com/2022-05/11/c_1128638469.htm，最后访问时间：2022年11月5日。

② 参见《公安部组织15省区市公安机关同步开展收网行动 严厉打击为电信网络诈骗搭建固话语音专线的犯罪团伙》，载新华网，http://www.gov.cn/xinwen/2022-04/04/content_5683422.htm，最后访问时间：2022年11月5日。

③ 参见《持之以恒惩治电信网络诈骗（人民时评）》，载人民网，http://sd.people.com.cn/n2/2022/0511/c386784-35263193.html，最后访问时间：2022年11月5日。

④ 参见《深入开展“资金链”治理工作 2021年人民银行拒绝涉诈可疑交易1.3亿笔》，载中国金融新闻网，https://www.financialnews.com.cn/jg/dt/202204/t20220414_244089.html，最后访问时间：2022年11月5日。

件（如图 1 所示）。

1	2011 年 3 月 1 日 《最高人民法院、最高人民检察院关于办理诈骗刑事案件具体应用法律若干问题的解释》
2	2016 年 12 月 19 日 《最高人民法院、最高人民检察院、公安部关于办理电信网络诈骗等刑事案件适用法律若干问题的意见》
3	2017 年 5 月 8 日 《最高人民法院、最高人民检察院关于办理侵犯公民个人信息刑事案件适用法律若干问题的解释》
4	2021 年 6 月 17 日 《最高人民法院、最高人民检察院、公安部关于办理电信网络诈骗等刑事案件适用法律若干问题的意见（二）》
5	2022 年 8 月 26 日 《最高人民法院、最高人民检察院、公安部关于办理信息网络犯罪案件适用刑事诉讼程序若干问题的意见》
6	2022 年 9 月 2 日 第十三届全国人民代表大会常务委员会第三十六次会议《中华人民共和国反电信网络诈骗法》

图 1　近年来我国发布的涉诈反诈法律司法解释及指导性意见[①]

2011 年 3 月 1 日，最高人民法院、最高人民检察院印发《关于办理诈骗刑事案件具体应用法律若干问题的解释》（法释〔2011〕7 号）。该解释立足有效解决司法实践突出问题，首次明确电信诈骗犯罪的定罪处罚标准：一是规定对电信诈骗犯罪可以酌情从严惩处，数额达到相应标准的，应当分别认定为诈骗情节严重或者情节特别严重，在相应量刑幅度量刑；二是规定对诈骗数额难以查证的电信诈骗案件，可以根据群发短信、群拨电话的数量、诈骗手段及危害等，以诈骗罪未遂论处；三是对电信诈骗的共同犯罪问题作出了原则性规定。

① 本书除官网网站入口图外，如未特别标明来源的图表均系作者原创。以下不再特别说明。

2016 年 12 月 19 日，最高人民法院、最高人民检察院、公安部印发《关于办理电信网络诈骗等刑事案件适用法律若干问题的意见》（法发〔2016〕32 号），为适应新形势下的斗争需要，提出更为明确具体的适用法律依据。坚持依法从严惩处是该意见的关键和核心，据此针对电信网络诈骗犯罪的性质和特点，实行全国统一数额标准和数额幅度底线标准，不再由各地自行确定具体数额标准；进一步规定了从重处罚的十种情形，如利用“钓鱼网站”“木马”程序链接等进行诈骗的、以社会弱势群体为诈骗对象等；规定人民法院适用量刑规范化审理此类案件，在确定量刑起点、基准刑时，一般应就高选择，严格控制适用缓刑的范围，严格掌握适用缓刑的条件；采取数额标准和数量标准并行，既可根据诈骗数额，也可根据其实际拨打诈骗电话、发送诈骗信息的数量来定罪量刑，确保更准确、全面、客观地反映犯罪分子的罪行，进而体现罪责刑相适应。

2017 年 5 月 8 日，最高人民法院、最高人民检察院发布《关于办理侵犯公民个人信息刑事案件适用法律若干问题的解释》（法释〔2017〕10 号），依照《中华人民共和国刑法》《中华人民共和国刑事诉讼法》的规定，对侵犯公民个人信息罪的定罪量刑标准和相关法律适用问题作了全面、系统的规定，通过依法惩治侵犯公民个人信息犯罪活动，对电信网络诈骗进行防范。

2021 年 6 月 17 日，最高人民法院、最高人民检察院、公安部联合印发《关于办理电信网络诈骗等刑事案件适用法律若干问题的意见（二）》（法发〔2021〕22 号），聚焦新形势下打击治理电信诈骗犯罪出现的新情况、新问题，有针对性地完善相关司法对策、提出相应适用法律意见，吸收各类专项行动的经验做法、提炼上升为制度规范，为打击治理提供法律依据。该意见坚持依法从严惩处的基本方针，将跨境电信网络诈骗犯罪作为“重中之重”严厉惩处，进一步突出强调，对于犯罪集团中的组织者、策划者、指挥者和骨干分子，包括出资人、实际控制人等，以及利用未成年人、在校学生、老年人等特殊群体实施电信网络诈骗犯罪的，依法从严惩处。同时，牢固树立系统观念，实现上中下游全链条打击、境内境外一体治理，尽最大可能挤压此类犯罪的生存土壤和发展空间。

2022 年 8 月 26 日，最高人民法院、最高人民检察院、公安部联合发布《关于办理信息网络犯罪案件适用刑事诉讼程序若干问题的意见》（法发〔2022〕23 号）。该意见结合侦查、起诉、审判实践，进一步规范信息网络犯罪案件的办理程序，依法惩治信息网络犯罪活动：一是进一步规范信息网络犯罪案件的管辖及分案并案处理规则，减少管辖权争议；二是进一步规范信息网络犯罪案件的取证，明确公安机关对该类案件的调查核实规则、跨地域取证规则；三是进一步规范信息网络犯罪案件的证据审查，允许客观条件受限情形下，按照一定比例或者数量选取证据以及综合认定犯罪数额；四是进一步规范信息网络犯罪案件涉案财物处理，促使涉案人员退赃退赔。

毫无疑问，打击整治以电信网络诈骗犯罪为代表的新型网络犯罪是一项复杂的系统工程，也是我国社会治理能力和治理体系建设的一道“必答题”，需要构建“全国一盘棋”的治理格局。2022 年 9 月 2 日，第十三届全国人民代表大会常务委员会第三十六次会议表决通过《中华人民共和国反电信网络诈骗法》，成为我国反诈史上里程碑式的重大事件。这部专门为打击治理电信网络诈骗活动制定的法律，意味着从传统刑事处罚角度打击电信网络诈骗向“建立健全预防和惩治电信网络诈骗违法犯罪活动的法律制度”的转变，真正做到了“未雨绸缪”。

至此，反电信网络诈骗正式迈入全链条反诈、全行业阻诈、全社会防诈的全民反诈新时代。

第二章

“套路贷”骗局反诈指引

第一节 识别指南

随着金融经济的快速发展，民间借贷市场更趋活跃，呈现出借贷规模扩张化、借贷用途多样化等特征，对金融经济的影响日益加深，风险隐患也随之暴露。近年来，“套路贷”犯罪成为突出的新型犯罪之一。犯罪分子以无抵押、免担保、快速放贷为诱饵，骗取被害人签订虚高借款合同，步步将其“套牢”，给受害者造成严重的经济损失，不仅扰乱了金融管理秩序，也严重损害了正常的社会秩序、司法秩序。

一、什么是“套路贷”

“套路贷”并非法律规定的某一个罪名，而是实践中对一类、一系列犯罪行为的统称。“套路贷”，顾名思义，是指以套路的方式向他人放贷，因“套路”一词含有圈套、路数等欺诈语义，在字面意义上，“套路贷”可理解为使用欺诈的方法向他人发放贷款。

“套路贷”最早源于民间高利贷，而后经过演变异化成不以获得被害人支付的高额利息为目的，而是以获得被害人房屋等财产为目的的犯罪行为，因此按照约定俗成的理解，“套路贷”即贷款陷阱，是指假借贷款而实施的诈骗，诈骗是核心含义。

实践中经常出现“套路贷”犯罪与黑恶势力犯罪交织的情况：一方面，“套路贷”获利快、收益高，“套路”易于复制，容易被黑恶势力利用，用以聚敛财富；另一方面，“套路贷”不法分子逐渐采用公司化模式有组织地实施犯罪，往往借助暴力、威胁的方式“讨债”，容易演变为黑恶势力。为持续深入开展扫黑除恶专项斗争，坚决铲除“套路贷”及黑恶势力赖以滋生的土壤，2019 年，最高人民法院、最高人民检察院、公安部、司法部联合制定印发了《关于办理“套路贷”刑事案件若干问题的意见》，对准确甄别和依法严厉惩处“套路贷”违法犯罪予以法律规制。该意见第 1 条规定，“套路贷”是对以非法占有为目的，假借民间借贷之名，诱使或迫使被害人签订“借贷”或变相“借贷”“抵押”“担保”等相关协议，通过虚增借贷金额、恶意制造违约、肆意认定违约、毁匿还款证据等方式形成虚假债权债务，并借助诉讼、仲裁、公证或者采用暴力、威胁以及其他手段非法占有被害人财物的相关违法犯罪活动的概括性称谓。

二、“套路贷”的主要种类

1. 车贷模式

不法分子以小额贷款公司等形式对外宣称“速审速贷”“无须抵押”“方便快捷”等，诱骗被害人以自己所有的车辆作为质押物从小贷公司进行小额信贷。在签订借贷合同过程中，诱骗被害人接受在车辆上安装 GPS 定位装置、违约可任意处置车辆等严苛的违约条款，并签订《车辆质押协议》《车辆处置委托书》等相应文件。随后，肆意认定被害人违约，出动人员强行扣押车辆或者使用备用钥匙私自将车辆开走，并向被害人索取高额拖车费、停车费、违约金等款项，否则会擅自将被害人车辆出售，从而获取非法利益。

2. 房贷模式

不法分子以“民间借贷”为幌子，专挑有房产的群体下手，通过与被害人签订借款合同，以违约金、保证金等名目骗取被害人签订《借款合同》《房产抵押合同》等明显不利于被害人的合同，并通过公证的方式将房屋的出租、管理及查档权全部授权给贷款方即不法分子，为后续诉讼提供“合法”依据。借款时，以过流水的名义向被害人账户汇入高额资金，再以“保证金”“中介费”“服务费”等名义要求被害人以现金形式返还，导致被害人最终到手资金与流水资金出入较大。还款日届满时，不法分子以被害人违约为名索要高额还款、行使房屋抵押权，或者向法院起诉。

3. 裸贷模式

裸贷模式多以女大学生为犯罪对象，不法分子以无抵押分期还款形式向被害人借贷，待被害人无法还钱时，便要求被害人拍摄裸照或者录制不雅视频，以此作为延长还款期限的条件，并承诺裸照或者视频只作担保还钱之用，不会外传。在被害人满足上述要求后，便以向被害人家属寄送或者在网上散布裸照、视频等方式要挟被害人还款，并索取高额利息。

4. 信用贷模式

信用贷模式无须提供任何担保物，仅以借款人的信用作为担保即可，因此这种模式更具迷惑性，容易使被害人误以为可以轻松借到款项，从而放松警惕。实际上，被害人签订的借贷合同中约定款项与实际到手款项存在较大差别，不法分子会以预扣利息、手续费等名义收取“砍头息”等相关费用，事后则按照约定借款金额采用软硬兼施的方式向被害人讨债，并通过转单平账等方式，诱骗被害人借新还旧，层层垒高债务。

5. 搭售模式

作为信用贷模式的衍生方式，不法分子同样利用被害人急需借款的心理，与被害人签订借贷合同后，会要求被害人高价购买商品，否则无法放款。被害人受蒙蔽后不仅选择购买了搭售商品，同时实际到手的借款金额与合同约定的借款金额差别较大，且最终仍须按合同约定的借款金额还本付息。

需要特别说明的是，近年来猖獗于大学校园的不良“校园贷”亦符合前述信用贷和裸贷的特征，此处不再赘述。

三、“套路贷”的行为模式

“套路贷”是一个精心设计的圈套，包含“严密”的合同设计、“高超”

的放贷流程控制、“精细”的催债流程及让受害人“求告无门”的证据链条，通常由以下几个步骤构成闭环套路（如图 2 所示）。

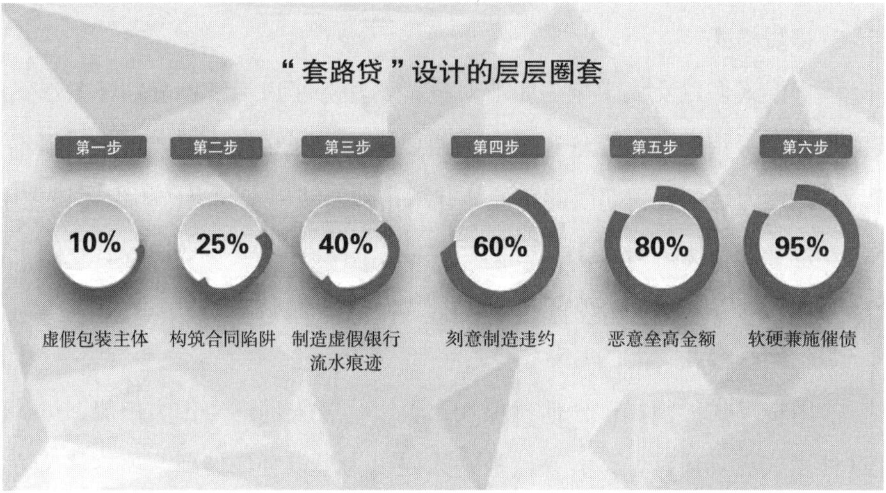

图 2 “套路贷”行为模式及完成进展

第一步：虚假包装主体。不法分子通常以金融服务公司等名义对外宣传，以低利息、无抵押、无担保、快速放款等为诱饵，吸引急需用钱的被害人借款，包装为车贷、裸贷等形式。

第二步：构筑合同陷阱。巧立“增加约束力”“违约金”“保证金”等名目骗取被害人签订空白、翻倍的虚高借据、抵押合同等，并设置极易违约的条款，或者要求以提供裸照、私人重要物品等方式达成保证债权的目的。

第三步：制造虚假银行流水痕迹。不法分子先将虚高的借款金额转入被害人账户，形成“账户资金流水与借款合同一致”的假象，之后收取或变相收取高额“砍头息”，或以“行规”等为由让被害人取现交回，被害人仅实际到手部分余额。

第四步：刻意制造违约。不法分子不会告知被害人具体的还款时间和还款方式，而是通过编造各种借口、拒接电话等手段，故意、肆意制造违约，随即要求立即偿还数倍甚至数十倍的虚高借款，导致被害人无力偿还高额欠款、误入歧途。

第五步：恶意垒高金额。在被害人无力偿还的情况下，不法分子继续通过诱骗甚至胁迫，以自身或其他关联公司名义与被害人签订新的虚高借款合同进行“转单平账”“以贷还贷”，最终利滚利形成巨大的借款金额。

第六步：软硬兼施催债。不法分子真实面目被揭开以后，将不再进行任何掩饰，进而采用各种软硬暴力手段侵占财产。硬暴力手段包括绑架“赎人”、抢劫财产、殴打被害人等；软暴力手段包括贴催债单、向亲友拨打骚扰电话、强行闯入被害人住处、与被害人同吃同住、尾随被害人等扰乱被害人正常生活的方式，或将房车等抵押变现、逼迫被害人搬离住处，或利用制造的“证据”提起虚假诉讼主张所谓“合法”债权等。

第二节　典型案例*

案例一：贷款要用房产还，就是让人倾家荡产
——徐某等房产“套路贷”案①

◆ 如此“行规”，借款 2 万元要签 10 万元借条

2016 年年初，家住上海年近七旬无儿无女的老何手头有些紧，想找人借 2 万元过渡一下，机缘巧合找到了一个小额贷款公司。贷款公司的要求非常简单，只要老何押上身份证、房产证、户口本等证件，每月还 400 元钱就可以。

老何带着证件到公司借钱时，杜经理告诉老何，按照规矩，贷款 2 万元要写 10 万元的借条，这是“行规”，就是怕以后利息付不上、人也找不到。老何琢磨着，一个大公司不至于为了这点钱坑自己，而且这又是“行规”，没多想就签下了 10 万元的借条。

老何说，签下 10 万元的借条后，贷款公司还要求他到银行做个“假流水”以便完善证据。老何心里也有点犯嘀咕，觉得有些不靠谱，可贷款公司的杜

* 本书典型案例所涉案件当事人均已隐名或作化名处理，后文不再逐一标注。此外，为方便读者进一步查阅了解，特列明案例参考资料来源，作者在写作过程中进行了加工整理。后文也不再特别说明。

① 参见《今日说法》栏目组于 2018 年 1 月 13 日播出的《套路》(上)(下)，载央视网，https://tv.cctv.com/2018/01/13/VIDE7gKEB8gWSNugEi8A9SSX180113.shtml；http://tv.cctv.com/2018/01/14/VIDEQHAjJiPMzhDroBQVoDS1180114.shtml?srcfrom=baidualading&event2=bdtg_pc_hkafjzpq，最后访问时间：2023 年 5 月 15 日。

经理信誓旦旦地保证，“我们干这个东西没有信誉干不长久，肯定说话算话”，老何又一次相信了他。

贷款公司给老何银行卡里汇入 10 万元，这样就能和借条上的数额相匹配。接着贷款公司要求老何将 10 万元全部提现，将多余的钱以现金的方式退给他们。扣掉首月利息 400 元，老何只带走了 19600 元。

日后回忆起此事，老何十分后悔，他说当时并不知道自己已经落入“套路贷”的陷阱，把 2 万元的贷款虚假抬高到了 10 万元的数额就是典型手段之一：虚高贷款金额。

◆ 软硬兼施，公证贷款以房抵押

让老何没想到的是，10 万元借条只是套路的第一环。没过多久，贷款公司的工作人员又以对公司和老何负责为借口，让老何配合他们再去做个 50 万元贷款合同的公证，而且要以老何家的房子做抵押。

老何想要拒绝，可贷款公司威胁他“不做公证必须马上还钱”。老何手中根本没有钱，又担心贷款公司让他按照借条的数额还 10 万元，实在是没办法，只能咬牙做了借款公证，按照贷款公司的意思，以自己做生意为由，需要资金周转，借款 50 万元。

借款公证一做完，贷款公司和上次一样要求老何配合他们去银行做假流水。贷款公司先向老何的银行卡汇了 50 万元，然后要求老何将 50 万元现金取出来还给他们。

“吃一堑长一智”的老何将贷款公司汇给他的 50 万元原封不动地还给了贷款公司，还让贷款公司打了张收条。可是老何并没发现，贷款公司根本没有在收条上标注日期。

◆ 还钱遭拒，赔了借款又惹官司

老何不放心，总感觉要出事，于是赶紧打电话咨询了做律师的同学，同学建议他立即将最初的2万元贷款还清。老何接受了同学的建议，联系贷款公司想全额还款，可是贷款公司却不接受这笔还款。

老何又专门找到当时接待他的杜经理，2万元就是他经手办理的。面对老何要还款的要求，杜经理却翻脸不认人，说他们公司从未借钱给老何，这钱是他们公司的员工李某借的，让老何将钱还给李某。老何这才发现10万元的借条上清清楚楚地写着出借人是李某。可当老何找到员工李某还钱时，他又一口咬定老何借的是10万元，不是2万元。

还钱无门的老何无奈回了家。一个叫金龙（化名）的人早早就在老何家门口等着。金龙手上拿着有老何签字的租赁合同和租金收条，口口声声地说着老何已经将房子以四年10万元的价格租给了他。不知所措的老何报了警，在派出所里，老何说自己根本没有出租房子，可金龙一口咬定说租了，并出示了租赁合同和租金收条。警方无法辨别谁真谁假，只能让双方走司法渠道解决问题。

此后，持有租赁合同的金龙每天都上门骚扰老何夫妇，忍无可忍的老何向法院提起了民事诉讼，他起诉了金龙，希望法庭判决这份租赁合同无效。让老何万万没想到的是，败诉的竟是自己。

法院对金龙出具的租赁合同和租金收条上的签字做了笔迹鉴定，结果显示上面的签字确实是老何本人的。老何这才意识到，当初贷款公司拉他去做50万元贷款合同的公证时，让他签了一堆资料，他看都没看就签了，这份租赁合同与这张租金收条很有可能就混在其中。

老何辩解称租赁合同和租金收条是被骗签的，可法庭无从判断，只能依据现有证据判决老何败诉。民事诉讼一审宣判后，金龙就带人强行住进了老何家，并将老何夫妇赶了出来。

◆ 层层设套，图的就是房子

金龙等人通过“套路贷”让老何上钩并住到他家里的目的，是卖掉老何的房子。将老何夫妇赶出家门以后，“套路贷”团伙又启动了下一招：通过法院判决老何欠债还钱并公开拍卖老何的房子。

“套路贷”团伙向法院提供了两个证据：第一个是当初老何为借2万元而签下的10万元借条，第二个是在公证处做的那笔50万元的公证贷款。他们说连本带息，老何共欠他们63.5万元，要求法院裁决。

借条、银行付款凭证、公证书三个证据加在一起，可谓“证据确凿”。立案后，通过申请，法院查封了老何家的房子。如果老何官司败了，他的房子就会被强制执行，公开拍卖。

老何心里盘算着，第一张借条的10万元钱，白纸黑字的，自己有嘴也说不清。第二张借条的50万元，自己一分不差全给了对方还要了收条，法院应该不会支持对方。可对方辩解说，50万元的收条上并没有标注日期，不能证明他们收到的就是借条上的这50万元。老何焦头烂额，百般无奈，再一次选择了报警。

◆ 重拳出击，犯罪团伙悉数落网

2016年8月开始，上海警方在全市展开了“严厉打击以借贷为名非法牟利违法犯罪专项行动”。截至2018年10月底，全市共打击316个“套路贷”违法犯罪团伙，抓获1770余名违法犯罪嫌疑人，为人民群众挽回经济损失超过12亿元。[①] 本次行动中，坑骗老何的犯罪团伙的主要成员全部被抓获。经警方调查，欺骗老何的“套路贷”团伙主要负责人本名叫徐某，他就是最初接待老何的杜经理。截至案发，徐某等犯罪团伙共实施诈骗24起，诈骗金额共计人民币3694余万元，造成被害人直接经济损失1400余万元。

经法院审理查明，自2014年起，徐某先后网罗并指使多人结成团伙，以

---

① 参见《摸清“套路”打击套路贷“上海经验”值得推广》，载中国经济网，http://www.ce.cn/macro/more/201901/14/t20190114_31251119.shtml，最后访问时间：2023年4月1日。

民间借贷为诱饵，实际以“履约保证”等名义诱骗被害人签下大幅虚高于实际借款金额的借条，并带被害人至银行转账取现，制造被害人已取得全部虚高借条金额钱款的假象，并诱骗被害人签署空白内容的房产买卖、租赁合同，让被害人办理房产抵押借款及委托处理房产等公证手续。之后又以“行业操作惯例”等为由，定期让被害人反复签写上述借条及银行转账取现，以获取被害人多次借款的虚假凭证，并制造理由，拒绝被害人还款。在徐某的安排下，团伙成员伺机以上门索债、强占房屋、进行民事虚假诉讼、网签房产限制交易等方式，向被害人索讨多份借条总计金额的钱款，并在被害人不知情的情况下利用事先骗签委托处理房产公证文书等将被害人的房产过户及变卖牟利。最终，徐某等犯罪团伙成员均被法院作出有罪判决。至此，一桩环环相扣的“套路贷”案件告一段落。

案例二：只要借了钱根本还不上，这是沾着血的“夺命贷”

——甘肃兰州“动物系”特大“套路贷”案[①]

◆ 躲避监管：利用空壳公司定制APP

在“套路贷”行业里，“动物系”网贷诈骗案知名度极高。“动物系”，是一系列以动物命名的APP：节气猫、开心虎、甜兔、白鸽等。它们的名称和外表都带有萌宠特征，标识通常是一个动物的卡通标准头像，配色鲜艳亮丽，以红黄色为主。表面上产品提供菜谱、天气、书法、租房等内容，是生活好助理，但实际上则是为用户提供利息极高、还款周期极短的贷款，年化利率超过1000%，做着“套路贷”生意。

① 参见《扫黑除恶——为了国泰民安》(第二集 依法重击)，载央视网，https://tv.cctv.com/2021/03/27/VIDExlegwDwmnrvisFONvo18210327.shtml，最后访问时间：2022年9月6日。参见黄子懿、路雅：《39万人被催债，89人自杀：套路贷还是夺命贷》，载《三联生活周刊》2021年第17期。

“动物系”一案的主犯王某毕业于某农业大学经济管理学院，之后他辗转多家公司，做过网游、山寨机应用市场、母婴助手创业、海淘公司，还有过两次失败创业。2017 年，王某结识了时任案涉集团负责人之一的鲁某（相关信息显示，2018 年 11 月，鲁某因涉嫌非法吸收公众存款被网上追逃）。此时正值 P2P[①]、网贷业务在国内兴起，鲁某、王某二人用 2 亿元的起步资金赚到了第一桶金。2017 年年底，随着国家监管力度不断加大，缺少金融从业资质的网贷公司纷纷被查，涉案集团的相关业务也被叫停。

2018 年 5 月，王某、鲁某卷土重来，为了规避监管、便于推广，他们广招专业人员，采用专业化公司运营。技术人员按照王某的想法，将 APP 设置为 AB 面，与用户签订的则是一份手机回租协定，而非贷款协定。所谓手机回租，是指用户申请贷款时，APP 自动对用户的手机估价，再以该估价虚假购买用户的手机，实际上手机一直在用户手中，但必须以租赁名义出借，以便继续使用。手机购买款就是发放给客户的贷款，并会按一定比例收取手续费，也就是所谓的“砍头息”，手机每天的租借使用费就是贷款的利息。此后，王某注册了多家空壳公司，每家对应 1 个至 2 个 APP，并从外部买来代码，进行批量化修改和开发，最后有了超过 20 个 APP。

◆ 垒高金额：以贷养贷最终陷入“套路贷”

在业内，对于将还款期限一般设定为 7 天或 14 天的平台统一称为“714 高炮”。下款速度快、利息高、还款时间短是“高炮”与普通网贷最大的不同之处。“如果不是着急用钱，谁会去借‘高炮’？”“714 高炮”的受害者主要是原本就已有欠债甚至以贷养贷的年轻人，因此“高炮”平台设置借款条例时会变本加厉。

---

① P2P 是互联网金融的一种，指不同网络节点之间的小额借贷交易，需要借助电子商务专业网络平台帮助借贷双方确立借贷关系并完成相关交易手续。

高额的债务通常是在短期内就翻滚而起的。虽然宣传时声称“7天免息、低利息、低门槛、无抵押、纯信用、快速放贷”，但实际上发放贷款时，平台会以手续费等名义先扣除20%至50%的费用当作“砍头息”。一般约定7天还款，受害者可申请展期7天，并再次支付20%至50%的展期费。如果逾期，每天则要收取10%的逾期费。据统计，“动物系”的年化利率高达1303.57%至5214.29%。

被害人小铭来自南方一个四线小城，家里是工薪阶层，小铭是家里的第一个大学生，生活并不奢侈浪费。大学毕业后，小铭选择留在上海从事销售工作。在起步的前几个月里，由于不熟悉业务，她只能拿到底薪，面对每月5000元以上的支出，她不愿问家里要钱，每月就靠信用卡和花呗等网贷还款。后来，小铭的收入有了起色，但是高消费和高生活成本还是让她觉得还款有些吃力，最多时，她每月开支接近工资的2倍，已经处于“以贷养贷”的循环中，常要拆了东墙补西墙。

2018年年底，小铭手机里突然弹出一则短信，上面写着“你好，你已授信了一笔 × 万元金额的贷款”，后面附着链接。小铭点进链接，下了一个以动物命名的APP，“好像是一个什么鱼还是兔子”。小铭忘了具体名称，因为此后她不断地接到类似的短信，下载相似的APP。

注册APP后，界面显示她有2万元的额度，去借时，系统要求小铭绑定银行卡、录入紧急联系人、上传身份证正反面照片、进行人脸识别，系统还读取了她的通讯录以及手机号码运营商，以便授信过去6个月的通信记录。审核通过后，小铭拿到了1500元的借款，但实际到账只有1050元，系统已自动扣除了450元作为“砍头息”，还款时间为7天，这是小铭第一次按时还款，用的是借新还旧的方式。此后，她身陷网贷中着急用钱，就又借了1500元。那段时间里，她疯狂地收到各类短信，“很多短信会发过来，说的是一样的套路，就是说你需要用钱，可以下载然后认证，也是按照那个步骤来”。小铭进而又借了多个平台，拿到5000元去补网贷窟窿。7天后，有3家“高炮”平台要还款了，小铭一下就慌了，找出了更多短信，一个个尝试下载、申请借款，如此往复。3个月内，她像上了瘾一样，注册了50多个“高炮”平台，“因为款下发得很快”。最后，债务连本带利地滚到了7万多元。

◆ 不堪重负：让人“社会性死亡”的软暴力催收

催收是“714高炮”的核心。在7天还款期限的最后一天，中午还款人会接到催收电话，稍有延迟，就会遭致催收人员的威胁和辱骂，对于没能按时还款的，催收人员会联系其通讯录中的亲友，告知对方受害人在外有欠款，进而通过诅咒、辱骂、短信开展“呼死你”轰炸。如果逾期，催收人员还会将用户头像PS在淫秽或诅咒图片上，向受害人及其亲友讨债。这种致力于让人“社会性死亡”的软暴力催收，被受害者们称作“爆通讯录”。

被害人小铭介绍道：“当时有一天到了临界点，而我发现所有平台都弄不出来钱了。”“一天50个电话算少的。”那段时间里，小铭频繁地收到催收电话。她还收到过自己被处理过的图片，内容不堪入目。这些电话，同样也打给了她的家人和朋友。还有几次，催收人员给她发了短信，告知了车牌号，放话即将上门暴力催收。家人接到电话后觉得不可思议，“你是不是在外面赌博了？”“是不是进传销了？”催收电话还接二连三地打到了她的公司，老板知道后把她叫过去谈话，觉得以她的状态不再适合跑业务，让她转岗去做了文职。小铭后来提出了辞职，整天在家苦熬，度日如年，甚至想到去了结生命。她说自己从小就是家里的乖乖女，背负了家人很大的期望，却欠了那么多钱，“而且我完全不知道怎么去还这些钱”。

◆ 催收外包：制定分级施压的话术法则

为规避法律风险，王某还将催收工作外包，与他有业务往来的催收公司有20多家，分布在安徽、河南、陕西等地。他与每个催收公司都建立了工作群，在群里要求非正常催收时（如“爆通讯录”、发骚扰短信、P图、送花圈等），不能以平台名义，也不能留任何经营主体信息。催收公司在其催收程序管理系统中都有“座席”，每个“座席”中有账号可进入系统查看对应的逾期人员信息。从2018年6月到2019年3月，催收公司利用前述手段非法获取通话记录、手机联系人、银行卡号等公民个人信息1197万余人次，相关数据累计达120T。

催收公司之所以能接到订单是有一套法则的，其内部称之为“话术”。公司会对催收人员培训，包含如何找到压力点等，针对不同人员（朋友、家人、亲戚）有不同的催收话语及短信内容，还有明确的“法催”模板，假扮律师虚拟诉讼等。催收公司一般将逾期客户分为M1、M2、M3、M3+、M6+、M12+六档，其中M1是逾期时间在1天至30天，等级随着逾期天数逐步升高，M12+是逾期时间在一年以上的。对于M1档客户，采取打电话、发短信、加微信等方式让本人还款，M2档以上则会采取“爆通讯录”，进行辱骂、人身攻击和侮辱性P图，比如在图片上添加“不求上进、好吃懒做、四处骗贷，亲友远离、人人伸出一只手捐他十块钱”“恶意躲避、家人包庇、上梁不正下梁歪，多次沟通未果、拒绝还款、从我做起”等文字，更有甚者带有棺材、花圈、淫秽等元素。据悉，“动物系”“套路贷”中自杀的受害人高达89人，不少人是因为受不了催收压力而选择自尽的。

◆ 走向末路：套路者终将把自己套牢

小铭至今还记得她手机里下载了几排APP，这些动物的卡通头像一直微笑着直视用户，但内核却并没有外表那样友善可爱，小铭说：“一只笑嘻嘻的老虎看着你，这就是他们自己啊。这些人凶残、无情，拿着这么多浸满血的钱，肯定开心了。”

一边是受害人不堪高利与高压，另一边则是热钱滚滚向王某涌来。2019年3月，警方从王某的小区里搜查出多辆豪车，还藏有2300万元现金和172公斤黄金，王某还在境外赌场存有2亿元资金，作为后路。

公开判决书显示，“动物系”产品与主犯王某在杭州、武汉等地注册的空壳公司关联，王某共开发了21个网贷APP，多以动物命名，采用第三方交易平台易宝支付进行财务结算。为了规避监管、便于推广，每个APP都设置了AB两面，A面为生活内容，B面则为贷款。这些阴阳两面的APP，形成了一个网贷APP矩阵。每当系统甄别出有人在某款APP的贷款可能无法按时偿还时，“动物系”其他产品就会以弹窗、短信、客服通知等方式，向用户推荐其他APP。最终，受害人在上面多次贷款，债台层层高筑，再也无力偿还。经查明，“动物系”旗下21个网贷APP平台与47.5万人签订贷款合同36万余份，合同金额89.6亿余元，实际借款金额共62.7亿余元，还款金额共91.1亿余元。

2021年1月，甘肃省高级人民法院二审宣判，认定该犯罪团伙是以网贷公司为依托形成的黑社会性质组织，主犯王某、吴某彪等人数罪并罚，被判处无期徒刑，其余成员分别被判处有期徒刑五年至二十年不等。

第三节　防范举措

手段暴力残忍、涉案人数众多、方法套路相似，是典型的“套路贷”诈骗手法。一方面，“套路贷”危害经济秩序、社会安宁，对人民群众的财产、人身安全造成了严重威胁，部分案件甚至引发被害人无法承受被催收压力进而自杀的严重后果；另一方面，犯罪分子滥用诉权，通过国家公权力实现个人不法目的，严重损害司法权威。从全国案发情况来看，“套路贷”犯罪多与涉黑恶犯罪紧密关联，危害后果更加恶劣，必须予以严厉打击并采取有效手段深挖根治。

一、刑事法律评价

（一）可能涉及的常见罪名

“套路贷”在外观上符合民法上借贷关系的所有要件，本质上是以“借贷”之名，行非法占有他人财物之实，具有实施媒介多样、多种手段交织、行为性质复杂等表象，可能涉及多种罪名。

1. 涉嫌侵犯财产的犯罪

实践中，各地司法机关对涉及“套路贷”的案件，多以涉嫌诈骗罪进行立案。犯罪分子的主观目的对认定诈骗犯罪具有重要作用，但碍于供述类证据的主观性、易反复性，非法占有目的的审查更应侧重从其客观行为来分析，如借款合同订立时是否设置套路、陷阱，有的“销售”人员在推销借款过程中故意隐瞒“砍头息”、逾期费等加重借款人负担的关键事项；又如，借款合同履行过程中是否恶意垒高被害人债务，有的不仅收取高额的“砍头息”，在催收过程中又组织“催贷人员”诱骗被害人不断续期、展期、复借或在该集团的其他借款平台借新还旧等。

如果犯罪分子采用暴力、威胁手段强索不受法律保护的所谓债务，则其行为可能构成《中华人民共和国刑法》第263条规定的抢劫罪。

这里还应当注意的问题是，欺诈有民事和刑事之分，要合理区分民事欺诈与刑事诈骗的行为界限。根据《中华人民共和国民法典》第148条的规定，一方以欺诈手段，使对方在违背真实意思的情况下实施的民事法律行为，受欺诈方有权请求人民法院或者仲裁机构予以撤销。故欺诈行为并非一律构成犯罪。在“套路贷”案件中，要从欺骗内容、欺骗程度、主观目的等多个角度考量该行为是否构成刑事诈骗。如行为人的目的仅是获取高额利息，对影响借款人权利义务的关键事项未有隐瞒，且无肆意认定违约、转账平单等恶意垒高借款人债务之行为，则即便其在放贷中使用了部分不实的宣传手段，亦仅认定通过欺诈行为获取民事上的不法高息，承担相应的民事违约或赔偿责任，不构成刑事诈骗。

2. 涉嫌侵犯公民人身权利的犯罪

《中华人民共和国刑法》第238条第1款规定，非法拘禁罪是指非法拘禁他人或者以其他方法非法剥夺他人人身自由的行为。犯罪分子常常将受害人强行控制至“套路贷”实施者的公司、车辆等场所内，切断被害人的对外联系通道，使被害人产生心理恐惧，逼迫被害人主动交付财物或签订相关协议。

根据《最高人民法院关于对为索取法律不予保护的债务非法拘禁他人行为如何定罪问题的解释》相关规定，实施“套路贷”的犯罪分子如果为索取高利贷、赌债等法律不予保护的债务而非法扣押、拘禁他人的，依照非法拘禁罪定罪处罚。事实上，无论索取合法的债务还是非法的债务，犯罪分子对他人的拘禁、扣押都会侵害公民的人身自由；对于犯罪分子采取绑架的方式索要非法债务的行为，同样会侵犯公民的人身权利，应以绑架罪论处。如果实施“套路贷”犯罪分子的暴力催债行为给借款人造成了身体的伤害甚至致借款人死亡，则应当按照《中华人民共和国刑法》第234条故意伤害罪或第232条故意杀人罪进行处罚。

实践中，对于采取尾随被害人、蹲守被害人家门口、与被害人同吃同住等让被害人及其家属产生巨大的精神压力的行为，学界一般将其定性为软暴力，这种行为严重侵害了被害人及其家人的身心健康，亦应当予以规制。根据软暴力的具体措施、实施软暴力的人数、对被害人人身自由限制的程度、软暴力持续时间长短等因素综合评判是否非法剥夺他人人身自由，进而确定是否构成非法拘禁罪。

另外，根据《中华人民共和国刑法》第293条的规定，寻衅滋事罪主要指出于发泄情绪、逞强耍横的动机，在公共场所无事生非，起哄闹事，随意殴打、追逐、拦截、辱骂、恐吓他人，强夺硬要、任意毁损、占用公私财物，破坏公共秩序，情节恶劣、后果严重的行为。在“套路贷”案例中，催讨债务时，对整个债务关系并不清楚，仅参与其中一两次向被害人及其家属的辱骂、恐吓以及堵门等行为，在不构成敲诈勒索罪、诈骗罪、非法拘禁罪的情况下，可以考虑认定为寻衅滋事罪。此外，对于犯罪分子纠集多人实施前述行为，严重扰乱社会秩序的，根据《中华人民共和国刑法》的规定可科以更加严厉的刑罚处罚。

3. 涉嫌虚假诉讼的犯罪

《中华人民共和国刑法》第307条之一规定，虚假诉讼罪是指为谋取不正当利益，以捏造的事实提起民事诉讼，妨害司法秩序或者严重侵害他人合法权益的行为。“套路贷”行为人往往会将“证据材料”准备齐全，包括借款借据、银行流水等，使被害人无从抗辩，最终遭受不利的法律后果。“套路贷”中犯罪分子采用虚假诉讼的方式谋取不正当利益的情形较为常见。如“套路贷”中实际借款5万元，而借条上的金额为10万元，犯罪分子依据借条、相应银行流水向法院起诉要求被害人返还10万元本金及利息的，就是典型的虚假诉讼行为。如果犯罪分子达到了《最高人民法院、最高人民检察院关于办理虚假诉讼刑事案件适用法律若干问题的解释》第 1 条、第 2 条关于虚假诉讼罪认定标准的具体要求，则构成刑事犯罪。该解释第 4 条还规定，若行为人有虚假诉讼行为，非法占有他人财产或者逃避合法债务，又构成诈骗罪等其他犯罪的，依照处罚较重的规定定罪从重处罚。

（二）法律适用的主要内容

1. 关于主从犯的认定

对“套路贷”共同犯罪，确有证据证明三人以上组成较为严密和固定的犯罪组织，有预谋、有计划地实施“套路贷”犯罪，已经形成犯罪集团的，应当认定为犯罪集团。对于犯罪集团的首要分子，按照犯罪集团所犯的全部罪行处罚。对于犯罪集团的主犯，应当按照其所参与的或者组织、指挥的全部犯罪处罚。对于全程参与的行为人，以其参与的所有犯罪认定从犯。对于个别事实、个别环节参与的行为人，如果起主要作用，以其参与的犯罪认定为主犯；如果起帮助、次要作用，以其参与的犯罪认定为从犯。

2. 关于犯罪数额的认定

根据《最高人民法院、最高人民检察院、公安部、司法部关于办理“套路贷”刑事案件若干问题的意见》第 6 条第 1 款和第 2 款的规定，在认定“套路贷”犯罪数额时，应当与民间借贷相区别，从整体上予以否定性评价，“虚高债务”和以“利息”“保证金”“中介费”“服务费”“违约金”等名目被犯罪嫌疑人、被告人非法占有的财物，均应计入犯罪数额。犯罪嫌疑人、被告人实际给付被害人的本金数额，不计入犯罪数额。

3. 关于犯罪既遂、未遂的认定

被害人未造成实际损失，仅被骗签订借条的，认定为犯罪未遂。对于被申请诉前财产保全，查封、扣押、冻结的，只要没有被划转，即认定为犯罪未遂。对于已经着手实施“套路贷”，但因意志以外原因未得逞的，可以根据相关罪

名所涉及的刑法、司法解释规定，按照已着手非法占有的财物数额认定犯罪未遂。既有既遂，又有未遂，犯罪既遂部分与未遂部分分别对应不同法定刑幅度的，应当先决定对未遂部分是否减轻处罚，确定未遂部分对应的法定刑幅度，再与既遂部分对应的法定刑幅度进行比较，选择处罚较重的法定刑幅度，并酌情从重处罚；二者在同一量刑幅度的，以犯罪既遂酌情从重处罚。

4. 罪名的选择适用

第一，“套路贷”犯罪的本质特征是行为人非法侵占被害人的合法财产，属于侵财类犯罪，一般以诈骗罪定罪处罚。第二，对于在实施“套路贷”过程中多种手段并用，构成诈骗罪、非法拘禁罪、敲诈勒索罪、抢劫罪等多种犯罪的情况，应当根据具体案件事实，区分不同情况，依照《中华人民共和国刑法》规定进行数罪并罚或者选择处罚较重的罪名定罪处罚。

如果以捏造的事实提起民事诉讼，妨害司法秩序或者严重侵害他人合法权益的，可以认定为虚假诉讼罪。若行为人有虚假诉讼行为，非法占有他人财产或者逃避合法债务，又构成诈骗罪等其他犯罪的，依照处罚较重的规定定罪从重处罚。

二、民事行为指引

民间借贷是一种历史悠久、在世界范围内广泛存在的民间金融活动。“套路贷”作为高利贷演进异化的结果，先后经历了放贷人到期按照约定收回本金并获取利息的正常民间借贷阶段→放贷人预先扣除利息后发放借款的“砍头息”阶段→放贷人以非法占有他人财物为目的的“套路贷”阶段。资金的供需是经济社会的重要课题，在资金流转便捷化、资金周转多元化的当下，如何确保资金安全、维护合法权益是借贷双方最关心的问题，也是本章节内容的重点所在。

（一）“套路贷”与一般借贷之辨析

“套路贷”与平等主体之间基于意思自治而形成的民事借贷关系存在本质区别，主要甄别方法如下。

第一，民间借贷的双方一般有人际关系支撑，如熟人、朋友、亲戚，具有一定的信任基础且信任基础决定了出借人是否出借及借款金额。“套路贷”借款一般来自职业放贷人，而不是一般民间出借人。

第二，在民间借贷关系中，出借人即债权人其目的是收取利息，必然要核实借款用途和偿还能力，以及是否将资金用于正常用途，如果借款款项巨大，除书面核实外，往往还要辅以现场核实、实际调研，最终判断确定资金是否安全。而“套路贷”中，不法分子不会过多关注债务人的偿还能力和借款用途，而是提前设置流押等非典型性担保方式实现债权，如抵押合同的双方当事人约定，当债务履行期届满抵押权人未受偿时，抵押财产归债权人所有。

第三，借款协议等文件的签署经过是否正常及是否公平也是重要考量因素。在正常民间借贷中，双方出于信任基础及诚信习惯，不会签署多份对借款期限、利息标准等基本条款不尽相同的借款合同。在“套路贷”情境下，不法分子一方因占尽优势，在签订合同时双方已经不是平等主体之间的民事法律关系，用专业手段，采用隐蔽方式使受害人签订了不明所以的大量合同文件，违背了一般民间借贷的规律，也违背了民事法律诚信、平等、公平的原则。

（二）出借人参与民间借贷的注意事项

1. 金钱借贷应立借据或签订书面契约

虽然契约只要双方当事人对同一件事情达成合意就已成立，法律并未要求金钱借贷契约必须立字据，但为了杜绝事后纷争，最好出借款项时就立好书面凭证，以免口说无凭。注意凭证的名称应为“借条”，不要写成“欠条”或者“收条”。

2. 金钱借贷书面记载要写明的事项

在签订金钱借贷书面借据或契约时要写明以下事项：借贷双方当事人的名称；借款的全额与币别；借款的期限；利息的计算标准；违约金的计算标准；利息、违约金、借款的支付方式（转账、现金、票据）；立据日期；借款人的亲笔签名。

3. 金钱交付应有凭证

金钱的借贷契约，必须有金钱的实际交付才会发生效力。支付方式尽量与借款合同或借据载明的一致，如有变化，如约定转账出借实则现金出借，应在合同或借据中记载变更情况，双方签字追认更为稳妥。

4. 寻求多重可靠保证

（1）取得抵押权。由借款人提供不动产，为出借人设定优先受偿的物权，并办理抵押权设定登记。（2）取得质权。由借款人拿动产或权利给出借人作担保。（3）具有连带保证人。在契约上注明“连带保证人连带保证借款人 ××× 切实履行借款合同各条款之约定”，并由连带保证人在合同或借据上亲自签名盖章。

（三）借款人参与民间借贷的注意事项

1. 选择正规金融机构

借款时应该选择有牌照的金融机构，特别是对于向非银行金融机构的借款，可以通过市场监督管理局查询贷款公司是否拥有贷款资质。在选择规范的金融机构进行融资时，应直接与金融机构接洽，避免由各种不明资质的中介牵线搭桥，以防止在融资中间环节被“套路”。

2. 不要参与交易结构过分复杂的民间借贷

交易结构越复杂，可能涉及的风险点就越多。确实需要以此种形式进行民间借贷融资的，可以咨询专业法律人士的意见，对借贷过程、相关法律文件等内容进行审核，并提出法律风险防控意见，特别是对于大额融资或者可能超过自己未来偿债能力的融资行为，应咨询专业从业人员对相关交易文件、交易结构可能涉及的法律风险进行审核，在融资初始阶段最大限度地降低未来可能出现的不确定风险，防止签订借款合同时掉入出借人事先设计的“陷阱”。

3. 警惕“砍头息”、高利贷的圈套

《中华人民共和国民法典》第670条规定，借款的利息不得预先在本金中扣除。利息预先在本金中扣除的，应当按照实际借款数额返还借款并计算利息。《最高人民法院关于审理民间借贷案件适用法律若干问题的规定》第26条就“砍头息”的处理作出了明确规定，借据、收据、欠条等债权凭证载明的借款金额，一般认定为本金。预先在本金中扣除利息的，人民法院应当将实际出借的金额认定为本金。此外，还要注意计息方式和还款安排，需将日息、周息、月息折算为年化利率。根据《最高人民法院关于审理民间借贷案件适用法律若干问题的规定》第25条的规定，出借人请求借款人按照合同约定利率支付利息的，人民法院应予支持，但是双方约定的利率超过合同成立时一年期贷款市场报价利率四倍的除外。“一年期贷款市场报价利率”，是指中国人民银行授权全国银行间同业拆借中心自2019年8月20日起每月发布的一年期贷款市场报价利率。

4. 将“还款有收据”的意识贯穿借贷始终

与出借款项时借款人需要出具收据或凭证一样，借款人在还款时应主动要求接收款项的出借人出具相应的收据并及时固定保存相关证据，对于还款后不提供相关收据的要求，应明确予以拒绝或者要求以银行转账的方式还款，并在转账时注明款项的用途。

5. 利用公证固定证据

对债权人利用阴阳合同、制造虚假银行流水、虚增债务等方式侵害自身利益的情况，可及时通过公证固定双方的谈话内容、借贷事实，必要时向公证处申请出具公证书，以维护自身合法权益。

6. 选择受托人要谨慎

对涉及不动产抵押、出租、出售等处分事项的委托需谨慎为之，选择自己信任的人作为受托人并明确委托权限。出售、出租的收入款项应以委托人作为收款人，防止受托人收款后卷款潜逃。

7. 如果已经被“套路贷”，及时求助

应首先确保自身的人身安全，避免与“套路贷”的行为人单独接触。对于“套路贷”的行为人实施的威胁、勒索、收取高额利息及违约金的行为，应积极向公安机关、社区街道寻求援助。

三、综合治理建议

（一）通过风险警示教育，提高群众对“套路贷”的识别防范意识

政府、司法机关、行业主（监）管部门可以积极开展多种形式的宣传教育，着重关注金融消费及防范“套路贷”知识的宣传普及，加大对“套路贷”手段特点、警示案例的宣传，向群众传授“套路贷”陷阱风险的识别辨别方法、举报途径，提升群众风险识别和防范能力。院校可以将防范不良“校园贷”纳入学生思想政治教育工作范畴，开展经常性的警示教育，同时加强健康消费宣传教育，纠正超前消费、过度消费和从众消费等错误观念，大力营造崇尚节约、理性消费的健康消费观念。

（二）通过全领域风险隐患排查，深挖“套路贷”犯罪线索

1. 重点开展金融机构“套路贷”排查

金融行业主管部门可以对企业名称中有“网贷”“网络借贷”“小额贷款”“网络小贷”“网络小额贷款”等字样经营主体及互联网金融机构开展排查，重点排查是否未经许可从事金融业务、违法从事高利贷，并从中深挖“套路

贷”、高利贷违法犯罪线索。

2. 重点开展房产中介服务领域“套路贷”排查

房产行业主管部门可以进一步加强对房产中介服务经营主体监管，排查打着房产中介服务名义，非法发放贷款或与非法放贷组织勾结实施“套路贷”、高利贷违法犯罪活动线索。

3. 重点开展民间借贷咨询业务中介机构排查

如市场监管部门可根据原中国银行保险监督管理委员会[①]、公安部、国家市场监督管理总局、中国人民银行联合发布的《关于规范民间借贷行为 维护经济金融秩序有关事项的通知》（银保监发〔2018〕10 号）的要求，进一步加强对投资咨询公司、担保公司等民间借贷咨询业务中介机构的监管，排查以民间借贷中介名义捆绑推荐信贷服务，诱惑消费者举债，非法发放贷款或与非法放贷组织勾结实施“套路贷”、高利贷违法犯罪活动线索。

4. 重点开展公证环节排查

针对“套路贷”犯罪团伙通过公证制造不利于受害人证据的情况，司法行政主管部门可以加大监管力度，督促公证处严格落实《司法部关于公证执业“五不准”的通知》（司发通〔2017〕83 号），不准为未查核真实身份的公证申请人办理公证、不准办理非金融机构融资合同公证、不准办理涉及不动产处分的全项委托公证、不准办理具有担保性质的委托公证、不准未经实质审查出具公证书。司法行政主管部门还可以督促公证处对涉及不动产处分的全项委托公证业务进行全面排查，回访当事人是否受到暴力威胁、胁迫、诈骗等情形，从中排查“套路贷”线索。

此外，对于排查出的“套路贷”犯罪团伙侵占受害人房产的情况，房管部门可以协助有关部门向不动产登记和交易中心申请调阅涉嫌“套路贷”当事人的他项权证相关材料，为后续调查提供协助支持。

---

① 现已撤销。详见本书第 88 页对该机构历史沿革的介绍。

（三）通过源头治理，铲除“套路贷”滋生的土壤

严格市场准入管理制度，持续规范民间借贷市场。市场监管部门进一步严格把关，非金融机构、不从事金融活动的企业，在注册名称和经营范围中原则上不得使用特定字样；对于拟从事互联网金融业务的新设企业，未取得准入许可的不予办理电信业务许可或备案，银行不予开户、不予提供支付结算。各行业主（监）管部门可以将未依法取得经营放贷业务资质，实施“套路贷”、高利贷违法犯罪活动的经营主体和从业人员，依规列入失信名单，对其采取失信联合惩戒措施。

（四）通过全链条全方位打击，重拳惩治“套路贷”犯罪

公安机关可以依法对涉及强立债权、强索债务、暴力催收的群众报案、警情及时受案、立案，开展调查处理、分析研判，在查办因民间借贷引发的案件时保持高度敏感性，深入核查，串并深挖。法院在处理“套路贷”、民间借贷、高利贷案件时可以加大严格审查力度，重点关注短期内反复立案、起诉的出借人，切实厘清款项来源、借款性质、偿还情况等。与此同时，针对已经发现的类型化“套路贷”行为予以重点筛查，要求诉讼参与人进一步举证其诉讼主张，着重审查原、被告的身份、是否认识、款项交付情形（特别是现金交付情况），对原、被告具有调解意愿或很快达成调解的，需要注意是否属于虚假诉讼。

第三章

投资理财骗局反诈指引

第一节 识别指南

投资理财一词，最早见于20世纪90年代初期的报端。简言之，投资理财就是运用投资理财工具和投资理财知识对资产进行管理和分配，达到保值增值的目的，从而加速资产的增长，最终实现财务安全和财务自由。客观来说，理财是国家发展、经济进步的必然趋势。随着我国股票债券市场的扩容，商业银行、零售业务的日趋丰富和居民可支配收入持续增长，民众的“理财”意识逐渐增强，“可理之财”越来越多，“可理之处”越来越多，“愿理之人”越来越多，社会大众正在告别单一储蓄的思维，资产配置走向多元化。然而在投资理财热度居高不下、持续升温的浪潮之下，一些更具诱惑性和欺骗性的投资理财骗局悄然兴起、花样翻新，应当引起更高警惕。

一、什么是投资理财骗局

近年来，一些不法分子假借迎合国家政策，打着“金融创新”“经济新业态”“资本运作”等幌子，从种植养殖、资源开发向投资理财、网络借贷、众筹、期货、股权、虚拟货币转变，通过层层包装设计所谓的项目和产品，以当下“热门名词”“热点概念”炒作，对投资人进行虚假投资理财诈骗。

投资理财诈骗，是指不法分子打着“理财专家”“炒股专家”“金牌讲师”等旗号，虚构投资项目或理财产品，以“高额返利”为诱饵，强调产品收益高、安全无风险，先用小额返利引诱受害人进行投资、取得信任，之后再利用“内部消息”“大行情”等虚假消息继续诱导受害人加大投资额度，最后谎称“账号异常”“爆仓”[①] 等使受害人血本无归，甚至直接关闭虚假平台，卷款跑路，进而造成受害人财产损失。

二、投资理财骗局的常见步骤

第一步：引流，布局。不法分子通过 QQ、微信等社交软件加受害人好友，或者在公众号、微博、抖音、知乎等网络平台发帖、投广告，称有投资门路吸引受害人关注。随后拉人进群，组织“水军”在群里扮演投资者，晒出收益情况误导受害人。

第二步：洗脑，诱导。不法分子在群聊中通过直播教程、导师指导等方法对受害人进行洗脑，打着高收益投资项目、稳赚不赔等幌子让受害人产生兴趣，向受害人发送链接或二维码诱导其下载虚假投资平台 APP，等受害人成功上钩下载 APP 后，再通过“导师诱导”进行投资。

第三步：甜头，收割。不法分子通常会以小额返利让受害人初尝甜头，以为投资真能获利，然后再不断诱导受害人加大投资额度，待投资账户上钱款无法提现时，不法分子以“登录异常”“服务器维护”“银行账户冻结”等各种理由作出解释，进而利用受害人急切提现、盲从的心理，继续收取所谓的“保证金”“解冻金”等再次诱导受害人转钱，直至将受害人榨干（如图 3 所示）。

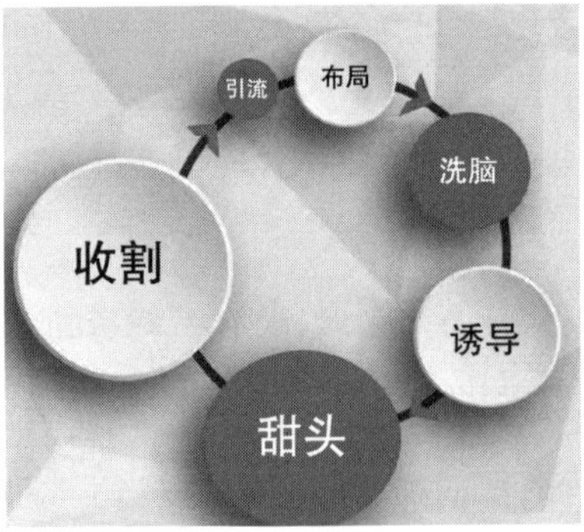

图 3　投资理财骗局的常见诈骗步骤

① 爆仓：是一个常用金融俗语，在现货黄金、期货交易中经常使用，是指投资者保证金账户中的客户权益为负值的情形，简单来说就是亏损大于保证金。

三、投资理财骗局的主要表现形态

当前，投资理财诈骗新型手法不断出现，以无接触、网络化、地域分散化为特征的新型网络传销逐渐成为主流。非法集资与传销手段交织，网上宣传与网下推广相呼应，主犯、网站注册地、服务器所在地、涉案资金等“多头在外”的涉外案件情况突出。

（一）非法集资类投资理财诈骗的主要表现形式

非法集资类投资理财诈骗往往假借国家、区域或行业金融发展政策，虚构“投资项目”“理财产品”，编造投资前景，以高利为诱饵，向社会公众进行非法集资。主要表现形式为：

1. 以投资境外股权、期权、外汇、贵金属等为幌子；

2. 以组织考察、旅游、讲座等方式招徕老年群众，以投资养老产业可获高额回报或“免费”养老为幌子；

3. 以私募入股、合伙办企业为幌子；

4. 以投资“虚拟货币”等为幌子；

5. 以“慈善”“互助”等为幌子。

（二）传销类投资理财诈骗的主要表现形式

随着我国对传统“聚集式”传销模式打击力度的加大，一些传销人员开始通过公共社交平台引入网络金融创新、新经济模式等概念，开展更具欺骗性的传销活动。以投资理财之名，掩盖网络传销之实已经成为近年金融犯罪案件的特点之一，该类案件多以投资理财名义开展，表面上是投资理财，实质是通过缴纳一定数量钱款入会，根据缴纳钱款数量确定等级，对介绍其他成员入会的也会给予一定介绍费。主要表现形式为：

1. 编造或者歪曲国家或区域的发展政策；

2. 打着“改革创新”经营、投资模式的幌子，如“电子商务”“消费返利”“连锁加盟”“特许经营”“网络游戏”“点击广告获利”“慈善事业”“爱心互助”“境外基金、原始股投资”“电子币买卖”等；

3. 声称高收益，包括静态收益、动态收益、直推奖、层推奖、领导奖、培育奖、报单奖、管理奖、小区业绩奖等。

第二节 典型案例

案例一：身披“互联网金融”外衣，空手套白狼

——某互联网金融平台集资诈骗、非法吸收公众存款案[①]

◆ A2P 平台：争当中国融资租赁产品的创新工厂

A2P（Asset to Peer），即个人对融资租赁债权资产的投资，是指借款人是融资租赁公司，其开展融资租赁项目，并将这些项目的债权在网络借贷平台上出售给投资人。案涉某互联网金融平台系 Y 集团全力支持的互联网金融 A2P 平台，注册资本 1 亿元，总部位于北京。

该平台的官方简介是“作为一家基于融资租赁行业的互联网金融平台，致力于探索多层次融资租赁市场间的融通渠道，为出租方、承租方和投资者搭建一个高效、直接的融资桥梁，争当中国融资租赁产品的创新工厂”，其官方商业模式为 A2P。所谓 A2P，是指借款人是融资租赁公司，其开展融资租赁项目，并将这些项目的债权在网络借贷平台上出售给投资人。相较于 P2P 的“个人对个人”民间小额借贷模式，A2P 只是其中一端变为了资产，此资

① 参见《非法集资案一审在京宣判 26 人因集资诈骗等获刑》，载中国法院网，https://www.chinacourt.org/article/detail/2017/09/id/2995415.shtml，最后访问时间：2022 年 11 月 6 日。参见《非法集资案宣判：主犯丁某被判无期并罚 1 亿元》，载中新网，https://news.china.com/domestic/945/20170912/31368386.html，最后访问时间：2022 年 11 月 5 日。参见《某互联网金融平台非法集资案真相调查》，载央视新闻客户端，http://m.news.cntv.cn/2016/01/31/ARTIJwVHa8UAsYzCZycgmIrT160131.shtml，最后访问时间：2023 年 1 月 3 日。

产实质上是融资租赁公司的应收债权，或者说是以融资租赁公司所有的机械设备为担保的债权。A2P 与 P2P 并无本质区别，只是资金渠道特定化地流入了融资租赁公司手中。

◆ 野蛮营销：互联网金融黑马一时间风头正劲

“一元起投”的普惠金融上线 505 天，交易额即突破 700 亿元，投资人数突破 90 万人，惊人成交额的决胜武器在于该互联网金融平台大手笔的广告投入。

据业内人士透露，2015 年上半年，仅电视渠道的投放体量已达约 1.5 亿元，在这场品牌推广“大戏”中，该互联网金融平台拿下了央视黄金时段的广告位，宣传片出现在数家知名卫视频道，广告投放地铁高铁主要线路，北京总部成为综艺真人秀拍摄取景地，在节目中屡次曝光。

该互联网金融平台另一种推广手段是极为野蛮的地推方式，即由特别岗位“理财师”，专门负责拉用户购买产品。据其员工透露，“理财师”如果拉来 50 万元，可提成 3000 元，拉来 100 万元，可提成 5000 元，团队和领导还有 1% 的提成。面试“理财师”的人员会被告知，如果自己投资或能带单入职将被优先录取，因此很多“理财师”会先购买或者让亲友购买公司产品。

遍地开花的广告、急剧扩张的线下网点、赞助中国网球公开赛等花样繁多的营销方式，该互联网金融平台借助知名媒体的公信力为其平台信用背书，误导不明真相的投资者陷入其精心编织的“财富谎言”，平台上 6 款产品投资额呈现井喷式增长。据其官网资料显示，截至 2015 年 12 月 2 日，累计成交总额已突破 726 亿元，远将部分老牌 P2P 平台甩在身后，成为互联网金融行业公众投资平台的佼佼者。

◆ 多地爆雷：暴富“神话”破灭

2015 年年底，多地公安部门和金融监管部门发现 Y 集团可支配流动资金持续紧张，资金链随时面临断裂危险，该互联网金融平台经营存在异常，同时，

Y集团已开始转移资金、销毁证据，数名高管有潜逃迹象，随即展开调查。

2015年12月3日，该互联网金融平台深圳分公司40余人被警方带走调查。12月8日，公安部指挥各地公安机关统一行动，对丁某等Y集团主要高管实施抓捕。12月12日，有消息称，公安机关会同有关部门正在对案涉网络金融平台及其关联公司涉嫌违法犯罪问题进行调查。北京及各省区市按照属地管理原则成立了专项处置工作机构，并开展有关工作。

据有关方面数据显示，截至2015年12月8日，该互联网金融平台待还余额为704.9亿元，投资人数84万人，尚在回款中的投资人数约14.87万人，Y集团及相关关联公司共牵涉银行贷款100多亿元，而银行账上的可用资金余额不足10亿元，保证金不足20亿元。

警方披露，Y集团的分支机构遍布全国，涉及投资人众多，且公司财务管理混乱，经营交易数据量庞大，仅需要清查的存储公司相关数据的服务器就有200余台。为毁灭证据，犯罪嫌疑人将1200余册证据材料装入80余个编织袋，埋藏在安徽省合肥市郊外某处6米深的地下，专案组动用两台挖掘机，历时20余个小时才将其挖出。

◆ 假项目、假三方、假担保：三步障眼法制造骗局

1. 虚构融资项目：超95%的项目都是假的

据Y集团实际控制人丁某供述，为了让该互联网金融平台有源源不断的新项目上线，他曾经指使下属收购企业或者注册空壳公司，用融资金额的1.5%到2%购买企业信息填入准备好的合同，制成虚假项目在平台上发售。证据显示，该互联网金融平台共发布债权项目3280个，通过审核债权项目合同、资金流转凭证，并向相关借贷公司知情人员取证核实，最终认定被告单位利用所控制的公司名义、注册的空壳公司名义、冒用的其他公司名义制作虚假债权项目，制假比例达到95.6%。

为取得投资人信任，该互联网金融平台还采取更改企业注册资本等方式

为融资企业包装。2015年10月，共有309个借款公司曾经在该互联网金融平台上发布借款标的，借款前发生过注册资本变更的借款公司占比94.5%，变更前注册资本平均为154万元，变更后达到2714万元。

2015年6月9日，平台曾发布一个融资项目，该融资项目的借款方为某科技公司，借款金额为6300万元。根据企业的工商信息显示，该公司成立于2014年11月7日，成立之初注册资本仅为50万元，2015年5月8日注册资本变更为3000万元，经工商部门实地查证发现该公司并不存在。

除大规模地变更注册资本外，承租人本身经营状况也存在多处疑点。如承租人石材公司2013年营业总收入为1.3万元，但在该互联网金融平台的宣传中，2014年就摇身一变成为年销售收入4.18亿元的“大户”。

2. 虚设第三方：伪造投资者进行“自融自投”

该互联网金融平台不仅发布虚假借款标的，还存在伪造投资者投资标的的情况，即虚构融资项目后，把资金转给承租人，并给承租人好处费，再通过承租人将资金转入该互联网金融平台的关联公司，从而达到事实挪用的目的。

平台借贷交易数据显示，700亿元累计借款中，名义上偿还借款本息约50亿元，账面仍有650亿元的资金缺口，其名义吸收存款金额高于官方公布的实际吸收存款500亿元的原因在于，该互联网金融平台存在“自融自投”的情况，不仅伪造借款项目，还伪造投资人，以此推高平台人气，诱导新投资人进入。据调查，该平台将所吸收的资金以“借道”第三方支付平台的形式转入自设的资金池，相当于把资金从“左口袋”放到了“右口袋”。

3. 自借自保：资金安全毫无保障

Y集团还直接控制了3家担保公司和1家保理公司，为打消投资人的顾虑，该平台设计了多重担保机制，看似是为投资者提供周密的资金安全保护设计，实际上将会带来极大风险。

事实上，承诺为该互联网金融平台提供融资租赁担保的3家担保公司的最高担保额度加总后不足50亿元，与该互联网金融平台700多亿元的累计交易额相去甚远，已经超额担保。因存在超额担保和关联担保，担保公司事实上根本无法履行担保义务。此外，该互联网金融平台宣称有保理公司承诺对债权转让项目中债权无条件赎回，但保理公司也受 Y 集团控制，法人代表即为丁某。因此，为平台提供融资担保的担保公司和保理公司并没有起到分散或转移风险的作用，反而让资金安全难以得到保证。

◆“高收益低风险”承诺陷阱吸引全国客户

由于金融行业天然的风险性，承诺保本保息本身就违背客观规律。该互联网金融平台抓住了部分老百姓对金融知识了解不多的弱点，“1 元起投，随时赎回，高收益低风险”是该互联网金融平台广为宣传的口号，许多投资人就是听信了保本保息、灵活支取的承诺才上当受骗的。

该互联网金融平台推出的 6 款产品，预期年化收益率在 9% 至 14.6%，远高于一般银行理财产品的收益率。以 10 万元为例，投资人在银行放一年可以赚 2000 元，而放在该互联网金融平台，按照 14.6% 的利息计算，一年就能赚 14000 元。一般的理财产品不能提前支取，但该互联网金融平台提前 10 天也可以拿出来。推销人员还鼓动：产品保本保息，哪怕投资的公司失败了，钱还是照样有。

为加快扩张速度，Y 集团还在各地设立了大量分公司和代销公司，直接面对老百姓“贴身推销”，其销售人员除了推荐平台的产品外，甚至还会“热心”地为他们提供开通网银、注册平台等服务。正是在这种强大攻势下，该互联网金融平台仅用一年半时间，就吸引了近 90 万名实际投资人，客户遍布全国。

◆ 巨额资金被 Y 集团自用

Y 集团除了将部分吸取资金用于还本付息外，相当一部分被用于个人挥霍、维持公司的巨额运行成本、投资不良债权以及广告炒作。

2014 年以来，Y 集团先后花费上亿元进行大规模虚假宣传，为掩盖丁某的高中学历，在宣传时突出其合肥工业大学、安徽财经大学硕士生导师的头衔。丁某还聘请法国佩皮尼大学的硕士张某担任平台总裁，更是不吝重金将没有任何投资管理经验的张某包装成“互联网金融第一美女总裁”的形象，作为企业形象代言人公开出席各种活动。

多名被告人供述，丁某与数名集团女高管关系密切，私生活极其奢侈，大肆挥霍吸来的资金。警方查明，丁某赠与他人的现金、房产、车辆、奢侈品的价值达 10 余亿元。仅对张某一人，丁某除了向其赠送价值 1.3 亿元的新加坡别墅、价值 1200 万元的粉钻戒指、豪华轿车、名表等礼物，还先后“奖励”她 5.5 亿元。

Y 集团的另一大开支用于高昂的员工薪金。以丁某的弟弟丁甲为例，原本月薪 1.8 万元，但调任北京后，月薪就飞涨到 100 万元。据张某交代，集团拿着百万级年薪的高管多达 80 人，仅 2015 年 11 月，员工工资就有 8 亿元。为了给公众留下“财大气粗”的印象，丁某要求办公室几十名秘书全身穿戴奢侈品牌的制服和首饰“展示公司形象”，甚至一次就把一个奢侈品店全部买空。

公司的花销在水涨船高，资金回笼的压力也越来越大。丁某坦言，Y 集团旗下仅有 Y 租赁、Y 五金和 Y 新材料三家公司能产生实际的经营利润，但三家企业的总收入不足 8 亿元，利润尚不足 1 亿元。除靠疯狂占用该互联网金融平台吸收来的资金外，Y 集团的正常收入根本不足以覆盖其庞大的开支，窟窿只会越来越大。

◆ 依法从严惩处：获无期徒刑、处巨额罚金

经审理查明，被告单位 Y 集团、Y 控股集团公司于 2014 年 6 月至 2015 年 12 月，在不具有银行业金融机构资质的前提下，利用该互联网金融平台等多家金融平台发布虚假融资租赁债权项目及个人债权项目，包装成若干理财产品进行销售，以承诺还本付息等为诱饵，通过电视台、网络、散发传单等途径向社会公开宣传，向 115 万余人非法吸收资金 762 亿余元。其中，大部分集资款被用于返还集资本息、收购线下销售公司等平台运营支出，或被挥

霍以及用于其他违法犯罪活动，造成集资款损失380亿余元。此外，Y控股集团、实际控制人丁某等人还走私贵重金属、非法持有枪支、偷越国境。本案涉案数额特别巨大，涉及众多集资参与人，造成集资参与人巨额经济损失，严重损害投资者合法权益，严重危害国家金融安全。

2017年9月12日，北京市第一中级人民法院作出（2016）京01刑初140号刑事判决，以集资诈骗罪、走私贵重金属罪判处被告单位Y控股集团罚金人民币18.03亿元；以集资诈骗罪判处Y集团罚金人民币1亿元；以集资诈骗罪、走私贵重金属罪、非法持有枪支罪、偷越国境罪判处丁某无期徒刑，剥夺政治权利终身，并处没收个人财产50万元，罚金人民币1亿元；以集资诈骗罪判处丁甲无期徒刑，剥夺政治权利终身，并处罚金人民币7000万元。分别以集资诈骗罪、非法吸收公众存款罪、走私贵重金属罪、偷越国境罪，对张某等24人判处有期徒刑十五年至三年不等刑罚，并处剥夺政治权利及罚金。在案扣押、冻结款项分别按比例发还集资参与人；在案查封、扣押的房产、车辆、股权、物品等变价后发还集资参与人，不足部分继续责令退赔并按照同等原则分别发还。

一审宣判后，二被告单位未提出上诉，丁某等23名被告人提出上诉。2017年11月29日，北京市高级人民法院二审公开宣判，以（2017）京刑终216号刑事裁定驳回上诉，维持原判。

案例二：炒汇为何总是输？涨跌人为可控的新型“微交易”

——重庆特大网络微交易诈骗案[①]

“微交易”是近年来出现的一种互联网投资理财，是指投入几百元到几千

① 参见《警方揭秘“微交易”投资理财骗局 期货交易涨跌人为可控》，载央视网，http://m.news.cctv.com/2018/08/10/ARTI1iy86rzTquY4IMMthWPs180810.shtml，最后访问时间：2022年11月5日。参见《网络微交易，半年来全国上万人受骗，涉案金额1.3亿》，载重庆警事微信公众号（2018年8月6日），https://mp.weixin.qq.com/s/aQFNaoch4RYiu95QW9pXNg，最后访问时间：2023年1月3日。

元不等的资金，根据标的物在极短时间内的价格走势判断涨跌，赚取收益。微交易平台对外往往号称是一项判断期货指数未来涨跌的新金融交易平台，通过选择外汇、黄金、原油、楠木等交易品种，以极短时间内的价格走势预判涨跌下单交易，控制篡改后台交易数据，从而诈骗注册会员交易钱财。

2018 年 8 月，重庆江北警方破获一起特大网络微交易诈骗案。不同于以往的网络赌博交易案件，该诈骗团伙通过技术开发公司开发交易平台，通过平台公司开设虚假期货交易，仿效股票、期货交易买涨跌，通过代理公司招聘业务员拉会员的方式，进行后台操控交易数据诈骗牟利。

◆ 微信“软文”引出惊天大案

王女士平时没有工作，整天到处走走看看，赚点小钱。一天，她在微信上看到了一篇介绍 A 微交易平台的文章，文章推介了一个炒外汇楠木原油的微交易平台，“微交易嘛，听说过，做涨跌的，但第一次听说有这么个平台，称为新金融交易平台”。王女士有些生活经验，不可能一下就信了，但新金融毕竟是热点，于是她专门上网搜了搜，发现不少资料在宣传这个平台“交易风险小、操作简单、收益率很高”，网上说的都是优点，王女士心动了，想试一试，于是加了文章中提到的微信号。好友申请发送后，对方很快就回复了，自称“客服小美”。

“你们这个平台真的可以挣钱？”王女士还是不放心。

“当然啦。”

“操作复杂吗？”

“简单得很，我先给你发个平台注册账户的链接，你可以用手机注册，我再给你发个 APP，手机上安装后就可以登录了。”“客服小美”回复得很快。

王女士登录 A 公司 APP 后发现，平台界面跟炒股那些平台一样，数字不断变化，分时图蜿蜒曲折，看起来有模有样。

“我拿啥炒？”

“钱啊，你的钱，要先充值。”

王女士仍保持着谨慎，打算先用500元试水。

但在APP上是没有办法直接充钱的，“客服小美”迅速给她发来一个公司财务人员的二维码。王女士扫码后，500元立马支付成功，财务人员很快就把“钱”充到她的APP账户里。

账户有钱了，王女士开始操作，“客服小美”也非常耐心地教她：这近似于炒股，但不同之处在于只买涨跌，买涨还是买跌，自己定；可以炒外汇、原油、楠木，随便选择；可以选不同时间周期：30秒、1分钟、2分钟、3分钟、5分钟。一单最少100元，最多5000元，最大持仓10单，也就是5万元。

几手下来，王女士的账户都输光了，但她仍相信客服的话，认为这只是概率问题，于是继续充值交易。“当天，我投了3457元，最后账面上只剩100多元。”王女士想就此打住，不再玩了，但是那100多元怎么也取不出来。明明客服承诺说可以随时取钱，王女士觉得事情不对劲，于是报警。

王女士充值进行交易的平台，正是此前已经进入警方视线的A微交易平台。

◆ 虚假平台诱骗交易，后台操控涨跌

据警方查明，2017年年底，主要犯罪嫌疑人钟某向某科技公司购买仿效股票、期货交易买涨跌并可控制修改数据的虚假微平台系统，在互联网上架设服务器，发布A微交易平台外汇、石油、楠木等能获取高额回报的广告作为诱饵，诱骗大量微信用户注册A微交易平台账号并充值进行微交易，同时利用平台管理账户对平台进行控制，篡改数据，致使平台注册会员亏损或诱导注册会员频繁交易，以收取手续费的方式进行诈骗，从中谋取大额收益。

主犯钟某交代，听朋友说做这种平台赚钱快，便开了A微交易平台，名义上是炒外汇期货，但她既无资质又无牌照，后来客户投诉越来越多，就将部分客户和数据转移。截至案发，A微交易平台客户多达5万余人，涉案金额9000多万元。抓捕前，钟某每月获利160万元至180万元。抓捕当天，平台交易额达亿元。每笔交易按2%提手续费，一天手续费为200万元。公司还

在上海深圳等地设立了多家代理商，代理商一般抽成手续费的1.2%至1.3%，平台公司分得手续费的0.7%至0.8%。代理商不同，谈的价格也不同，系统会自动扣除。

在这些虚假平台上，受害人可以选择外汇、黄金、石油、楠木等交易品种，分为30秒、1分钟、3分钟、5分钟倒计时方式买期货品种涨跌。以30秒的模式为例，受害人进到这个交易平台里，进行买涨或者买跌，买美元汇率期货的价格，如果先花10元买涨，它在30秒的时候会进行结算，只要高于10元，那么就赚了；如果低于10元，就亏了，交易最小单位金额是100元，最大的金额大概是5000元一单，有点类似于赌博。

交易中，很多受害者认为平台的数据是跟国际大盘同步变化，实际上，平台根本没有连接国际大盘，指数涨跌和国际大盘也毫无关系，是一个假构的交易平台。平台呈现的数据完全是自造的，参与其中的很多人根本不清楚该平台存在风控这个环节，风控的基本手法就是修改数据，根据牟利的需求随意变大变小，平台上随意涨跌的数据由钟某等人肆意修改。

◆ 拿捏风控尺度有技巧，不能一刀太狠

A微交易平台的运营按层级设计，最下层是大量业务员，他们遍地寻找可能上钩的客户，鼓动他们注册成为会员。业务员上面是组长，再上面是代理公司的经理，经理上面就是平台公司老总，顶层则是软件开发公司。为了不暴露真实身份，钟某以及所有员工的手机号、微信号都是在网上花钱买的。

平台有两个重要部门：一是财务部门，掌控资金的“入境”和“出境”，由核心成员组成。“入境”的操作流程：客户先与业务员联系，准备打款充值（支付宝和微信皆可），转款后，截图发给业务员，业务员把截图发给组长，组长再发给他的上一级经理，经理最后发给财务部门，财务人员看到后，才把资金加到该客户在平台的账户上。“出境”操作与“入境”类似，同样要层层过关，但一般不允许“出境”，所以客户账户内的余款无法取出。二是风控

部门，根据客户赚的多少修改数据，操控客户输赢。风控部门有十几个人，一旦发现有客户赚得过多，就会立即对他采取风控，俗称“杀客户”。一般由代理公司组长发起风控请求，在系统里备注专业暗号，被备注“鱼油”的客户就会被风控，让他输。此外，为便于人员管理，该微交易平台雇用的都是十八九岁的年轻人，“他们更容易被控制”。

同时，公司还特别制定了规章制度，提出了风控技巧，即对客户不能杀太狠，不能一刀“砍”死，如果杀狠了，还将受到处理。比如客户投100万元，第一天杀60万元，第二天再让他赢点，然后找机会再杀。这就会给客户造成一种假象，输了是因为自己手气不好，即使不想玩了，也不会举报。如果遇到有人利用软件漏洞赢钱的，会立即把他踢出去。在风控对象上，平台要求实行单对单操控，不准群操控，也就是说不能一次对所有人风控。

在多地警方的配合下，警方对软件开发公司、平台公司和代理公司3个犯罪窝点同步开展集中收网行动，共抓获包括主要犯罪嫌疑人钟某在内的80名涉案人员，查扣涉案电脑40余台、手机100余部，这起案件的涉案金额高达1.3亿余元。

案例三：掘金“新经济”却陷“传销坑”

——以高息收益为诱饵的几种传销理财骗局

◆ 骗局1：金融投资理财型传销骗局[①]

2015年8月，一个特大网络传销案的头目高某落网。自2012年以来，高某组建传销组织，该团伙虚拟美元资产包产品，设定为3个投资额度，分别为3000美元、10000美元、50000美元，分别需要缴纳人民币约2万元、

① 参见《传销离你有多近？最新疑似金融传销组织》，载河南省南乐县人民政府网站，http://www.nanle.gov.cn/2016/0811/7330.html，最后访问时间：2023年3月14日。

6.5 万元、32.5 万元，对应收益分别为 17%、50%、100%，即投资额度越大，收益率越高，提成越多，通过“空头收益”吸收会员、分级管理、逐级提成等方式壮大传销组织。截至案发，高某共发展传销人员 197472 人，下线 80 级，涉案金额达 90 亿元。

◆ 骗局 2：鼓吹国家支持项目型传销骗局①

2014 年 10 月 23 日，杭州警方出动 2000 多名警力，一口气抓捕了 500 多个传销人员。警方查明，一个号称“阳光工程”的组织实际上是所谓“纯资本运作”的传销组织，传销分子将“纯资本运作”鼓吹为投资国家支持的项目，只要缴纳入门费 69800 元，通过不断发展下线成员，并按照层次获取不同比例的提成，两三年后就可收益 1040 万元，但该项目并不存在。截至案发，涉案金额 2 亿元。

◆ 骗局 3：商城返利型传销骗局②

2015 年 10 月 20 日，警方成功侦破一起特大跨省网络传销案。据悉，该案以犯罪嫌疑人孙某春为首、总部设在河南、波及全国 20 余个省市、会员多达 6.6 万人、涉案金额逾 6 亿元，是一个特大跨省网络传销犯罪团伙。犯罪团伙开设“4G 商城”网站，用于虚假宣传和设置平台供会员计酬返利，只要提供身份证号、手机号、社交软件账号和银行卡号，并缴纳 9999 元（或 10000 元）会费即可成为会员，并获得登录公司网络平台的账号、密码以及两年 396 元/月的话费套餐和 3999 元的手机一台。该团伙通过人头抽成、层级奖励、晋升职务等方式，蛊惑会员发展下线，实现滚雪球式发展，涉案金额 6.6 亿元。

---

① 参见《杭州 2000 民警抓了 500 多个传销 多到只能在体育馆审》，载浙江在线，https://zjnews.zjol.com.cn/system/2014/10/23/020320193.shtml，最后访问时间：2023 年 1 月 30 日。

② 参见《“4·28”特大跨省网络传销案告破》，载红网（普法频道），https://pf.rednet.cn/c/2015/10/21/3819006.htm，最后访问时间：2023 年 1 月 30 日。

◆ 骗局 4：虚拟币型传销骗局[①]

2015 年 9 月 13 日，警方侦破一起特大涉外网络传销案件。该新型涉外网络传销案用 U 币买卖，牵涉 23 个国家 22 万名注册会员，涉案金额高达 5 亿元。此案涉及国内 31 个省份，注册会员多达 3.6 万人。该案系境外传销组织 Q 集团在网上公开宣传投资 U 币能够获取暴利，诱骗投资者缴纳 500 美元至 5 万美元等不同金额注册会员，取得一星至五星会员的加入资格，按照加入顺序组成上下层级关系，通过设立推荐奖、对碰奖、领导奖等奖金形式，激励会员在网下以“拉人头”的方式层层发展下线会员以获取高额返利。

① 参见《连云港侦破网络传销案：涉案 5 亿牵涉 23 个国家》，载中新网，https://www.chinanews.com.cn/fortune/2015/09-14/7522500.shtml，最后访问时间：2023 年 2 月 1 日。

第三节　防范举措

一、刑事法律评价

（一）非法集资犯罪

尽管“非法集资”这个词被广泛使用，甚至国务院和最高人民法院在多份文件和司法解释的标题中也都将其作为一个专有名词来使用，但通观《中华人民共和国刑法》并没有一个被称为“非法集资罪”的罪名，实务中经常用来处理非法集资活动的罪名是集资诈骗罪和非法吸收公众存款罪。根据《最高人民法院关于审理非法集资刑事案件具体应用法律若干问题的解释》的规定，认定非法集资犯罪需具备四个标准：非法性、公开性、利诱性、社会性。如前述互联网金融平台虚构标的并采用借新还旧的骗局模式，就构成集资诈骗罪和非法吸收公众存款罪。

1. 集资诈骗罪

《中华人民共和国刑法》第 192 条规定，集资诈骗罪是指以非法占有为目的，使用诈骗方法非法集资，数额较大的行为。

集资诈骗罪中的“非法占有”应理解为“非法所有”，在通常情况下，这种目的具体表现为将非法募集的资金的所有权转归自己所有，或任意挥霍，或占有资金后携款潜逃等。根据《最高人民法院关于审理非法集资刑事案件具体应用法律若干问题的解释》第 7 条关于认定非法占有目的之相关规定，案例一中有关网络融资平台实施的融资业务行为，是发布虚假信息，非法建立资金池，所得资金大部分未用于生产经营活动，主要用于借新还旧和个人挥霍，致使所承诺的收益最终无法兑付甚或无法返还本金而被认定为具有非法占有的目的，从而涉嫌构成集资诈骗罪。

在前述某互联网金融平台案例中，Y 集团等被告单位及丁某等被告人构成集资诈骗罪，关键在于“以非法占有为目的”的认定，这具体表现在：一是利用虚假债权项目进行集资。被告单位利用所控制的公司、注册的空壳公司及冒用其他公司的名义制作虚假债权项目，制假比例高达 95.6%，这些项目被用于欺骗投资人投资。二是以低风险、高回报的反投资规律进行集资。平台的产品收益率为 9% 到 14.6%，而融资租赁债权项目的回报率一般集中在 6% 到 8%，这就意味着这些债权项目如果是真实的，则平台息差收入为负。三是在集资后，除部分用于返还集资本息及公司运营外，其余大部分在丁某的授意下肆意挥霍、随意赠与他人，以及用于走私等违法犯罪活动。

2. 非法吸收公众存款罪

《中华人民共和国刑法》第 176 条规定，非法吸收公众存款罪是指违反国家金融管理法律规定，非法吸收公众存款或变相吸收公众存款，扰乱金融秩序的行为。

根据《最高人民法院关于审理非法集资刑事案件具体应用法律若干问题的解释》第 1 条、第 2 条第 9 项之规定，如果平台以委托理财、融资租赁等名义先行归集资金，再寻找借款人出借资金，属于非法吸收公众存款罪的行为。

在案例一中，某互联网金融平台通过将借款需求设计成理财产品出售给放贷人，或者先归集资金、再寻找借款对象等方式，使放贷人资金进入平台的中间账户，产生资金池，符合非法吸收公众存款罪的犯罪构成。公司未经有关部门批准，通过网贷平台向出借人借款，还对外承诺还本付息，非法性、公开性和利诱性都非常明显。由于网络平台面向社会公众开放，对出借人并无资质审查，无论借款人与出借人达成交易的方式是一对一还是一对多，都不影响该借贷面向公众的性质，其行为均构成非法吸收公众存款罪。

3. 集资诈骗罪与非法吸收公众存款罪的区别认定

集资诈骗罪与非法吸收公众存款罪均为扰乱国家正常金融秩序的刑事犯

罪，在客观上均表现为向社会公众非法募集资金，因此在实践中有时候难以辨别。但就刑罚力度而言，根据《中华人民共和国刑法》第 176 条、第 192 条之规定，集资诈骗罪的立案标准更低，处罚更重。在司法实践中，有一部分被告人辩称自己的行为属于非法吸收公众存款，加之集资诈骗罪中的“非法占有目的”的界定难题，容易引发集资诈骗罪和非法吸收公众存款罪之间的认定争论。关于两个罪名的区别认定主要体现在以下方面：

第一，主观方面（犯罪动机）的区别认定，两罪最关键的区别在于主观目的不同，即是否以非法占有为目的。集资诈骗罪的行为人主观上是为了非法占有所募集的资金，事后不予归还，即有非法占有他人财产的目的；非法吸收公众存款罪的行为人主观上只是为了募集资金或揽存投资人的资金用于营利或经营活动，其意不在占有。

关于“非法占有”的判定，可以重点围绕融资项目真实性、资金去向、归还能力等事实综合判断行为人是否有非法占有的主观意图，例如，行为人在筹到集资款后并没有将其投入经营之中，而是私用或者挥霍，或者携款逃跑，则可以认定行为人集资时具有非法占有目的。但如果是因为行为人在集资后经营不善或者没有预见到投资风险最终导致亏损，就不能够认定行为人具有非法占有目的。所以，非法占有目的的认定，不仅要考虑到发生的结果，还应充分考察该结果与集资行为以及对集资款的使用行为有无直接的因果关系。在案例一中，一方面，被告单位的非法集资行为本身已经反映出诈骗特征；另一方面，重点分析集资款用途发现，被告单位在集资后用于生产经营活动与募集资金规模明显不成比例、肆意挥霍集资款、将集资款用于违法犯罪活动，造成集资款不能返还的客观结果，符合司法解释关于非法占有目的的相关界定。

第二，客观方面（集资过程使用手段）的区别认定。集资诈骗罪的行为人必须使用诈骗的方法，非法吸收公众存款罪不以欺骗方法为必要构成要件，但可能存在以鼓吹资本实力、夸大投资前景等方式诱导投资。

第三，客体方面（保护法益）的区别认定。集资诈骗侵犯的客体是复杂客体，即不仅侵犯了国家的金融管理秩序，而且侵犯了出资人的财产所有权。而非法吸收公众存款罪侵犯的是单一客体，即侵犯了国家的金融管理秩序。

4. 关于被告人罪责的分层认定

根据《最高人民法院关于审理非法集资刑事案件具体应用法律若干问题的解释》第 7 条第 3 款的规定："集资诈骗罪中的非法占有目的，应当区分情形进行具体认定。行为人部分非法集资行为具有非法占有目的的，对该部分非法集资行为所涉集资款以集资诈骗罪定罪处罚；非法集资共同犯罪中部分行为人具有非法占有目的，其他行为人没有非法占有集资款的共同故意和行为的，对具有非法占有目的的行为人以集资诈骗罪定罪处罚。"因此，如何准确评价非法集资犯罪中不同层级人员的心态与行为、区分认定责任大小，同样是需要把握的重点内容。

前述案例一中，在被告人丁某等主导下，在互联网平台上实施的非法集资犯罪，其组织体系、人员任用、财务管理、行为方式等均体现出单位行为特征，但集团内部的实际决策过程、权力划分、资金走向等亦能反映出核心领导人员对整体犯罪行为的绝对控制。因此，在事实认定方面，既应注意以 Y 集团整体作为评价视角，自上而下地梳理、确认犯罪主体的组织行为结构，又应注意根据各犯罪主体的具体行为进行实质性评判，综合确定各被告人所处的地位及发挥的作用。

从客观行为来看，数名被告人均直接参与了被告单位非法集资的决策、组织、管理等事项，部分被告人还对该互联网金融平台运营起到直接作用。从整体案件事实来看，被告单位的行为符合集资诈骗罪的构成要件，被告人丁某等核心人员在单位犯罪行为中起到主导性、决定性作用，能真正代表单位意志，应当与单位犯罪罪名保持一致，认定为集资诈骗罪。单位内其他主管人员和直接责任人员，均在不同侧面起到了帮助作用，主要以帮助实施犯罪的程度为标准进行区分：对于明知虚假债权项目和资金无序使用的，应当认定为集资诈骗的帮助犯；对于虽明知该互联网金融平台运营模式，但不知情虚假债权项目和资金无序使用的，仅根据各自职务职责，在债权项目、品牌宣传、产品销售、人员招聘等方面所起作用，根据主客观相一致原则，以非法吸收公众存款罪认定。

（二）组织、领导传销活动犯罪

与传统的“聚集式传销”相比，网络传销借助网站、应用程序及第四方支付[①]、充值及跑分平台等网络黑灰产业，犯罪呈现明显跨区域、人员多元化等特点。同时，传销组织又紧跟当前社会热点，以“区块链”“云经济”等概念进行包装炒作，借助合法成立的公司，寻求专家、社会名流背书，类型层出不穷，呈现井喷式爆发的态势。

1. 组织、领导传销活动罪

《中华人民共和国刑法》第224条之一规定，组织、领导传销活动罪，是指组织、领导以推销商品或提供服务等经营活动为名，要求参加者以缴纳费用或者购买商品、服务等方式获得加入资格，并按照一定顺序组成层级，直接或者间接以发展人员的数量作为计酬或者返利依据，实施引诱、胁迫参加者继续发展他人参加，骗取财物，扰乱经济社会秩序的传销活动的行为。

犯罪主体要求是传销活动的组织者、领导者。《最高人民检察院、公安部关于公安机关管辖的刑事案件立案追诉标准的规定（二）》第70条规定，涉嫌组织、领导的传销活动人员在三十人以上且层级在三级以上的，对组织者、领导者，应予立案追诉。可以认定为传销活动的组织者、领导者的人员包括：在传销活动中起发起、策划、操纵作用的人员；在传销活动中承担管理、协调等职责的人员；在传销活动中承担宣传、培训等职责的人员；因组织、领导传

① 所谓“第四方支付”平台，是指未获得国家支付结算许可，违反国家支付结算制度，依托支付宝、财付通等正规第三方支付平台，通过大量注册商户或个人账户非法搭建的支付通道。

销活动受过刑事处罚，或者一年内因组织、领导传销活动受过行政处罚，又直接或者间接发展参与传销活动人员在十五人以上且层级在三级以上的人员；其他对传销活动的实施、传销组织的建立、扩大等起关键作用的人员。

犯罪客观方面有三个特征：第一，在经营形式上，具有欺骗性。传销组织所宣传的经营活动，实际上是以经营为幌子，没有什么实际经营活动，其许诺或者支付给成员的回报往往来自成员缴纳的入门费。第二，在计酬方式上，直接或者间接以发展人员的数量作为计酬或者返利依据。第三，在组织结构上，具有层级性。在传销组织中，一般根据加入的顺序、发展人员的多少分成不同的等级，呈现底大尖小的金字塔形结构。

2. 新型网络传销犯罪的实质判断

传销犯罪活动逐步经历了传销经营，以推销商品、提供服务为名的欺诈式传销，传销标的虚拟化、金融化的新型网络传销等不同阶段。互联网时代来临后，新型网络传销成为传销活动的主流，且发展态势迅猛。但无论其表现形式如何变化、手段如何翻新，其实质判断均围绕入门费、设层级、“拉人头”展开。

第一，关于入门费的判断。传统的线下传销，是以有形的商品或者服务作为传销的标的。进入新型网络传销时代，传销的对外名义可能涉及意定权利或虚拟标的，比如虚拟币、原始股、积分等。不管以什么名义，如果参与人缴纳费用在于获取发展下线的资格，即使不属于商品、服务，也可以判断为入门费。

第二，关于设层级的判断。对层级的认定不能局限于传销组织自身的身份或者等级设定，而要灵活理解和把握，只要客观上存在上下线关系，且参与人从发展的下线或者下下线中获取收益，就要认定为层级关系。

第三，关于“拉人头”的判断。奖金或者返利的多少取决于下线、下下线参加人员的多少，这是传销“拉人头”的特征。网络传销不会创造任何经济利益，组织者、参与者的收益全部来源于传销人员投入的资金，实际上是上线瓜分下线资金的圈钱游戏，先加入人员获得的利益来源于后加入者向传销组织上交的入门费。

3. 罪名适用问题

犯罪分子通过传销的手段开展网络金融犯罪活动，复合型犯罪特征凸显。根据法律相关规定，传销活动的组织者、领导者采取编造、歪曲国家政策，虚构、夸大经营、投资、服务项目及盈利前景，掩饰计酬、返利真实来源或者其他欺诈手段，实施《中华人民共和国刑法》第224条之一规定的行为，从参与传销活动人员缴纳的费用或者购买商品、服务的费用中非法获利的，应当认定为骗取财物。参与传销活动的人员是否认为自己被骗，不影响骗取财物的认定。

根据《最高人民法院、最高人民检察院、公安部关于办理组织领导传销活动刑事案件适用法律若干问题的意见》相关规定，以非法占有为目的，组织、领导传销活动，同时构成组织、领导传销活动罪和集资诈骗罪的，依照处罚较重的规定定罪处罚。犯组织、领导传销活动罪，并实施故意伤害、非法拘禁、敲诈勒索、妨害公务、聚众扰乱社会秩序、聚众冲击国家机关、聚众扰乱公共场所秩序及交通秩序等行为，构成犯罪的，依照数罪并罚的规定处罚。

二、民事行为指引

（一）常见的投资理财工具

常见的投资理财工具主要有储蓄、保险、股票、基金、外汇、黄金、收藏品和投资信托等，随着国家一系列财经政策逐步完善落地，为投资理财市场开辟了更为广阔的发展空间，个人投资理财热点众多。

其中，“P2P”即“个人对个人”，是一种与互联网、小额信贷等创新技术、创新金融模式紧密相关的新生代民间借贷形式。P2P不仅有着收益和保障兼顾的特点，同时有助于个人实现社会公益价值，使理财模式的创新达到新高度。区别于其他理财产品的是它的普惠效应，实现理财收益的同时，通过平台的搭建，填补大型融资机构所不触及的社会生活的方方面面空白。发展至今，由 P2P 的概念已经衍生出了很多模式，如担保机构担保交易模式、债权合同转让模式、大型金融集团推出的互联网服务平台、以 P2P 网贷模式为代表的创新理财方式等。

（二）常见的理财产品

生活中常见的理财产品可分为三大类。

第一大类是固定收益类的理财产品。常见的有银行理财产品、信托理财产品。银行的保本固定收益类产品的资金一般会投向安全级别较高的国库券、货币市场产品等，收益率相对较低，安全有保障。而信托理财产品，一般有明确的投资方向和资金保障措施，但投资起点较高，具有一定的资金门槛。

第二大类是保本浮动收益理财产品。以银行发行为主，虽本金有保障，但收益不能得到有效的保障，收益一般较保本固定收益类产品高。

第三大类是非保本浮动收益类理财产品。主要分为银行理财产品和证券投资理财产品。银行理财产品按照预期收益类型可以分为保本浮动预期收益和非保本浮动预期收益，前者可以保障本金安全，风险由银行承担，因此受到不少刚涉足银行理财产品投资者的偏好，而后者没有本金保障，风险完全由投资人承担，投资预期收益按照合同约定在银行和投资人之间进行分配，风险大，预期收益也可能较大。证券投资理财产品主要包括基金、股票和定向增发理财产品。

（三）投资理财的正规途径

投资者要进行投资理财，需先开立相应的投资理财账户。为防范投资者陷入投资理财误区，投资者在开立投资理财账户时应到符合国家监管要求的正规金融机构办理。我国金融机构主要分为银行、保险公司及证券公司三大类。

在银行方面，通过银行开立的投资理财账户可以办理储蓄类产品和银行理财产品以及基金类产品，大型银行还可通过银行系统购买国债。由于银行网点分布较广，通过银行渠道开立的投资理财账户可到银行柜台办理。

在保险公司方面，通过保险公司开立的投资理财账户可以购买寿险、财产险等投资理财产品。

在证券公司方面，通过证券公司申请开立的投资理财账户可运用股票（包括 A 股、B 股、H 股等）、债券（包括国债、企业债、公司债等）、期货（包括金融期货如股指期货、外汇期货等，商品期货如黄金期货、农产品期货等）等一系列投资理财工具进行投资理财。证券账户的开立可到各证券公司营业部办理，需要在交易日内办理。部分证券公司可通过各省份网站进行网络预约，通过预约的开户时间则相应较为灵活，可支持周六日开户。

（四）投资理财的注意事项

1. 核实工商登记

通过企业信用信息公示系统查询工商登记资料，查明企业是否是经过法定程序注册登记的合法企业。如果主体身份不合法、不真实，则可能存在欺诈。

2. 权衡投资回报

对照同期银行贷款利率和普通金融产品的回报率判断投资返利是否合理。多数情况下明显偏高的投资回报很可能就是投资陷阱。高收益意味着高风险，收益率超过 6% 就要打问号，超过 8% 就很危险，10% 以上就要做好损失全部本金的准备。

3. 核查相关信息

通过政府主（监）管部门网站查询相关企业是否具备“金融许可证”或经金融管理部门批准。重点核查金融机构是否有业务资质、是否在经营范围之内、金融产品是否合规、金融广告是否违法违规。通过中国理财网[①]（http：//www.chinawealth.com.cn/zzlc/index.shtml）可以查询银行业理财产品信息。通过中国证券监督管理委员会资本市场电子化信息披露平台（http：//eid.csrc.gov.cn）、中国证券投资基金业协会信息公示页面（http://gs.amac.org.cn）可以查询各类基金管理机构及产品的基本信息。通过中国保险行业协会官网（http：//www.iachina.cn）可以查询相关保险产品信息等。

4. 是否阳光操作

很多非法集资行为具有隐蔽性，通过亲戚朋友互相介绍，再发展下线，形成一个吸收资金的网络，不签订正规合同，也不开具凭据，编制所谓“好项目”不敢在市面上公开出售，而在地下操作，诱惑群众购买。要做到不要轻信不明信息，不要随意透露个人信息，不要打开不明网络链接，不要轻易汇款转账。

5. 咨询专业人士

对低风险、高回报的投资建议，要多与懂行的朋友和专业人士商量，谨慎理性决策。当遇到金融方面的疑惑时，可以咨询正规的金融机构或者金融监管部门。

三、综合治理建议

伴随金融经济的快速发展，消费者金融需求日益旺盛，移动支付和借贷等已经成为人们日常消费习惯和社会经济活动的常态。然而，互联网经济繁荣向上的同时，也对维护国家金融安全、防范化解金融风险带来新的挑战。保护好金融消费者长远和根本利益，守护好老百姓“钱袋子”，守住防范系统性金融风险的底线是经济发展新常态下需要长效常治的新课题，需要金融消费者、市场主体、监管部门等各有关主体共建、共治、共享。

① 中国理财网以“全国银行理财信息登记系统”为依托提供全市场范围的银行理财产品信息。

（一）完善金融消费者权益保护治理体系

金融消费者保护工作事关广大人民群众利益，涉及千家万户，是以人民为中心的发展思想在金融领域最直接、最具体的体现。为加快建立完善有利于保护金融消费者权益的机制，2020 年 9 月 15 日，中国人民银行发布《金融消费者权益保护实施办法》（以下简称《实施办法》）。《实施办法》是我国金融消费权益保护领域的一部重要规章，将金融消费者八项基本权利贯穿其中，对金融机构行为规范、消费者金融信息保护、监督与管理机制等重点内容予以明确。

1. 金融消费者视角：我们享有的权利

一是倡导文明理性消费，算好经济账。《实施办法》第 4 条规定，金融消费者应当文明、理性进行金融消费，提高自我保护意识，诚实守信，依法维护自身的合法权益。

二是鼓励协商解决纠纷，有话好好说。《实施办法》第 6 条规定，鼓励金融消费者和银行、支付机构充分运用调解、仲裁等方式解决金融消费纠纷。

三是财产安全权，别动我的奶酪。《实施办法》第 13 条规定，银行、支付机构应当依法保障金融消费者在购买、使用金融产品和服务时的财产安全，不得挪用、非法占用金融消费者资金及其他金融资产。

四是受尊重权，金融消费人人平等。《实施办法》第 14 条规定，银行、支付机构应当尊重社会公德，尊重金融消费者的人格尊严和民族风俗习惯，不得因金融消费者性别、年龄、种族、民族或者国籍等不同实行歧视性差别对待，不得使用歧视性或者违背公序良俗的表述。

五是自主选择权，禁止强买强卖。《实施办法》第 15 条规定，银行、支付机构应当尊重金融消费者购买金融产品或者服务的真实意愿，不得擅自代理金融消费者办理业务，不得擅自修改金融消费者的业务指令，不得强制搭售其他产品或者服务。

六是知情权，明明白白消费。《实施办法》第 16 规定，银行、支付机构应当依据金融产品或者服务的特性，及时、真实、准确、全面地向金融消费者披露下列重要内容：

（1）金融消费者对该金融产品或者服务的权利和义务，订立、变更、中止和解除合同的方式及限制。

（2）银行、支付机构对该金融产品或者服务的权利、义务及法律责任。

（3）贷款产品的年化利率。

（4）金融消费者应当负担的费用及违约金，包括金额的确定方式，交易时间和交易方式。

（5）因金融产品或者服务产生纠纷的处理及投诉途径。

（6）银行、支付机构对该金融产品或者服务所执行的强制性标准、推荐性标准、团体标准或者企业标准的编号和名称。

（7）在金融产品说明书或者服务协议中，实际承担合同义务的经营主体完整的中文名称。

（8）其他可能影响金融消费者决策的信息。

第 17 条规定，银行、支付机构对金融产品和服务进行信息披露时，应当使用有利于金融消费者接收、理解的方式。对利率、费用、收益及风险等与金融消费者切身利益相关的重要信息，应当根据金融产品或者服务的复杂程度及风险等级，对其中关键的专业术语进行解释说明，并以适当方式供金融消费者确认其已接收完整信息。

第 22 条第 1 款规定，银行、支付机构应当对营销宣传内容的真实性负责。银行、支付机构实际承担的义务不得低于在营销宣传活动中通过广告、资料或者说明等形式对金融消费者所承诺的标准。

第 23 条规定，银行、支付机构在进行营销宣传活动时，不得有下列行为：

（1）虚假、欺诈、隐瞒或者引人误解的宣传。

（2）引用不真实、不准确的数据和资料或者隐瞒限制条件等，对过往业绩或者产品收益进行夸大表述。

（3）利用金融管理部门对金融产品或者服务的审核或者备案程序，误导金融消费者认为金融管理部门已对该金融产品或者服务提供保证。

（4）明示或者暗示保本、无风险或者保收益等，对非保本投资型金融产品的未来效果、收益或者相关情况作出保证性承诺。

（5）其他违反金融消费者权益保护相关法律法规和监管规定的行为。

七是公平交易权，向霸王条款说不。《实施办法》第19条规定，银行、支付机构不得利用技术手段、优势地位，强制或者变相强制金融消费者接受金融产品或者服务，或者排除、限制金融消费者接受同业机构提供的金融产品或者服务。

第20条规定，银行、支付机构在提供金融产品或者服务的过程中，不得通过附加限制性条件的方式要求金融消费者购买、使用协议中未作明确要求的产品或者服务。

第21条规定，银行、支付机构向金融消费者提供金融产品或者服务时使用格式条款的，应当以足以引起金融消费者注意的字体、字号、颜色、符号、标识等显著方式，提请金融消费者注意金融产品或者服务的数量、利率、费用、履行期限和方式、注意事项、风险提示、纠纷解决等与金融消费者有重大利害关系的内容，并按照金融消费者的要求予以说明。格式条款采用电子形式的，应当可被识别且易于获取。

银行、支付机构不得以通知、声明、告示等格式条款的方式作出含有下列内容的规定：

（1）减轻或者免除银行、支付机构造成金融消费者财产损失的赔偿责任。

（2）规定金融消费者承担超过法定限额的违约金或者损害赔偿金。

（3）排除或者限制金融消费者依法对其金融信息进行查询、删除、修改的权利。

（4）排除或者限制金融消费者选择同业机构提供的金融产品或者服务的

权利。

（5）其他对金融消费者不公平、不合理的规定。

银行、支付机构应当对存在侵害金融消费者合法权益问题或者隐患的格式条款和服务协议文本及时进行修订或者清理。

八是受教育权，我有学习金融知识的权利。《实施办法》第24条规定，银行、支付机构应当切实承担金融知识普及和金融消费者教育的主体责任，提高金融消费者对金融产品和服务的认知能力，提升金融消费者金融素养和诚实守信意识。

银行、支付机构应当制定年度金融知识普及与金融消费者教育工作计划，结合自身特点开展日常性金融知识普及与金融消费者教育活动，积极参与中国人民银行及其分支机构组织的金融知识普及活动。银行、支付机构不得以营销金融产品或者服务替代金融知识普及与金融消费者教育。

九是信息安全权，为信息保护保驾护航。《实施办法》第29条规定，银行、支付机构处理消费者金融信息，应当遵循合法、正当、必要原则，经金融消费者或者其监护人明示同意，但是法律、行政法规另有规定的除外。银行、支付机构不得收集与业务无关的消费者金融信息，不得采取不正当方式收集消费者金融信息，不得变相强制收集消费者金融信息。银行、支付机构不得以金融消费者不同意处理其金融信息为由拒绝提供金融产品或者服务，但处理其金融信息属于提供金融产品或者服务所必需的除外。

金融消费者不能或者拒绝提供必要信息，致使银行、支付机构无法履行反洗钱义务的，银行、支付机构可以根据《中华人民共和国反洗钱法》的相关规定对其金融活动采取限制性措施；确有必要时，银行、支付机构可以依法拒绝提供金融产品或者服务。

第30条规定，银行、支付机构收集消费者金融信息用于营销、用户体验改进或者市场调查的，应当以适当方式供金融消费者自主选择是否同意银行、支付机构将其金融信息用于上述目的；金融消费者不同意的，银行、支付机构不得因此拒绝提供金融产品或者服务。银行、支付机构向金融消费者发送金融营销信息的，应当向其提供拒绝继续接收金融营销信息的方式。

第 31 条规定，银行、支付机构应当履行《中华人民共和国消费者权益保护法》第 29 条规定的明示义务，公开收集、使用消费者金融信息的规则，明示收集、使用消费者金融信息的目的、方式和范围，并留存有关证明资料。

银行、支付机构通过格式条款取得消费者金融信息收集、使用同意的，应当在格式条款中明确收集消费者金融信息的目的、方式、内容和使用范围，并在协议中以显著方式尽可能通俗易懂地向金融消费者提示该同意的可能后果。

第 32 条规定，银行、支付机构应当按照法律法规的规定和双方约定的用途使用消费者金融信息，不得超出范围使用。

2. 金融机构视角：我们应做的事情

一是加强内部管理。《实施办法》第 7 条至第 10 条规定，金融机构应当制定和落实金融消费者权益保护工作的总体规划和具体措施，应当建立健全金融消费者权益保护的各项内控制度和全流程管控机制，应当将金融消费者权益保护工作合理纳入考核评价范围，应当每年至少开展一次金融消费者权益保护专题培训。

二是突出权利保护。为更好保护金融消费者的公平交易权和自主选择权，《实施办法》第 15 条要求，金融机构应当尊重金融消费者的真实意愿，不得擅自代理金融消费者办理业务，不得擅自修改金融消费者的业务指令，不得强制搭售其他产品或服务；第 19 条规定，不得利用技术手段、优势地位强制或变相强制金融消费者接受产品或服务；第 21 条第 2 款第 4 项规定，不得排除、限制金融消费者选择同业机构产品或服务；第 20 条规定，不得通过附加限制性条件的方式要求金融消费者购买、使用协议中未作明确要求的产品或者服务；第 21 条第 2 款第 5 项规定，格式条款不得含有对金融消费者不公平、不合理的规定。为强化知情权保护，《实施办法》进一步扩大信息披露范围，第

16 条、第 21 条要求金融机构应当披露贷款产品的年化利率，披露产品或服务所执行的强制性标准、推荐性标准、团体标准或者企业标准的编号和名称；披露实际承担合同义务的经营主体完整的中文名称；格式条款应以显著方式提请金融消费者注意与其有重大利害关系的内容，并按照金融消费者的要求予以说明。

三是规范营销宣传行为。《实施办法》吸收了中国人民银行等四部门联合发布的《关于进一步规范金融营销宣传行为的通知》相关内容，进行了针对性规范，第 8 条、第 9 条规定金融机构应当建立专门的金融营销宣传管理制度；金融机构应当建立事中管控机制，加强对营销宣传行为的监测与管控，确保遵循基本程序和标准；金融机构应当对营销宣传内容的真实性负责，不得虚假宣传。金融机构向金融消费者发送金融营销宣传信息的，应当提供拒绝继续接收金融营销信息的方式。

（二）注意关注金融领域新一轮机构改革方案

2023 年 3 月 16 日，中共中央、国务院授权新华社发布《党和国家机构改革方案》，统筹中央和地方，深化重点领域机构改革，推动党对社会主义现代化建设的领导在机构设置上更加科学、在职能配置上更加优化，在体制机制上更加完善、在运行管理上更加高效。及时知晓金融领域的机构设置和职能配置，有助于相关主体依法行政、依法维权、依法治理。

一是深化党中央机构改革。组建中央金融委员会，加强党中央对金融工作的集中统一领导，负责金融稳定和发展的顶层设计、统筹协调、整体推进、督促落实，研究审议金融领域重大政策、重大问题等，作为党中央决策议事机构。

设立中央金融委员会办公室，作为中央金融委员会办事机构，列入党中央机构序列。

不再保留国务院金融稳定发展委员会及其办事机构，将国务院金融稳定发展委员会办公室职责划入中央金融委员会办公室。

组建中央金融工作委员会，统一领导金融系统党的工作，指导金融系统党的政治建设、思想建设、组织建设、作风建设、纪律建设等，作为党中央派出机关，同中央金融委员会办公室合署办公。将中央和国家机关工作委员会的金融系统党的建设职责划入中央金融工作委员会。

二是深化国务院机构改革。组建国家金融管理总局，统一负责除证券业之外的金融业监管，强化机构监管、行为监管、功能监管、穿透式监管、持续监管，统筹负责金融消费者权益保护，加强风险管理和防范处置，依法查处违法违规行为，作为国务院直属机构。

国家金融监督管理总局在中国银行保险监督管理委员会基础上组建，将中国人民银行对金融控股公司等金融集团的日常监管职责、有关金融消费者保护职责，中国证券监督管理委员会的投资者保护职责划入国家金融监督管理总局。

不再保留中国银行保险监督管理委员会。

三是深化地方金融监管体制改革。建立以中央金融管理部门地方派出机构为主的地方金融监管体制，统筹优化中央金融管理部门地方派出机构设置和力量配备。地方政府设立的金融监管机构专司监管职责，不再加挂金融工作局、金融办公室等牌子。

加强金融管理部门工作人员统一规范管理。中国人民银行、国家金融监督管理总局、中国证券监督管理委员会、国家外汇管理局及其分支机构、派出机构均适用行政编制，工作人员纳入国家公务员统一规范管理，执行国家公务员工资待遇标准。

（三）提升全民金融素养的可行性路径

促进全社会整体金融素养和能力提升是金融工作水平在更深层次上的体现。金融消费者、金融机构、金融监管部门、相关职能部门、社会力量等各方主体的有效参与、协同共治是推动金融知识普及、防范金融风险的重要力量。

一是侧重“一老一小”，探索构建具有中国特色的金融知识终身学习体系。一方面，学生时代培育契约精神和风险责任意识，对人才的全面发展和提升国民金融素养整体水平具有重要意义，“教育一个孩子、辐射整个家庭、造福经济社会”。教育、金融监管等部门可以密切沟通协作，抓住中小学课程教材周期性修订契机，有机融入金融素养核心概念，使金融基本知识系统纳入国民教育体系，形成中小学金融素养教育的长效机制。另一方面，金融教育工作服务服从于积极应对人口老龄化国家战略，支持银发经济、养老金融发展，需要大力提升老年人金融素养和风险责任意识。民政、金融监管等部门可以联合多方力量开展宣传活动，从宣传内容、方式以及长效机制等方面着力，开展有温度的养老金融教育，让老年人“一看便知”“一学就会”“一听就懂”。

二是坚持金融为民，推动建立健全广泛覆盖、公平统一、可持续的多层次金融知识普及新格局。提升国民金融素养的重点，就是普及存款保险制度、个人征信、银行卡安全、支付工具使用、保险知识和投资理财等常用知识，引导金融消费者选择合适的金融产品和服务，建立起识别和防范非法金融活动及产品的意识和能力。承担宣传教育的职能部门、金融机构，可以针对不同群体的金融需求，多渠道、多层次、多样式开展教育宣传，让投资者了解银行业、保险业等金融服务业务模式、办理渠道、重要内容、相关风险，引导社会公众自觉远离非法金融活动，避免盲目投资和冲动交易，增强投资者理性投资意识和自我保护能力；同时，加强金融机构员工管理、教育和预警监测，引导从业人员发挥好“前哨”作用，自觉抵制非法金融活动。

三是建立健全金融风险防范与权益保护长效工作机制。金融监管部门发挥监管的指导、引导、督导及带头作用，强化消费者权益保护制度建设，着力规范行业消费者权益保护工作机制和经营行为，通过检查处罚、揭示违规、督促整改，推动银行保险机构完善消保工作体制机制；围绕消费者八项权益保护情况，聚焦银行个人贷款、个人信息保护等消费者反映强烈的问题，有序开展消保检查和个案调查，依法进行处罚；加强 12378、12386 投诉维权热线管理，及时发现消费者、投资者的关注点、行业服务的薄弱点、制度机制的空白点，综合运用约谈、督查、督导、监管通报等手段对银行保险证券机构投诉处理情况予以指导，加强调解组织建设，不断提升化解群体性纠纷的能力和效率，将金融教育与纠纷调解、行权维权等工作紧密结合，切实提升投资者的获得感。网络监管部门可以充分发挥在宣传金融政策、普及金融知识、提升网民金融素养等方面的积极作用，持续做好金融政策网上宣传，带动广大网民学金融、懂金融，增强网络安全意识、风险防范意识和网络防护技能，营造守信受益、诚信无价的网上舆论氛围，共建向上向善的网络空间。

第四章

收藏品骗局反诈指引

第一节 识别指南

近年来，随着大众投资观念的改变，投资领域日益多元化，古玩、字画、钱币、邮票、粮票等收藏品投资也持续升温。在“收藏热”的背景下，大量缺乏专业知识的普通民众开始涉足收藏品投资领域，极易成为不法分子的围猎对象，导致收藏品类诈骗犯罪层出不穷。

一、什么是收藏品骗局

不法分子利用普通民众，尤其是中老年人热衷于收藏古玩、字画、钱币等，但又对收藏所涉及的鉴定、出售、拍卖、估价、投资等专业知识缺乏足够的了解，将价值普通甚至廉价的藏品、工艺品，包装成具有巨大艺术价值与升值空间的珍品，以能帮助受害人高价拍卖、保证增值回购、享有高额返利为诱饵设置陷阱，吸引受害人支付超高价款投资所谓藏品或支付高价鉴定费、拍卖费等，以此骗取钱财。

二、收藏品骗局的主要特征

（一）公司化运营模式

鉴于拍卖具有一定的专业性，拍卖服务又属于较为高端的服务类型，因此，不法分子为取得受害人的信任，多采取公司化运营模式，成立空壳公司、租赁核心地段的豪华写字楼作为办公场所、配备齐全的人员架构和办公设备，制作虚假的宣传资料，有些甚至搭建了公司网站，以此营造公司经营正常及实力雄厚的假象，还有不法分子专门为此申请了拍卖行政许可。前期准备工作完成后，不法分子依照事先拟定的营销套路和话术模板，通过群打电话，发放传单等方式谎称可以高价回收或代为拍卖收藏品，以免费鉴定、评估藏品价值或赠送礼品为诱饵，将受害人吸引至公司以实施下一步的诈骗行为。

（二）“买、卖”均有陷阱

收藏品类诈骗中，不法分子通常通过“骗买”“骗卖”的方式设计陷阱。一是利用受害人希望将手里的收藏品变现的心理，故意夸大受害人手中的藏品价值，谎称能高价拍卖，欺骗受害人交纳高昂的拍卖费、评估费等子虚乌有的费用，钱款到手后，便卷款跑路。二是向受害人推荐所谓短期内升值潜力大的收藏品，通过承诺高价代销或约定高价回购等，以低风险为诱饵，诱骗受害人以超高价格购买廉价工艺品、藏品。三是谎称具备收藏品鉴定资质，可以为想要出售藏品的受害人提供有偿鉴定服务，并由专业人员出具鉴定证书，以骗取鉴定费。四是直接将上述多种套路合并使用，如先以能高价拍卖被害人手中的收藏品为由，吸引被害人到公司进行评估或交易，然后再向被害人高价推销公司的劣质工艺品，实施连环诈骗，部分被害人甚至会连续、多次被骗。

（三）多以老年人为目标

大多数老年人都有收藏旧版纸币、粮票、印章、字画的爱好，且出于需要养老、保健、治病或为后辈考虑的目的，有将收藏品变现或投资收藏品以增值、保值的需求。再加上他们大多具有一定的积蓄，能支配自己的资金，同时又具有风险意识不足、辨别能力较差、容易盲目轻信所谓专业人员等特点，因此常常成为收藏品类犯罪的主要目标对象。

三、收藏品骗局多发、易发的原因

（一）被害人缺乏拍卖专业知识

受害人一般具有一定的经济实力，但对藏品真实价值及拍卖市场的交易规则缺乏足够了解，易被不法分子以收取佣金、举办拍卖会等所谓正常交易行为为幌子，层层设局。

（二）藏品本身价值无明确标准

在藏品交易中，一般只要交易双方认可，购买即可成交，遇到纠纷可能多数人会认为是民事合同纠纷而协商解决，不会第一时间报案，较低的犯罪风险与犯罪成本不高，使不法分子铤而走险。

（三）公司披合法外衣行不法行为

天价成功拍卖收藏品的个案广告宣传真假难辨，不法分子抓住受害人希望高价变现的心理，营造虚假的藏品交易市场繁荣假象，以公司工商登记手续齐全、有拍卖许可、有收藏品证书、藏品有保值升值空间、交易不成可以退款等承诺一步步骗取受害人信任。

第二节　典型案例

案例一："老物件"遇上"拍卖师"，身价竟能翻千倍

——高某等代为拍卖收藏品诈骗案[①]

◆"让我们帮您估估价，免费、不收钱"

"大爷您好，您家里有邮票、粮票、纪念币等老物件吗？这些东西现在在收藏品市场上很受买家欢迎。我们是专业的拍卖公司，能帮您把这些老物件卖个好价钱。您可以先把收藏品拿到我们公司，由我们专业的鉴定师帮您估估价，是免费的、不收您钱！"年逾七旬的李大爷在家中接到了自称某国际拍卖公司业务员小林的电话，想到家里自己珍藏多年的粮票等，李大爷心动了，他想反正不要钱，就答应小林过两天先去公司看看，了解一下情况。在李大爷看来，业务员小林热情又周到，不仅将公司的详细地址发到他的手机上，还把坐车路线都详细标好，省去自己不少麻烦，他也因此对拍卖公司留下了好印象。

---

① 参见《北京二中院开庭审理并当庭宣判我市首例提级管辖的养老诈骗案件》，载京法网事微信公众号（2022 年 8 月 25 日），https://mp.weixin.qq.com/s/YIZZCATX6DAfxPA_ZN_wlQ，最后访问时间：2022 年 11 月 5 日。参见《上百名老年人陷"拍卖"骗局 涉案金额 1300 多万元》，载北京政法微信公众号（2022 年 9 月 27 日），https://mp.weixin.qq.com/s/DY45ZtK1VgcDfxJsY–LAeQ，最后访问时间：2023 年 2 月 12 日。参见《谎称帮老年人高价拍卖收藏品 骗子公司总监获刑十二年》，载京法网事微信公众号（2022 年 6 月 14 日），https://mp.weixin.qq.com/s/OUgTvqwe5PiiAggFa_exJw，最后访问时间：2022 年 2 月 13 日。

◆ 有里有面："正规、专业、有实力"

几天后，李大爷带着自己的粮票到了位于热门商圈写字楼的某国际拍卖公司。业务员小林早早就在公司楼下等候，先是带着李大爷参观了公司，并详细介绍了公司的经营情况，还给李大爷展示了公司的相关资质许可证、备案信息、各类宣传资料等。"李大爷，我们是绝对正规的拍卖公司，曾在我国和新加坡成功组织了多场拍卖会。您看这些视频拍摄的都是我们组织的拍卖会，成交了很多收藏品。我们的拍卖师、鉴定师也都是有资质、经验丰富的专业人员，对各类收藏品的市场价值、收藏价值都有着非常精准的判断。今天，正好我们的高级评估师在，可以先给您的藏品免费做个初步鉴定，这样您老心里能先有个数儿"，小林如是说。

看到拍卖公司的店面装修豪华大气，各类资质证书、资料摆满了一面墙，会议室里循环播放着拍卖会的现场录像，工作人员也都业务繁忙的样子，李大爷凭直觉认为这应该是个很有实力的拍卖公司。

◆ 服务到家：鉴定、估价、交费一条龙

接下来，小林向李大爷介绍了一位公司高级评估师，评估师戴着白手套一张张仔细检查了李大爷带来的粮票，说道："大爷，您这套粮票品相上乘，也非常具有收藏价值，可以按照一张 1.2 万元的价格拍卖，您这 80 张粮票一共可以卖 96 万元。"听到自己珍藏多年的老物件现在这么值钱，李大爷开心不已。这时，小林趁机向李大爷介绍说：

"根据公司掌握的情况，现在市场上有不少买家想要收藏这种粮票，您如果跟我们公司签订委托拍卖合同，我们肯定能帮您尽快以高价卖出去的。"

"按照拍卖的流程，拍卖收藏品需要先租用公司的展柜向买家进行展示，并签订展柜协议，展示结束后，再针对有意向的买家组织正式的拍卖。"

"而且展示收藏品时不需要实物，我们会对收藏品全方位拍照展示，这样粮票您可以放心带回家保管，等拍卖成功后再一手交钱一手交货。"

“按照公司规定现在只需要按照收藏品的价值比例交纳 1.2 万元的委托费就行，等拍卖成功后我们会按照拍卖价格的 10% 收取佣金，您先前交的委托费也可以折抵相应金额的佣金；如果拍卖不成功，这笔委托费我们会全额退还的。”

“这是我们的委托拍卖合同，里面说得非常详细，您的利益都是有保障的，您可以先看看。”

听着小林的一长串介绍，想到拍卖成功后可以卖到 96 万元的价格，收藏品还可以由自己保管，委托合同看起来也很正规，李大爷心动了。再三确认拍卖不成功可以退回委托费后，李大爷在小林的指导下交了 1.2 万元现金并签订了委托拍卖合同。小林保证一旦遇到有意向的买家，自己会第一时间联系李大爷，请李大爷放心在家等电话。

◆ 一波三折：想要拍卖成功没那么容易

过了一个月，李大爷再次接到了小林的电话：“李大爷，有买家对您的粮票非常感兴趣，希望以 3 万元 1 张的价格收购 100 张，这样可以不走公开拍卖，走私下成交，这种方式交易流程简单，而且成交价更高；但买家提出需要将粮票发往深圳进行鉴定，须交纳4000元的保险费。”为了将粮票早一点卖出，李大爷又交了 4000 元，并表示自己再找一找争取凑够 100 张粮票。

没想到李大爷还没凑够100张粮票，就接到了拍卖公司王经理的电话：“李大爷，上次的买家反悔了，因此不能走私下成交的流程，还需要走公开拍卖。参加国内场的公开拍卖需要交纳 7 万元，这样公司可以优先推荐您的藏品。”

李大爷一听着急了，连忙赶到公司找到他信任的业务员小林打听情况。小林也很为李大爷惋惜，但考虑到李大爷现在的情况，还是建议李大爷最好选择参加国内场的拍卖，而且现在收取的 7 万元拍卖费是可以从拍卖成交后李大爷应支付的佣金里扣除的；如果拍卖不成功这笔费用也同样会退还。对于这笔费用，公司会跟李大爷重新签署一份拍卖附加协议，并将此前李大爷手里的委托拍卖合同收回。

为了尽快参加拍卖，李大爷去银行取了7万元交给拍卖公司，并在小林的指导下签署了拍卖附加协议，协议里载明："如果卖家反悔，中途违约不卖，则不予退费；如拍卖现场没人举牌，退还全部费用；卖不出去，应配合公司调整价格后出手。"

◆ 嘘寒问暖：业务、生活关爱有加

小林还特意叮嘱李大爷："您年纪大了，腿脚不好，就在家等我消息，我一定及时把拍卖工作进展情况告诉您。"

小林说到做到，时常会给李大爷发信息，有时是工作进展情况，有时是关心的问候，"现在在外地出差呢，需要先跟全国各地的买家发放邀请函""这段时间公司业务比较忙，不能随时接电话""下雪了路滑，您注意安全""变天了，您注意保暖、别着凉""现在在国外准备海外场的拍卖会，之后才会继续国内场的准备工作""邀请函现在还没发完，您再耐心等等"。

◆ 变本加厉：加价升级转入"精品场"

与李大爷经历类似的还有家有纪念章的赵阿姨，除了免费鉴定、签署合同，预先交了5000元手续费，拍卖公司给赵阿姨的电话却是另一番说法，"您收藏的纪念章价值很高，如果上精品场，买家更有钱、出价高，更容易成交，您只要再加2万元就可以"。听到能以更高的价格拍卖，赵阿姨当然希望能上精品场，但她手头只剩6400元了，因此希望小林能帮忙想想办法。小林跟领导反映后，向赵阿姨答复"王经理同意了，可以由我和公司先帮您垫付1万元，这样您先交1万元就可以"，看到小林和拍卖公司这么帮忙，赵阿姨心里非常感谢，找亲戚朋友借钱凑齐了1万元交给了拍卖公司。

在不安和焦急的等待中，赵阿姨终于迎来一个"好消息"，王经理打电话称，有一位国外的买家要出88万元购买赵阿姨的纪念章，已经交了20万元定金，但需要赵阿姨承担相应的出境签证费、机票、差旅费等约2万元，还

要再交3000元的海关保税金及500元的跑腿费，其中3000元海关保税金在成交后可以退还。眼看拍卖有了进展，赵阿姨只好再去找亲戚朋友借钱，希望等拍卖成交后再一一偿还。

◆ 人去楼空：谎言终究被识破

承诺的拍卖会迟迟没有举办，李大爷和赵阿姨直接去了公司，没想到原本人来人往的拍卖公司已经人去楼空，二人赶紧联系工作人员小林，小林解释说“我们公司要搬迁到新的办公地址了，员工现在都放假了，我也在老家呢，等下个月我回公司再回复您”“公司刚搬完家，还没恢复正常业务，只能等市场部上班后，统计完所有数据，才能恢复正常工作”“市场部已经统计完数据了，我们现在正对您的藏品进行网络交割，争取通过线上网络方式进行交易”。一而再，再而三地推辞。面对李大爷和赵阿姨的催促，小林也只是说“您放心，公司一定会给您一个说法，一直没能帮您卖出去，我心里很不是滋味，希望您能理解我的难处，我只是个普通业务员”。李大爷担心自己遇到了骗子，最终决定向小林提出不打算继续拍卖粮票了，希望公司能把自己交的钱退回来。

虽然交钱时小林再三保证，如果拍卖不成功可以退钱，但当李大爷提出退钱时，小林却开始以各种理由推托，“财务没有上班，无法办理退款”“已经跟公司领导汇报了，领导还没给我回话”“我生病了，嗓子发炎不能接电话”“我外婆病危住院了，这几天不能接电话，您别老打电话了”。

李大爷无奈之下称再不退钱就报警解决，小林却说“报警也没什么用，什么也捞不着，耐心等公司后续的处理吧”“我也没拿您的钱，我工资也没发，你找我、跟我生气也解决不了问题”。眼看公司退钱无望，李大爷、赵阿姨这才下定决心去派出所报警。

◆ 法网恢恢：犯罪团伙被绳之以法

事实上，李大爷、赵阿姨是该系列诈骗案中比较有代表性的被害人。该犯罪团伙涉及3家国际拍卖公司、1家国际贸易公司，高某系涉案公司的实际控制人，杨某系其中一家国际拍卖公司的总监，他们诈骗了300余名被害人，涉案金额共计人民币1400余万元。

被害人中大部分为老年人，平均年龄已高达70岁，其中有多名被害人被该诈骗团伙控制的几家公司反复骗取钱财，甚至为此背负巨额债务。诈骗团伙成员被抓获到案后承认，这几家拍卖公司从未举办过任何拍卖会，也未联系过任何收藏品买家，公司所谓的评估师、鉴定师都是假的，他们在公司都使用化名，出示假身份证复印件及假名片，微信名也都不是自己的真实姓名。

经北京市第二中级人民法院审理，被告人高某作为4家公司的实际控制人，系犯罪团伙的主犯，因诈骗数额特别巨大，以诈骗罪被判处有期徒刑十五年，并处罚金等附加刑；[①] 经北京市东城区人民法院审理（如图4所示），被告人杨某、迟某某等人均以诈骗罪被判处有期徒刑十二年至十个月不等的刑期，并处罚金等附加刑。[②]

图4　罗兰法官在被告人杨某诈骗案的庭审现场

① 参见《北京二中院开庭审理并当庭宣判我市首例提级管辖的养老诈骗案件》，载京法网事微信公众号（2022年8月25日），https://mp.weixin.qq.com/s/YIZZCATX6DAfxPA_ZN_wlQ，最后访问时间：2022年11月5日。

② 参见《谎称帮老年人高价拍卖收藏品 一空壳"拍卖公司"总监获刑12年》，载中青在线，http://news.cyol.com/gb/articles/2022-06/14/content_84EqQFW49.html，最后访问时间：2022年11月5日。参见《北京法院发布打击整治养老诈骗犯罪典型案例》，载京法网事微信公众号（2022年9月27日），https://mp.weixin.qq.com/s/phtST8h6Csjmva3--Ny_fg，最后访问时间：2022年11月5日。

案例二：不可错过的艺术品收藏风口，再不投资就晚了
——彭某等“高价回购”收藏品诈骗案[①]

◆ 进店有礼：艺术品收藏了解一下

“阿姨，您这是在等车吗，您不着急的话，我们公司正在搞店庆活动呢。您跟我去店里坐坐、喝点茶，不用您花钱，只要进店参观，我们就给到店客户赠送礼品。”一位年轻业务员热情地招呼王阿姨。

王阿姨心想，既然不花钱能免费领礼品就去看看，于是就跟着业务员小王来到位于某高档写字楼的某艺术馆内。让王阿姨没想到的是，艺术馆不仅装修气派，而且人气也很旺，其中有不少像自己一样前来参观的客户。看着艺术馆里摆放的各种收藏品，王阿姨不免有些好奇。于是在等待领礼品的工夫，小王先带王阿姨参观了艺术馆，还详细介绍了馆里一些受欢迎的收藏品，比如生肖纪念银条、纪念币、银盘、连体钞、青玉印章等，这些都是具有巨大升值潜力的艺术品、收藏品，还附有鉴定证书。小王还介绍说经营艺术馆的公司实力雄厚，不仅在北京有多家线下实体店，还有自己的微信公众号。

小王热情地帮王阿姨关注了公司的微信公众号，并嘱咐王阿姨有时间可以多看看公众号里的文章，了解一下艺术品收藏市场的行情，以及各类收藏品的升值情况，还承诺以后公司有免费领礼品的活动时，再邀请王阿姨来参观。

◆ 机不可失：及时抓住投资风口期

在小王的热情邀请下，在接下来半年多的时间里，王阿姨又去参观了几次艺术馆，每次小王都热情介绍各类艺术品、收藏品的行情，不断给王阿姨

① 本案例根据北京市东城区人民法院审理的案件改编，本书未特别注明来源的均为此类案例。

灌输“现在收藏品市场正是红火的时候，千万不要错过艺术品、收藏品投资风口期”的理念。王阿姨每次参观都能遇到公司正在举办展品的展览，还有客户签合同、购买藏品，而且公司微信公众号也不断推送着各类收藏品持续升值的文章，在犹豫了半年之后，王阿姨终于考虑入手了。

为了进一步打消王阿姨的顾虑，小王承诺说，公司推荐给客户的都是经过筛选的优质艺术品和收藏品，购买后不仅能够保证本金不会亏损，而且客户什么时候需要用钱，想卖掉藏品，只需要提前跟公司说，公司就能帮客户把藏品卖掉，即便没有合适的买家，公司也可以高价回购藏品。

于是在小王的推荐下，王阿姨陆陆续续购买了 4 件书法八平尺作品共计 4.72 万元；5 套大全套豹子号人民币（100 元、50 元、10 元、5 元、2 元、1 元、5 角、2 角、1 角各一张，全套的面值为 168.8 元）共计 9.9 万元；3 件“属你有福”生肖银盘（1000g 银盘）共计 5.94 万元；1 件“醒狮腾龙”碧玉玺单价 1.98 万元。

其间，王阿姨也想过卖掉其中部分藏品，但小王总是劝说她再等一等，现在行情正好，可以让藏品再多升点值，等价格合适时，她会及时联系王阿姨的。没想到，最后王阿姨没等来小王的电话，却等来了警方的电话通知。原来，小王所称的经营艺术馆的公司，其实是一个打着艺术品、收藏品投资旗号实施诈骗的犯罪团伙。

◆ 一应俱全：收割客户的流水线

经过调查，孟某等人所在的犯罪团伙经营了一家某艺术有限公司，公司主要经营钱币类、玉器类、字画类和贵金属类的收藏品销售，并组建了人事部、客服部、养生部、后勤部等部门。人事部负责新录用员工的招聘及初步培训，通过在多个招聘网站上发布招聘信息来招聘新员工，并对录用的新员工进行简单培训，包括介绍公司基本情况、业务范围以及藏品等；有时还负责客户回访工作，整理收集店内所有客户的回访视频。客服部负责到楼下散发传单、发放礼品以招徕客户进店进行登记、录入。养生部负责销售红酒、白酒、人参、石斛、虫草等快消品，主要是为了给在公司购买过藏品的客户进行换货。销售部会对销售人员统一培训公司销售“话术”，让客户相信产品的真实性、稀缺性及升值潜力，销售人员则会按照公司提供的客户信息，拨打电话给潜在客户，告诉客户来店里就会有免费的小奖品领取，能免费参观展览，从而引诱缺乏收藏品专业知识的中老年群体来公司。

◆ 精准投放：保值升值“指日可待”

据统计，公司客户以50岁以上的中老年群体居多，其中还包括一部分70岁到80岁的老年人。

成功吸引客户进店后，销售人员会进行接待、发放宣传册、介绍店内近期主推藏品，并按照提前制定和培训的套路和话术，向客户宣讲自编的“投资理念”，将低价进购的钱币、纪念币、字画、工艺品吹嘘为具有巨大升值空间和投资价值的收藏品，重点讲解网络上类似藏品的升值案例，使客户相信公司推荐的所谓藏品也具有巨大的升值空间。

如果客户没有购买意向，就由经理、副店长出面帮谈客户。经理、副店长会向客户承诺“我们向领导申请了，能够给你们更多赠品、价格还能打折，你们还可以选择办理会员卡，充值优惠力度更大”等，让客户相信藏品能够升值3倍到5倍。通过彼此“打配合”“做铺垫”，使客户误认为所谓“收藏品”数量稀缺，非常抢手。此外，他们还会向客户宣称“公司可以参加国家钱币展销会、国际钱币博览会，我们有专门的展柜，如果购买后需要出手，向经理申请参展就可以了”“公司微信公众号还有线上官方商城，也可以帮助出售藏品”。

◆ 口蜜腹剑：说一套做一套

因为公司承诺能够高价回购和无条件代售，王阿姨和藏友们纷纷相信投资公司推荐的藏品不仅具有巨大升值空间，还能够依托公司保证实现高额收益，当即决定购买并签署认购确认书。根本没注意到认购确认书上不仅没有承诺的藏品回购、帮助拍卖、展销变现、实现保值增值等内容，反而注明销售人员不得有上述行为。

原来，犯罪团伙只允许销售人员在面对面介绍时对客户进行虚假宣传，承诺能高价回购和代售等打擦边球的内容，但不允许在电话或者微信推销时，承诺能增值保值及回购、代售等内容，以免被录音或截图取证。在认购确认书上注明业务员不得承诺回购及保值等内容，只是犯罪团伙为了对外逃避责任而实施的“障眼法”。

◆ 真相大白：投机倒手赚取差价

经过价格鉴定机构的鉴定，虽然被害人购买的藏品均为真品，但鉴定价格与被害人购买价格普遍相差3倍至10倍。犯罪团伙通过上述方式诱骗多名被害人高价购买上述价格虚高的“收藏品”，销售金额累计3000余万元。最终，被告人彭某等人均被法院以诈骗罪判处有期徒刑四年六个月至三年二个月不等的刑期，并处罚金。

案例三：古董报价上千万，“专业鉴定”暗藏玄机

——盛某等诈骗案[①]

◆ 专业鉴定公司不请自来

“您的藏品一看就价值不菲……”李先生在网上发布了自己的藏品信息，想要卖掉变现。几天后便有一家收藏品鉴定公司业务员通过微信与李先生联

① 参见《北京警方打掉21个假鉴定团伙，290个“骗子”被刑拘》，载京报网，https://news.bjd.com.cn/2022/08/19/10136522.shtml，最后访问时间：2023年3月1日。参见《21个收藏品诈骗团伙落网 新型“套路鉴”首创者被刑拘》，载北京政法网，https://www.bj148.org/zz1/shaq/202208/t20220822_1638214.html，最后访问时间：2023年3月1日。

系，简单查看照片后，称藏品可能是辽代三彩瓶，价值数千万元，还主动提出其公司有鉴定专家，仅需要缴纳一定的费用，就可帮助李先生对瓷器做专业鉴定；只要瓷器经鉴定确定为真品，公司就会出具鉴定证书，这样一来，公司不仅会将鉴定费退还，还会帮助李先生将藏品免费送拍。

喜出望外的李先生立即按照工作人员的引导，交纳2000元鉴定费，并将瓷器邮寄至公司鉴定。几天后，公司联系李先生，告知其瓷器是假的，不能帮助免费送拍，并将瓷器寄还给了李先生。李先生察觉自己被骗，第一时间报了警。

◆“套路鉴”层层设套

经过警方调查，犯罪团伙以成立的收藏品鉴定公司作为掩护，通过互联网平台发布商业广告，寻找潜在目标客户。公司“业务员”均进行了专门培训，就鉴定公司的经营情况、地理位置、鉴定收费标准等问题，设计了详细的话术，将鉴定公司包装成合法正规、实力雄厚的企业，骗取客户的信任。

针对客户询问的收藏品价值，犯罪分子设计了详尽的应答套路，将藏品具体分为陶瓷类、钱币类、青铜类、字画类、玉器类等，不论客户手中是什么类别的藏品，业务员都能以相应的话术进行应对，让客户误以为自己的藏品价值高昂，从而失去理智的判断。接下来，业务员会向客户灌输“无论何种收藏品交易，鉴定都是必不可少的环节”，让客户认为进行鉴定是收藏品交易中理所当然的一步，进而落入圈套，同意进行鉴定。关于鉴定费用，通常瓷器是2000元，银币、古币是800元，古书画是1000元。如果藏品经鉴定为真品，公司可以帮助免费送拍，如鉴定价值超过5万元还可以退还鉴定费，为后期不退鉴定费用做铺垫。

◆ 藏品玩家交易中招

藏品经过“鉴定”后，客户得到的公司反馈结果多是藏品为赝品或价值仅几百元到几千元，不符合免费鉴定的条件，因此不予退还鉴定费。这其实是犯罪团伙针对缺乏鉴定、拍卖知识的藏品玩家所实施的骗取鉴定费的诈骗行为，而被害人多为全国各地的古玩爱好者，因急需用钱等原因想要变卖手中收藏品。

实际上，犯罪团伙所成立的公司并不具备鉴定资质，系从网上购买的假鉴定师资格证，所谓的鉴定报告也是虚假的，无任何效力。2022 年 7 月，涉案犯罪分子被公安机关抓获到案。

第三节　防范举措

一、刑事法律评价

（一）收藏品骗局中诈骗罪的认定

1. 关于虚构事实、隐瞒真相的认定

（1）虚构身份

犯罪分子往往将公司实际经营地设在人流密集的商圈、写字楼。有些公司虽然取得了拍卖行政许可，但实际上开展的却是收藏品诈骗活动，并以公司名义在求职网站公开招聘业务员来扩大规模，因此犯罪的影响面、成功率远高于个人实施犯罪。犯罪团伙内组织分工明确，由专人负责制作并进行话术培训、网站运营、财务管理，还有人负责充当业务员、经理、上级主管、鉴定师，形成完整的组织结构，以迷惑被害人。有些犯罪分子为骗取被害人的信任，甚至会花钱请“群众演员”举办虚假的拍卖会，看上去“拍卖师”“竞拍人员”“公证人员”等一应俱全。此外，在与客户进行洽谈业务及签订合同、开具收据时，犯罪分子均采用化名或根据需要出示事先准备的假身份证，目的就是隐匿真实身份，以逃避追查。

（2）虚构收藏品价值

如案例一中，犯罪分子先通过打电话、发短信、发传单等方式，用免费鉴定、高价拍卖的幌子，诱骗被害人将收藏的粮票、旧版人民币、字画、邮票等带到公司，再由“鉴定师”为藏品拍照、做鉴定。藏品经虚假鉴定后会被认定为是升值空间巨大的珍品、孤品，在藏品市场上很受欢迎，让被害人误以为自

己的藏品具有极高价值。在案例二中，犯罪分子把成本低廉的工艺品或价值一般的收藏品，包装成稀缺或具有超高价值的收藏品，诱骗被害人以高价购买，从而骗取暴利差价。在案例三中，犯罪分子无视藏品的真伪，利用客户缺乏鉴定能力又急于出售变现的心理，按照话术故意虚高客户手中的藏品价值，使客户陷入错误认知，认为自己的藏品可能具有高昂价值，值得进行鉴定。

（3）虚构服务内容

如在案例一中，犯罪分子会忽悠被害人签订委托拍卖合同，从而诱骗被害人预交相关费用，宣称拍卖时不需要藏品实物，仅提供照片就可以，藏品可由被害人带回家等消息，如拍卖成功被害人将获得大笔收益，并承诺即便藏品未能成功拍出，预交费用也可以退还。从而使被害人陷入该交易系有书面合同保障的合法交易的错误认识，但实际上犯罪分子并未开展任何拍卖业务。在案例二中，犯罪分子对不具备巨大升值潜力的藏品，口头承诺客户购买该藏品后能通过公司回购或者公司代卖的方式，在短期内得到巨大升值收益。在案例三中，犯罪分子宣称只要藏品经鉴定达到一定价值，就可免费帮客户拍卖、联系买家，事实上犯罪分子并无合法鉴定资质，也无法开展鉴定服务。

（4）虚构收费项目

如在案例一中，诈骗团伙利用被害人缺乏收藏专业知识，会给出一个虚高的定价，再根据不同被害人的支付意愿、支付能力，收取不同金额的拍卖费、保证金、服务费、排位费等各种费用，或者伪造国际航班机票、海外拍卖视频，以虚构自身具备海外拍卖实力，建议被害人升级参加“海外场”“精品场”，欺骗被害人交纳海关关税、武装押运费、速通卡办理费等继续向被害人骗取高额费用。

2. 关于以非法占有为目的的认定

（1）拒不退费

一旦被害人发现被骗提出退款要求，犯罪分子虽不会明确拒绝，但会以各种理由推诿，拒不退款。如在案例三中，犯罪分子收取鉴定费后，或是向客户虚构藏品为赝品，不符合条件，不能退还鉴定费；或是虽向被害人虚构藏品为真品，但恶意压低藏品价值，告知鉴定后的藏品价值未达到免收鉴定费的标准，从而达到非法占有被害人支付的鉴定费之目的。

（2）隐匿证据

犯罪分子会编造各种理由要求被害人调换或交回此前签订的委托拍卖合同及收据等，或者在格式合同中故意规避责任，目的就是隐匿证据，使被害人发现被骗时，因缺乏有效证据无法通过投诉、举报等合法途径维护自己的权益，也妨碍了公安机关后续的调查取证。

（3）转移钱款

犯罪分子多以刷银行卡等方式收取钱款，且钱款到账后会及时转账或取现，或者直接收取现金，同时通过不设立账目或虽然设立账目但是及时销毁的方式，躲避司法机关对涉案钱款的追查。

（4）一走了之

收藏品类诈骗行为具有一定的周期性，一旦有被害人认识到退款无望、上当受骗，原来的公司就无法继续实施诈骗，因此诈骗团伙往往会舍弃原有的诈骗窝点，要么直接卷款跑路，要么通过更换电话号码、成立新的公司、租用新的办公地点等改头换面的方式继续实施诈骗。

（二）量刑情节

收藏品类诈骗往往是共同犯罪，对主犯、从犯的认定，应根据其实施的具体行为、地位、作用、参与诈骗的时间等情节来确定。如在诈骗犯罪中长期负责人员培训、任务分配、钱款管理等起主要作用的人员，应当认定为主犯；而短期参与诈骗犯罪，只是按照上级的要求接打电话、前台接待，假扮鉴定师、评估师等起次要、辅助作用的人员，一般可认定为从犯。

对于存在针对老年人实施诈骗、在共同犯罪中起主要作用、犯罪数额特别巨大，给被害人造成严重经济损失、社会影响恶劣等情节的，依法从严惩处。如在案例一中高某作为四家公司的实际控制人，诈骗数额特别巨大，法院对其以诈骗罪判处有期徒刑十五年，并处罚金等附加刑；杨某作为其中一家公司的总监，法院以诈骗罪判处有期徒刑十二年，并处罚金等附加刑。对于存在于共同犯罪中起次要作用、犯罪情节轻微、能够如实供述、积极退缴违法所得、赔偿被害人损失、认罪认罚等情节的，依法从宽处罚。如在案例一中，普通业务员迟某某等十余人，分别被判处有期徒刑二年六个月至一年不等的刑期，并处罚金等附加刑。

二、民事行为指引

（一）拍卖的基本常识

1. 拍卖的概念

拍卖是指以公开竞价的形式，将特定物品或者财产权利转让给最高应价者的买卖方式。拍卖活动应遵循公开、公平、公正、诚实信用的原则。

目前，关于规范拍卖行为、维护拍卖秩序、保护拍卖活动各方当事人合法权益现行有效的法律法规主要有《中华人民共和国拍卖法》《拍卖管理办法》《拍卖监督管理办法》等。

2. 拍卖当事人

拍卖当事人主要包括拍卖人、委托人、竞买人、买受人。根据《中华人民共和国拍卖法》第三章的规定，具体内容如下：

（1）拍卖人

拍卖人是指按照《中华人民共和国拍卖法》《中华人民共和国公司法》设立的从事拍卖活动的企业法人。拍卖人应当有工商营业执照、拍卖经营批准证书、注册拍卖师，拍卖文物的还要有文物拍卖许可证、文物拍卖专业知识。拍卖人负责对拍卖物品进行审核，有权要求委托人说明拍卖标的的来源和瑕疵；同委托人签订委托拍卖合同，对委托人交付拍卖的物品进行保管、公告、展示、介绍、拍卖；协助办理财产权转移手续等服务，并按照规定或约定向委托人、买受人收取佣金；拍卖人对拍卖标的承担瑕疵担保责任，在拍卖前声明不能保证拍卖标的的真伪或者品质的，不承担瑕疵担保责任。

（2）委托人

委托人是指委托拍卖人拍卖物品或者财产权利的公民、法人或者其他组织。委托人应当向拍卖人说明拍卖标的的来源和瑕疵。委托人有权确定拍卖标的的保留价并要求拍卖人保密。委托人在拍卖开始前可以撤回拍卖标的，但应当向拍卖人支付约定的费用或拍卖人为拍卖支出的合理费用。委托人不得参与竞买，也不得委托他人代为竞买。

（3）竞买人

竞买人是指参加竞购拍卖标的的公民、法人或者其他组织。竞买人有权了解拍卖标的的瑕疵，有权查验拍卖标的和查阅有关拍卖资料。竞买人一经应价，不得撤回，当其他竞买人有更高应价时，其应价即丧失约束力。竞买人之间、竞买人与拍卖人之间不得恶意串通，损害他人利益。

（4）买受人

买受人是指以最高应价购得拍卖标的的竞买人。买受人应当按照约定支付拍卖标的的价款，未按照约定支付价款的，应当承担违约责任，或者由拍卖人征得委托人的同意，将拍卖标的再行拍卖。拍卖标的再行拍卖的，原买受人应当支付第一次拍卖中本人及委托人应当支付的佣金。再行拍卖的价款低于原拍卖价款的，原买受人应当补足差额。买受人未能按照约定取得拍卖标的的，有权要求拍卖人或者委托人承担违约责任。买受人未按照约定受领拍卖标的的，应当支付由此产生的保管费用。

（二）拍卖的流程

一般是藏品所有人携带收藏品原件到拍卖公司洽谈，或者将收藏品的照片通过邮件发给拍卖公司；拍卖公司免费初步审定，目的是确定收藏品是否能够达到拍卖的要求，而非进行估价。藏品达到拍卖要求后，根据《中华人民共和国拍卖法》第四章的规定，具体的拍卖程序为：

1. 拍卖委托

即签订拍卖委托合同，约定拍卖的权利义务关系，如拍卖标的物基本信息、保留价、拍卖时间及地点、佣金比例及价款的支付方式、期限等内容。拍卖之前不收取任何费用，且收藏品会保留在拍卖公司直至拍卖结束。

2. 拍卖公告和拍品展示

拍卖人应当于拍卖日 7 日前发布拍卖公告。拍卖公告应当载明拍卖的时间、地点、标的，拍卖标的展示时间、地点，参与竞买应当办理的手续以及需要公告的其他事项。拍卖公告应当通过报纸或者其他新闻媒介发布。拍卖人应当在拍卖前展示拍卖标的，并提供查看拍卖标的的条件及有关资料。拍卖标的的展示时间不得少于两日。

3. 拍卖的实施

拍卖由具有行业协会承认资格的拍卖师主持，拍卖开始前拍卖师应宣布拍卖规则和注意事项，以及拍卖品是否有保留价格。无保留价格或应价达到保留价格时，最高应价的竞买人即为买受人；最高应价没有达到保留价格时，该应价不发生效力。竞买人以应价的方式向拍卖人作出应买的意思表示，竞买人彼此互不隐瞒情况，以公开的方式应价，形成竞争。拍卖人在竞买人众多的应价中选择最高者予以接受的意思表示，其法律性质属于承诺。

4. 拍卖标的所有权变更

拍卖成交后，买受人和拍卖人应当签署成交确认书。拍卖标的需要依法办理证照变更、产权过户手续的，委托人、买受人应当持拍卖人出具的成交证明和有关材料，向有关行政管理机关办理手续。

（三）拍卖的效力

第一，拍卖人应当按照约定向委托人交付拍卖标的的价款，并按照约定将拍卖标的移交给买受人。按照约定由委托人移交拍卖标的的，拍卖成交后，委托人应当将拍卖标的移交给买受人。

第二，买受人应当按照约定支付拍卖标的的价款，未按照约定支付价款的，应当承担违约责任，或者由拍卖人征得委托人的同意，将拍卖标的再行拍卖；如未能按照约定取得拍卖标的的，有权要求拍卖人或者委托人承担违约责任；买受人未按照约定受领拍卖标的的，应当支付由此产生的保管费用。

（四）提示建议

拍卖服务属于较为专业的服务类型，拍卖行业也有专业性的商业惯例和交易规则，因此，委托人在与拍卖企业签订合同前要注意以下几点。

1. 核实拍卖资质

不能简单以公司环境、规模等表面现象判断公司经营状况和实力，应通过官方认证途径进行信息查询。

（1）国家市场监督管理总局门户网站，即国家企业信用信息公示系统（https://www.gsxt.gov.cn/index.html），查询拍卖公司状态、经营范围、登记住所是否与实际相符，以及是否受过行政处罚，是否列入经营异常名录信息、严重违法失信名单等信息（如图 5 所示）。

图 5　国家企业信用信息公示系统查询入口

（2）省、自治区、直辖市商务厅、局门户网站的政务公开栏目，查询企业是否具有从事拍卖业务的行政许可。需要特别注意的是，因从事拍卖业务的许可必须经所在地的省、自治区、直辖市人民政府负责管理拍卖业的部门审核批准，因此本地的拍卖企业也没有到外地甚至境外进行拍卖的资格。

（3）拍卖企业所在地拍卖行业协会官方网站，查询拍卖师是否具有拍卖及文物拍卖执业资格及所在单位等信息。

（4）省、自治区、直辖市文物局门户网站，查询企业是否具有文物拍卖许可及经营状态。

2. 多渠道了解收藏品的来源与价值

对于收藏品爱好者而言，要理性看待收藏品热，不要轻信收藏品公司业务员的上门推销、电话推销以及宣传包装的公司实力、“鉴宝师”“专家”的鉴定估值、出具的藏品认定证书、拍卖现场的“热烈氛围”等。在投资收藏品前，除业务员的介绍和推荐外，还应通过浏览官方网站、查阅相关书籍、咨询专业人士等方式进行多方位调查研究，向家人或信任的亲友征求意见，避免被对方的高价估值及高价代售、回购等承诺所欺骗。

3. 认真审查拍卖合同

在通常情况下，拍卖企业提供的拍卖合同是单方制作的格式合同，委托人要着重审查拍卖合同中关于合同主体、服务类型、内容、收费标准、违约责任等与自身权益息息相关的合同条款，口头承诺的内容只有写入合同才能产生相应的法律效力。对于自身不理解或认为有歧义的条款，委托人有权要求拍卖企业对该类条款的含义予以释明，从而避免基于错误的认识而订立对自己不利的合同。

4. 注意保留证据

要保存好自身持有的书面拍卖合同，以及在订立拍卖合同期间和提供服务期间的相关书面证据和电子证据，如转账记录、付款凭证或者纸质收据、相应服务的记录等。在签字确认及付款时，应审查收款账户名称、收据及合同或协议上的企业公章名称与营业执照上的企业名称是否一致。此外，还应对交给对方的材料拍照留存，留意收集工作人员的电话、名片等信息，最好将双方沟通的具体过程通过适当方式进行留痕，以便自身权益受损后能有效维权，依法主张撤销合同、退款或赔偿等，或为公安机关调查取证提供便利。

5. 发现异常情况及时举报

如遇到企业以“藏品能够短期升值、无风险、负责高价代卖、确保获得高额收益”等明显不正常的承诺等理由诱导交钱时，务必提高警惕；发现违规的情况，可以向市场监督管理局、商务局、拍卖行业协会、消费者协会进行举报；发现有违法犯罪可能的，应及时向公安机关报案。

三、综合治理建议

（一）行政执法机关职权范围

1. 行业主管部门

《拍卖管理办法》第 4 条规定，商务部是拍卖行业主管部门，对全国拍卖业实施监督管理。第 12 条、第 14 条规定，申请设立拍卖企业及分公司，应当先经企业或分公司所在地市级商务主管部门审查后，报省级商务主管部门核准并颁发拍卖经营批准证书。拍卖经营批准证书由省级商务主管部门统一印制。拍卖企业及分公司成立后六个月未开业，或开业后连续六个月无正当理由未举办拍卖会或没有营业纳税证明的，由有关部门依法吊销其营业执照，商务主管部门收回拍卖经营批准证书。

《拍卖管理办法》第 33 条、第 34 条规定，商务部组织制定有关拍卖行业规章、政策，指导各地制定拍卖行业发展规划，依法建立拍卖业监督核查、行业统计和信用管理制度；负责拍卖行业利用外资的促进与管理；对拍卖行业自律组织进行业务指导。省级商务主管部门负责制定和实施本地区拍卖行业发展规划，并将规划报商务部备案。省级商务主管部门应建立本地区拍卖企业和从业人员的监督核查和行业统计及信用管理制度；负责企业和分公司申请取得从事拍卖业务的许可审核；管理与指导本地区的拍卖行业自律组织；每年度出具对拍卖企业的监督核查意见，对核查不合格的拍卖企业，应当责令限期整改，并将核查情况通报有关部门。

2. 监督管理部门

《中华人民共和国拍卖法》第 5 条规定，国务院负责管理拍卖业的部门对全国拍卖业实施监督管理。省、自治区、直辖市的人民政府和设区的市的人民政府负责管理拍卖业的部门对本行政区域内的拍卖业实施监督管理。

实践中，市场监督管理部门依法对拍卖活动实施监督管理，主要职责是：依法对拍卖人进行登记注册；依法对拍卖人、委托人、竞买人及其他参与拍卖活动的当事人进行监督管理；依法查处违法拍卖行为；法律法规及规章规定的其他职责。

（二）行业自治管理范围

《中华人民共和国拍卖法》第 17 条规定，拍卖行业协会是依法成立的社会团体法人，是拍卖业的自律性组织。拍卖行业协会依照本法并根据章程，对拍卖企业和拍卖师进行监督。

根据《拍卖管理办法》第 35 条的规定，拍卖行业协会依法并根据章程，对拍卖企业和拍卖师进行监督。拍卖行业协会应当制定拍卖行业规范，加强行业自律管理，协调会员企业与政府有关部门及会员企业之间的关系，为会员企业提供服务，维护会员企业的合法权益。中国拍卖行业协会在商务部的指导下，具体实施全国拍卖企业信用管理制度和组织拍卖师考试、考核和资格认定工作。

（三）行业综合治理建议

为有效预防和打击收藏品类诈骗犯罪，维护拍卖行业市场经营秩序，推动拍卖行业持续健康发展，建议从以下几个方面大力推进行业综合治理。

1. 加大从业监管力度，完善常态化监管长效机制

行业主管部门可以联合市场监督管理、拍卖行业协会等相关部门，开展拍卖企业年度核查专项整治活动。按步骤有序实施定期或不定期抽查、年度核查，将动态监管覆盖全流程、各方面；充分利用书面检查、实地核查、网络监测等手段，加大对拍卖企业经营活动、账务报表等情况监督检查的力度和频次，对不规范经营的拍卖企业督促限期整改，对涉嫌违法犯罪行为的拍卖企业开展联合约谈并依法查处，及时向司法机关移送线索，全面总结提炼有效工作经验，健全完善常态化监管长效机制，规范拍卖企业经营行为，维护拍卖行业市场经营秩序。

2. 深化专项治理，促进拍卖行业诚信、规范经营

市场监督管理部门对从事拍卖业务、文物鉴定的公司加大证照审核、营业场所清查和实际经营项目的监管力度，加强属地监管，充分运用“双随机、一公开”监管方式加大对市场主体的抽查频次，重点核查异地经营等违法行为，堵住监管漏洞。对涉及违法违规经营行为的依法惩处，将惩处结果记于相应市场主体名下，列入经营异常名录和严重违法失信企业名单，形成对违法失信行为的长效制约。坚持问题导向，对市场主体实施信用风险分类监管，建立数据分析及预警机制，对经检查存在违法线索的及时通知相关主管部门，对存在犯罪线索的企业及时向司法机关移送，共同营造拍卖、理财行业清朗营商环境。

3. 探索系统治理，依托跨领域数据共享实现跨部门协同共治

“空壳公司”“工具公司”的资质审核、退出机制、经营行为监督管理、从业禁止处罚措施的落地见效等方面均需要执法司法协同配合、同向发力、共同推进。为促进行政执法与刑事司法实现双向、闭环衔接，执法司法机关可以通过加强沟通交流，打通数据信息壁垒，促进跨部门跨区域数据共享，协同建立联动机制、案情通报机制等工作机制。例如，全面收集汇总拍卖企业年度核查结果、定期及不定期抽查结果等信息，完善拍卖企业监管档案制度，视情通过国家企业信用信息公示系统对年度核查、不定期抽查结果予以公示，同时建立数据分析及预警机制，对检查中发现的违法犯罪线索及时向司法机关通报情况。再如，探索建立从业黑名单。根据刑法相关规定，对利用职业便利实施犯罪或者实施违背职业要求特定义务的犯罪被判处刑罚的，法院可以对被告人宣告从业禁止，禁止其从事相关生产经营活动；对判处缓刑的被告人可以根据犯罪情况，宣告禁止令，禁止其在缓刑考验期内从事特定活动。充分发挥从业禁止的制度功用，针对生效判决中明确载明的涉及拍卖行业的禁止人员、禁止事项、禁止期限，可探索建立从业禁止黑名单，并在一定范围内或平台上予以公布，主动接受社会监督，便于行政部门监管、用人单位查询。

4. 营造浓厚氛围，形成诚信守法经营自觉

一方面，行业主管部门、监管部门等加大普法宣传力度。充分运用融媒体，形成宣传网络矩阵，不断增强互联网宣传整体合力，围绕《中华人民共和国拍卖法》《拍卖管理办法》《拍卖监督管理办法》等相关法律法规、行业制度组织开展形式多样的学习宣传，建立横向到边、纵向贯通的宣传渠道，不断强化市场主体及从业者守法意识和自我约束力。同时，积极落实“谁执法谁普法”，在实施行政管理、监督检查、行政许可审批等履职过程中，执法人员主动以案释法，切实提高拍卖企业及从业人员合法经营的能力水平。另一方面，强化正向激励引导，畅通社会投诉举报渠道，表彰并宣传诚信个人、诚信企业的先进事迹，及时曝光失信企业、通报违规违法典型案例，督促从业者自觉抵制各类违法违规行为，加强行业自律，切实做到诚实守信、合规经营，努力营造良好的市场环境。

第五章

旅游骗局反诈指引

第一节　识别指南

随着经济社会的发展，居民收入水平不断提高，人们对美好精神文化生活更加向往，旅游业已经成为全球经济发展中劲头最强和规模最大的产业之一，旅游业作为国民经济战略性支柱产业的地位更加巩固。中国旅游研究院发布的《中国旅游经济蓝皮书（NO.15）》指出，预计 2023 年国内旅游人数约 45.5 亿次，同比增长 73%；全年入出境旅游游客人数有望超过 9000 万人次，同比翻一番。文旅消费在消费需求、竞争格局发生巨大变化、旅游业迸发活力的同时，容易滋生各种行业乱象，不仅侵害了旅游者的合法权益，也阻碍了旅游行业的健康有序发展。

一、什么是旅游骗局

旅游经营者采取虚假宣传、乱收费、零团费低价游、擅自改变行程、强迫或诱导购物等手段违法违规经营，以获取非法利益。更有甚者，一些不法分子也瞅准了旅游市场繁荣发展的契机，以非法开展旅游项目为幌子实施诈骗等违法犯罪行为。

二、旅游骗局的主要特征

1. 巧立服务名目，规避经营资质

如不法分子在不具备旅行社经营资质的前提下，以开展俱乐部活动、户

外徒步、游学、旅拍等名义；以购买保健品、土特产，附赠免费参观生产基地、体验农家乐等方式；以参观、体验养老社区、养生基地为由招徕消费者，非法开展旅游活动、提供旅游服务。

2. 线上拉活揽客，隐蔽推广营销

除在闹市街头散发传单，在火车站、汽车站招徕游客的传统方式外，不法分子还通过网页、微信群、朋友圈、视频号、直播等渠道，非法招徕有旅游意向的潜在旅游者。这种利用线上社交软件招徕游客的方式较之以往更具有隐蔽性。

3. 以旅游项目为幌子，合法外衣掩盖非法目的

不法分子以“会员卡游”为幌子，承诺消费者交纳会费成为会员后，可享受免费旅游或低成本旅游，并定期给会员分红或返利；“投资项目游”以投资、加盟、入股旅游项目为名，邀请潜在投资人外出旅游、考察项目，与投资人签订投资协议，承诺到期返本及高收益；“出境保障游”以需交纳出境游保证金为由，收取高额押金、保证金等，承诺可提供免费或低价的旅游产品，并在一定期限后返还保证金。实际上，这些都是不法分子为实施非法集资或诈骗行为所使用的套路。

三、旅游骗局多发、易发的原因

1. 旅游市场供求双方信息不对称

在旅游者与旅游经营者的关系中，旅游经营者作为商家，更加清楚旅游市场的行情、旅游商品的内幕以及游客的心理，旅游产品的无形性和一次消费性使得旅游者相对于旅游服务经营者，处于信息劣势地位。旅游者容易因为对旅游市场信息掌握不及时、不全面、不充分而陷入被动地位，导致权利受到损害。

2. 消费个体维权成本较大

旅游者作为消费个体与旅游经营者作为市场经营主体之间的实力存在一定差距。当旅游者的权益受损时，由于受人力、物力、财力等条件的限制，难以通过旅游消费者自身的救济途径对抗旅游经营者。加之跨省游、出境旅游等旅游消费占据较大比重，旅游消费者在异地维权往往面临更多困境，从而增加维权难度。

3. 不成熟的消费理念与不正当竞争形成恶性循环

旅游产品的价值不仅在于价格，还在于获得的旅游体验与美好回忆。旅游者追求性价比高的旅游产品无可厚非，但部分游客盲目追求廉价旅游，把价格当成唯一挑选标准，就可能陷入不合理低价团消费陷阱。与此同时，选购廉价团的大众消费需求，在一定程度上又加剧了旅游经营者为了抢占客源而忽视质量、品牌一味大打价格战，形成恶性竞争。一旦旅游服务价格低于平均水平，为压缩成本、弥补亏损，旅游经营者就会在提供旅游服务的过程中降低餐费和住宿标准，甚至通过安排购物或者另行付费旅游项目获取回扣等方式“回本”，谋取不正当利益。

第二节　典型案例

案例一：个人代理谎称拿到“内部折扣价”，主题公园这波热点必须蹭
——詹某某涉嫌诈骗案①

◆ 机不可失：主题公园低价票可以团购了

“花700元至880元不等的价格就能买到原价1015元起的主题公园夏秋漫游卡（俗称半年卡），有效期内（除特定日期外）可无限次入园……”2022年3月，王女士经朋友介绍在妈妈团购群里，以400元一张的价格购买了主题公园的特价单日票，并顺利入园游玩。因此，在群内推出主题公园特价半年卡的团购后，王女士没有犹豫就以880元一张的特价，购买了三张半年卡，打算“平日没事就可以和家人孩子一起，来一场说走就走的主题公园之旅”。因为价格优惠，她又陆续推荐朋友一起购买了30多张这种“特价半年卡”。

① 参见《网友购买北京环球影城半年卡遭遇“杀猪盘”？官方回应》，载北京青年报微信公众号（2022年7月29日），https://mp.weixin.qq.com/s/lW4O4ZthxxqJ938fJ2w7lQ，最后访问时间:2023年3月1日。参见《多人网购环球影城门票被骗，北京警方：嫌疑人已刑拘！》，载北京日报微信公众号（2022年7月29日），https://mp.weixin.qq.com/s/6ydP2piI79JF8DobB2wxPw，最后访问时间：2023年3月1日。参见《网购环球影城票却遭杀猪盘，有人被骗200万？“假代理”已卖出千张……官方紧急提醒！》，载北京商报微信公众号（2022年7月30日），https://mp.weixin.qq.com/s/qfj9qVtd-QxWCcR62y5P-Q，最后访问时间：2023年3月1日。

◆ 杳无音信:“特价半年卡”迟迟未到手

群内公告显示，主题公园半年卡本应在2022年7月24日发放，使用期限从2022年7月25日开始到2023年2月9日结束，与官方销售的第二个时间批次保持一致。但到了7月24日，王女士却发现群内无一人按约定收到半年卡。对此，群主解释称因购卡人数多需要排队等待系统录入信息，如果相信的就再等等，不愿等的可以申请退款。

经过了解，主题公园曾于2021年10月首次推出秋冬半年卡，短暂销售后下架。直至2022年7月3日，主题公园才正式官宣夏秋半年卡开售，根据有效期长短及是否适用于法定节假日及周五、周六，划分为臻享卡、尊享卡和悠享卡三个产品，两个时间批次。成人票分别为2450元、1850元和1350元。同时，针对儿童以及老年人，夏秋半年卡也将提供一定优惠。

虽然购买价格低于官方渠道近一半，时间也早于官方发售时间，但王女士一直相信购买渠道的真实性。一方面是因为群主宣称系“内部折扣价”，另一方面是因为自己此前从该渠道购买的特价单日票的确能正常入园游玩。

◆ 官方声明:不存在“团购价”“内部折扣价”

与王女士一样，越来越多的网友在社交平台反映，自己通过第三方团购渠道购买的主题公园半年卡迟迟没有收到。主题公园对此发文表示从未授权任何其他第三方平台、商家或个人销售主题公园夏秋半年卡，也不存在“团购价”或“内部折扣价”，网上的相关信息已经向公安机关报告。而且主题公园夏秋半年卡在官方APP等官方渠道付费购买时即采用实名制购票和验票机制，不能转售或转让，如遇疑似诈骗行为，建议消费者及时向公安机关报案。

◆ 请君入瓮："倒贴票价"引人上钩

一位团购群群主表示，自己也是受害者，其上一级是自称詹某某的老板，詹某某称所在旅行社和主题公园有合作。该群主以个人代理的身份从詹某某处购买了大量的"特价单日门票"，再以更高的价格转卖、分销，靠差价盈利。因"特价单日门票"均正常出票，群主后续又陆续分三批购买了"特价半年卡"，但因无法出卡，被骗200余万元。

据了解，詹某某此前售卖的特价单次票并非真有特价，而是其以一张600多元的价格购入，倒贴钱作为特价票，以低廉的价格卖给下家或消费者。之所以采取这种"倒贴票价"的方式，是为了获取下家和消费者的信任，以吸引更多人购买后续推出的"特价半年卡"。

2022年7月28日，警方发布情况通报，犯罪嫌疑人詹某某已被抓获，并对其以能低价购买主题公园半年卡为名骗取他人钱财的行为供认不讳。[①]

案例二：旅行社、珠宝店联手设局，游客高价买到地摊货

——陈某等诈骗案[②]

◆ 劣质玉石专供"低价旅游团"

几十元购进的玉石，贴上几元钱制作的虚假鉴定证书，就摇身一变成了几千元的玉石。这些价格虚高的劣质玉石，在玉石珠宝店和旅行社的包装和勾结下，最终都卖给了参加"低价旅游团"的游客，其中大多数受害者是警

---

① 参见《情况通报》，载西城警讯微信公众号（2022年7月29日），https://mp.weixin.qq.com/s/Mu-rEe_dB_BfUSZRr5wQFA，最后访问时间：2022年11月8日。

② 《福建首例旅游市场涉老诈骗案宣判！700余万涉老诈骗款全部退赔到位》，载湖里法院微信公众号（2022年7月12日），https://mp.weixin.qq.com/s/7cWmcX1kD4JoKps8FF1byQ，最后访问时间：2023年3月1日。

惕性不高的老年人。

2020年12月至2021年6月，陈某纠集林某、黄某等21人，先后开设多家珠宝店，以几十元到几百元不等的低价，购进“金镶玉”挂件、手镯等劣质玉石产品，再以几元的成本，制作虚假鉴定证书，给这些劣质玉石套上“高品质”的伪装，以几千元甚至几万元的价格出售。为了寻找更多客源，陈某与经营旅行社的吴某相互勾结，通过旅行社专门招徕“低价旅游团”的游客进店消费。

◆ 打配合、做铺垫，“角色扮演”有剧本

游客不知道的是，从他们进入珠宝店起，就已经落入被告人精心布置的“消费陷阱”。为了获取这些游客的信任，犯罪分子之间分工合作，由销售人员负责铺垫、配合烘托讲师的虚假身份，还有人自称是玉石供应商的子女、珠宝店老板的子女等富二代身份，以赠送“珍珠戒指”等方式逐步筛选游客，继而以交朋友让利为名，以所谓成本价、打折优惠价、让利销售的手段，让他们花高价购买劣质玉石产品。很多游客都因此上当受骗，在近半年的时间里，近百名游客被诈骗700多万元。

◆ “店、社”勾结，犯罪团伙均获刑

法院审理后认为，陈某等21名被告人结伙以珠宝店为依托，长期采用固定模式，骗取他人钱款，成员稳定，分工明确，层级结构清晰，依法应当认定为犯罪集团。被告人陈某作为犯罪团伙首要分子，被法院以诈骗罪判处有期徒刑十年四个月，并处罚金；被告人吴某明知该犯罪团伙长期实施诈骗犯罪活动，仍与之配合并从中牟利，被认定为共犯，吴某及其余被告人分别被判处有期徒刑四年六个月至十一个月不等刑期，并处罚金。

案例三："投资温泉旅游＋免费领福利"看似诱人实则骗你没商量

——樊某等集资诈骗案[1]

◆ 投资项目福利多，旅游休闲能保本

"交4000元投资温泉旅游项目，不仅可以享受公司组织的旅游活动，每月还能免费领取大米、鸡蛋，以后还能到各地休闲养老，合同到期后即可归还本金。"如此诱人的"好事"在老年人的"朋友圈"中传开后，一众老年人纷纷掏出养老钱。

◆ 虚假宣传画大饼，投资入会是骗局

2020年6月至9月，樊某注册成立了公司，计划通过招收会员、收取会员费的形式发展旅游养老业务。为此，他还专门租了个门面，并招募了一批人成立销售团队，通过夸大、虚假宣传介绍旅游养老项目。为了让项目更加真实可靠，樊某还组织大批潜在客户去温泉山庄旅游，吹嘘自家公司不仅在温泉山庄有股份，在广西、湖北等地还正在修建养老康养中心，未来发展潜力无限。而大家最少只需投资4000元，即可成为尊贵的会员，不仅每月可用赠送的会员积分换购大米、鸡蛋，而且日常还可以参加公司组织的温泉度假活动，等合同到期后还能退还高于实际投资的金额。

◆ 公司关停跑路，养老钱打了水漂

不少老年人信以为真，争先投资，还签订了3个月至6个月不等的合同。最终该项目涉及人数175人以上，造成受害人损失达200多万元。不料还没

---

① 参见《投资4千就可以养老理财购物旅游都不误？带你识破养老骗局！》，载永康市人民法院法院微信公众号（2022年5月25日），https://mp.weixin.qq.com/s/yUI6M134ijDmAlopg4uStw，最后访问时间：2023年3月1日。

到三个月，相关业务人员声称已被公司开除，公司店铺大门也紧闭，一众老年人的钱白白打了水漂。

经过法院审理认为，被告人樊某等人以非法占有为目的，使用诈骗方法非法集资，数额巨大，其行为已构成集资诈骗罪，判处樊某有期徒刑八年，并处罚金；其他同案犯均以集资诈骗罪分别被判处二年六个月至四年的有期徒刑，并处罚金；依法追缴樊某等人违法所得并返还被害人，追缴不足部分，责令退赔。

案例四："大金链子配文身"，游客进店不买不行

——郭某等强迫交易案①

◆ 玉器店成犯罪窝点

2018 年 5 月起，郭某、彭某伙同他人共同出资开设了一家玉器店，并以该玉器店为犯罪窝点，通过给予多家旅行社经营者高额回报的方式，由旅行社组织低价团游客至店内购买玉器。犯罪团伙分工明确，有的负责联系旅行团，有的负责接待游客，有的负责进货，有的担任讲师，有的负责处理游客投诉。

◆ "社会人"强迫购物

店内讲师在销售玉器时，通过冒充公司领导、富二代、赌场老板，有混社会的经历等方式，向游客吹嘘自身实力。部分讲师还留着鸡冠头发型、戴

① 参见《郭某、彭某等强迫交易罪刑事二审裁定书》，载中国裁判文书网，https://wenshu.court.gov.cn/website/wenshu/181107ANFZ0BXSK4/index.html?docId=eX0NdUhOs0MhvryrtUdDGfbRBJ1tchQqBnN1RsEH1AxXjycqqKYRlpO3qNaLMqsJUTWcuuSWqFJQiD6E1ZzmmNmBOCNSldO0ZZZ30vet/gp7B79qVO8+gz9UMTeWLYKx，最后访问时间：2022 年 11 月 10 日。

着金项链、显露文身，营造涉黑的形象，让游客产生畏惧心理，从而被迫高价购买廉价劣质玉器。该团伙先后迫使78名被害人非自愿性购物共计127万余元。

经审理，被告人郭某等人被法院以强迫交易罪判处有期徒刑五年六个月至一年三个月不等的刑期，并处罚金。

案例五：“预付保证金享免费游”暗藏风险

——王某等非法吸收公众存款案①

◆ **保证金可减免团费**

小张通过朋友得知某旅行社有押保证金低价旅游的业务，经过咨询，业务员称公司推出的某旅游项目，只要交5万元的保证金在他们公司押1年，再交2000元就可以到俄罗斯旅游，保证金将在一年后退还。小张觉得很划算，就签署了保证金协议并交纳了5万元保证金，后按照公司安排又分别交了2000元、700元去俄罗斯、日本游玩。

◆ **申请退费老板跑路**

年底时，业务员再次联系小张，称公司推出10万元保证金办年卡的活动，就是交10万元人民币在公司押1年，可从公司指定的境外旅游路线包括长线澳新两地、欧洲三国和短线巴厘岛一地、加勒比或歌诗达游轮等，分别选择两条长路线和两条短路线，在2年内享受免费旅游。不仅如此，公司还推出

---

① 参见《王某等非法吸收公众存款罪二审刑事判决书》，载中国裁判文书网，https://wenshu.court.gov.cn/website/wenshu/181107ANFZ0BXSK4/index.html?docId=atoDsMcIm6cXqWjmVGbAlDir2Iee2hVUZ1NJ0SjRC16L46boQU26SZO3qNaLMqsJUTWcuuSWqFJQiD6E1ZzmmNmBOCNSldO0ZZZ30vet/gp7B79qVO8+g1hEeI7mzQ8k，最后访问时间：2022年11月10日。

了办年卡送手机及积分的活动，积分还可以抵扣公司的旅游团费。小张觉得活动挺合适，就参加了。旅游归来，眼看活动期限到了，小张等着旅行社退还保证金时，却发现旅行社的老板不见了，保证金也无法退还，小张只好报案。

◆ 收取保证金实为变相吸资

经查明，2014年至2015年，涉案旅行社推出了名为“朋游假期”的出境游项目，包括：收取客户5万元的保证金，以3个月或6个月为限，到期退款，可减免500元至2500元团费；收取5万元保证金一年后退款，可减免6000元至7000元团费；收取10万元的押金办理年卡，赠送“两长”（欧洲、澳大利亚等国家和地区的长线游）、“两短”（东南亚海岛国家的短线游）路线，享受免团费的优惠。公司通过纸媒或网站进行广告宣传，业务员进行推销并赚取高额提成，一般5万元或6万元押半年的可以提成200元或300元，5万元或6万元押一年的可以提成400元到600元；10万元的年卡可以提成800元到1000元。

旅行社与客户签订的是保证金协议，没有返利，只给客户减免旅游团费，不交保证金则不享受减免团费的优惠。由于旅行社开始没有开展出境游活动的资质，在“朋游假期”项目初期，只能将出境游项目的游客转让给有出境游资质的旅行社。而客户交纳的保证金一般打入法定代表人张某的个人账户。根据公安机关调取的公司预报旅游目的地计划书显示，截至案发前夕，公司仍在推广该旅游项目，并承诺老客户2015年年卡到期可继续顺延。

经法院审理，王某作为公司专门负责出境游业务的部门负责人，伙同他人以上述方式吸收了300余人的资金，共计人民币3400余万元；虽然组织了大部分客户以减、免团费的方式参加了旅游，但只返还投资人资金50余万元。最终，王某等人因违反金融管理法规，变相非法吸收公众资金，数额巨大，均以非法吸收公众存款罪被法院判处有期徒刑三年至四年不等刑期，并处罚金。

第三节　防范举措

一、刑事法律评价

（一）旅游骗局中诈骗罪的认定

旅游消费中存在的一般的欺诈行为与诈骗犯罪都具有欺骗成分，二者的不同之处主要体现在以下方面：

1. 欺骗程度不同

一般的欺诈行为是旅游行业的经营者在提供商品或者服务中，对部分事实进行夸大宣传或者不实描述；诈骗犯罪则是对所提供商品或者服务的整体事实做根本性的虚假描述，导致商品或服务的价格与价值严重背离交易规律和行业惯例。

2. 欺骗后果不同

在一般的欺诈行为中，经营者所做的夸大宣传或者不实描述等，虽然也有欺骗、误导消费者的成分，但并未超出正常交易市场所允许的范畴，未达到足以使消费者据此错误处分财物的程度；如果经营者采用的虚构事实、隐瞒真相的手段，足以使消费者产生错误认识，并基于这种错误认识“自愿”交付钱财，则涉嫌诈骗犯罪。

3. 主观目的不同

在一般的欺诈行为中，经营者主观上虽然也有谋取不正当利益的目的，但这种牟利是通过履行交易实现的，其本意仍是通过售卖商品或者提供服务来赚取更大的差价和利润；诈骗犯罪则是利用虚假的商品或者服务来追求不法利益，本意是对被害人财物的无偿或近乎无偿地非法占有，名义上履行交易的行为不过是骗取钱财的手段。

（二）旅游骗局所涉关联犯罪

旅游类的违法犯罪行为，除构成诈骗罪外，还容易衍生破坏市场经济秩序，妨碍社会管理秩序的行为，可能涉嫌如下犯罪：

1. 集资诈骗罪

如案例三中，被告人樊某以非法占有为目的，向不特定的多名被害人宣传虚构的旅游投资项目，以投资后会有高额返利、可以积分换礼为诱饵，使用欺诈的方法非法集资并在骗得投资款后肆意挥霍，致使钱款不能返还，数额巨大，其行为构成集资诈骗罪。

2. 强迫交易罪

如在案例四中，被告人郭某伙同他人在其经营的玉器店内，为增加盈利，依托玉器买卖交易，通过相对固定的销售“套路”，违背正常的市场交易规范，以“软暴力”方式威胁进店旅客购买玉器。根据《最高人民检察院、公安部关于公安机关管辖的刑事案件立案追诉标准的规定（一）的补充规定》第5条第2项、第3项、第4项、第5项的规定，以暴力、威胁手段强买强卖商品，涉嫌下列情形之一的，应当以强迫交易罪追究刑事责任：造成直接经济损失2000元以上的；强迫交易3次以上或者强迫3人以上交易的；强迫交易数额1万元以上，或者违法所得数额2000元以上的；强迫他人购买伪劣商品数额5000元以上，或者违法所得数额1000元以上的。

3. 非法吸收公众存款罪

如在案例五中，涉案旅行社的许可经营范围仅限国内旅游业务、入境旅游业务、航空机票销售代理，并无公开募集资金及开展境外旅游活动的资质。但被告人王某作为公司专门负责出境游业务的部门负责人，未经有关部门批准，伙同他人以旅行社正常经营业务的名义，向社会公开宣传，办理公司旅游年卡或交保证金等可以减、免境外游的费用，并承诺一定期限后会返还保证金。王某等人通过上述方式吸收了大量公众资金，并以旅行社的名义与游客签订了保证金协议或出具保证金收据。虽然旅行社也向大部分客户提供了旅游服务，但实际上王某等人并非以提供旅游服务为主要目的，其本质是以减免旅游团费为诱饵，变相地吸收公众资金，其行为构成非法吸收公众存款罪。

二、民事行为指引

（一）旅游者的基本权利和义务

1. 旅游者的权利

《中华人民共和国旅游法》单设“旅游者”一章，以明确具体权利的方式落实对旅游者的权益保护。不仅遵循了一般消费者权利保护的原则，还满足了旅游消费者的特殊需要。根据规定，旅游者的权利一般包括以下几种：

（1）自主选择权

根据《中华人民共和国旅游法》第 9 条第 1 款的规定，旅游者有权自主选择旅游产品和服务。即旅游者有权对旅游经营者提供的产品和服务进行比较，自主选择产品的类型和服务方式，自主决定是否购买及购买何种产品、接受何种服务。在签订旅游经营者拟定好的格式合同时，旅游者也有权按照自己的意愿自主选择，旅游经营者不得强迫、诱骗旅游者签订合同，不得要求旅游者必须参加某种旅游活动或接受某种旅游服务。例如，在达不到预期人数不能出团时，旅行社擅自将旅游者转给其他旅行社，以通过转团、并团、拼团的方式获取更大利润，该行为侵害了旅游者的自主选择权。

（2）拒绝强制交易权

旅游者有权拒绝旅游经营者的强制交易行为。强制消费或变相强制消费是目前旅游业，尤其是在零团费、低价游中比较常见的侵害旅游者合法权益的现象。根据《中华人民共和国旅游法》第 41 条的规定，旅游从业人员不得违反合同约定或旅游行程单的安排，随意增减旅游项目、擅自变更行程安排、缩短游览时间等。如导游未经旅游者同意，安排旅游者到指定店铺进行购物或参加需要另付费的旅游项目，属于违法违规行为，旅游者有权拒绝，并有权要求导游按照合同约定提供服务。此外，根据《旅行社条例实施细则》第44条第2款的规定，旅行社及其委派的导游人员和领队人员不得因旅游者拒绝参加旅行社安排的购物活动或者需要旅游者另行付费的旅游项目等情形，以任何借口、理由，拒绝继续履行合同、提供服务，或者以拒绝继续履行合同、提供服务相威胁。

（3）知情权

旅游者有权知悉其购买的旅游产品和服务的真实情况。一方面，旅游者有权了解旅游产品的具体行程安排，成团的最低人数，交通、住宿、餐饮等旅游服务安排和标准，游览、娱乐等项目的具体内容和时间，自由活动时间安排，旅游费用及其交纳的期限和方式，违约责任和解决纠纷的方式等内容，并在书面合同中予以列明。另一方面，订立包价旅游合同时，旅游经营者也有义务向旅游者告知不适合参加旅游活动的情形，旅游活动中的安全注意事项，旅行社依法可以减免责任的信息，旅游者应当注意的旅游目的地的相关法律、法规和风俗习惯、宗教禁忌，依照中国法律不宜参加的活动等内容。

（4）特殊群体便利和优惠权

残疾人、老年人、未成年人由于年龄和生理特点，在社会生活中属于应当受到照顾的群体，为他们提供旅游便利和优惠服务是社会文明的基本体现和要求。因此《中华人民共和国旅游法》第11条规定，残疾人、老年人、未成年人等旅游者在旅游活动中依照法律、法规和有关规定享受便利和优惠。

（5）受尊重权

旅游者的人格尊严、民族风俗习惯和宗教信仰应当得到尊重。旅游经营者在设计旅游产品、提供旅游服务时，应考虑到不同民族的风俗习惯和宗教信仰之间存在的差异性，也有义务提供足够的保护方式以保障旅游者的人格尊严、民族风俗、宗教信仰得到尊重。

（6）请求救助保护权

对于风险较大的旅游活动，旅游经营者应在合同订立之前将活动的风险性向旅游者作出明确的说明，并提供充分的保护措施。一旦人身、财产发生危险，旅游者有权利请求救助和保护，旅游经营者也有义务采取及时、有效的补救措施。

（7）依法获得赔偿权

旅游活动多在户外进行，保障旅游者的人身、财产安全是旅游者参加旅游活动的前提。如果在旅游活动中，旅游者的生命、健康或财产受到侵害，旅游者有权通过与旅游经营者协商、寻求第三方调解、向旅游主管部门投诉的方式维护自身合法权益，也可以提起仲裁、诉讼以主张旅游经营者的合同违约责任、侵权责任等，获得相应赔偿。

2. 旅游者的义务

《中华人民共和国旅游法》在保护旅游者合法权益的同时，还对旅游者义务提出了明确要求：

（1）第13条规定，旅游者在旅游活动中应当遵守社会公共秩序和社会公德，尊重当地的风俗习惯、文化传统和宗教信仰，爱护旅游资源，保护生态环境，遵守旅游文明行为规范。

（2）第14条规定，旅游者在旅游活动中或者在解决纠纷时，不得损害当地居民的合法权益，不得干扰他人的旅游活动，不得损害旅游经营者和旅游从业人员的合法权益。

（3）第15条第1款规定，旅游者购买、接受旅游服务时，应当向旅游经营者如实告知与旅游活动相关的个人健康信息，遵守旅游活动中的安全警示规定。

（4）第15条第2款规定，旅游者对国家应对重大突发事件暂时限制旅游活动的措施以及有关部门、机构或者旅游经营者采取的安全防范和应急处置措施，应当予以配合。

（5）第16条规定，出境、入境旅游者不得非法滞留，随团旅游者不得擅自分团、脱团。

（二）旅行社及旅游从业人员在规范经营方面的义务

1. 旅行社

旅行社是指从事招徕、组织、接待旅游者等活动，为旅游者提供相关旅游服务，开展国内旅游业务、入境旅游业务或者出境旅游业务的企业法人。《中华人民共和国旅游法》明确规定了旅行社的许可条件、业务范围、经营规则，具体内容为规定旅行社不得出租、出借旅行社业务经营许可证，或者以其他形式非法转让旅行社业务经营许可；应按规定交纳旅游服务质量保证金，用于旅游者权益损害赔偿和垫付旅游者人身安全遇有危险时紧急救助的费用；不得虚假宣传；不得安排违法和违反社会公德项目；不得以不合理低价组织旅游活动，不得指定具体购物场所，不得安排另行付费项目等。

2. 旅游从业人员

《中华人民共和国旅游法》明确规定了旅游从业人员的从业条件，要求导游、领队必须持证上岗；为旅游者提供服务必须接受旅行社的委派；从事业务活动，应佩戴导游证；不得擅自变更旅游行程或者中止服务活动，不得向旅游者索取小费，不得诱导、欺骗、强迫旅游者购物或者参加另行付费项目等。

（三）常见的旅游消费陷阱

1. 陷阱一：增收“年龄费”同团不同价

个别旅行社或导游在提供旅游服务时，声称因游客的年龄太大或者太小，存在一定的安全风险，额外增加一定的照看义务，因此需对该特殊群体在正常团费外增收一定的附加费。事实上，旅行社收取年龄附加费是旅行社基于自身利益考虑的违法违规行为，是我国法律法规明令禁止的。我国《旅行社条例实施细则》第 39 条第 2 款第 2 项规定，除非旅行社提供了与其他旅游者相比更多的服务，或者旅游者主动要求，否则同一旅游团队中，旅行社不得因旅游者存在年龄或职业上的差异，提出与其他旅游者不同的合同事项。

2. 陷阱二：旅游不购物须交“补助费”

个别不法旅行社抓住部分旅游消费者贪便宜、图小惠的心理，以不正常、不合理的零团费、低价游招徕游客，后在旅游行程中与购物店勾结，安排大量购物环节，欺骗、诱导甚至强迫游客购买玉石、珠宝、药材等价格难估或质次价高的商品，从中获取高额“回扣”。如旅游者不进店，势必会影响这些旅行社获利，因此旅行社会向不进店购物的旅游者收取相应的“补助费”。根据《旅行社条例实施细则》第 39 条第 2 款第 1 项的规定，同一旅游团队中，如果旅游者拒绝参加旅行社安排的购物活动的，旅行社不得因此提出与其他旅游者不同的合同事项，即不得以此为由收取补助费。

3. 陷阱三：另行付费暗藏陷阱

个别不法旅行社以低价或者正常价格吸引旅游者报名参团后，通过各种套路推销另行付费的旅游项目，致使部分旅游者出于错误认知进行非理性消费，不法分子则以此收取高额回扣。根据《旅行社条例实施细则》第 39 条的规定，同一旅游团队中，如果旅游者拒绝参加旅行社安排的需要旅游者另行付费的旅游项目，旅行社不得因此提出与其他旅游者不同的合同事项。此外，根据《中华人民共和国旅游法》第 35 条第 2 款、第 3 款的规定，旅行社组织、接待旅游者，除经双方协商一致或者旅游者要求，且不影响其他旅游者行程安排外，不得指定具体购物场所，不得安排另行付费旅游项目；否则旅游者有权在旅游行程结束后三十日内，要求旅行社为其办理退货并先行垫付退货货款，或者退还另行付费旅游项目的费用。

4. 陷阱四：以康养活动招徕老年游客

一些不法分子本身不具备旅游经营的资质，打着健康咨询、免费体验的旗号，通过派发鸡蛋、面条、米、面、油等小礼品，忽悠老年人来参加所谓的养生游、健康游等旅游活动，实际是诱骗老年人在旅游过程中购买价格虚高的保健产品或养生服务。参团的老年游客一旦因购物发生纠纷，因无正规的旅游合同，其合法权益也难以得到保障。

（四）旅游消费建议

1. 报团查看“一证一照”

广大旅游消费者务必首先核实旅行社资质。旅行社应有营业执照和旅行社业务经营许可证，且其经营业务范围应符合营业执照和业务经营许可证的规定。如果某企业已办理营业执照，且企业名称中含有“旅游”的字样，但该企业未办理旅行社业务经营许可证，则不具备从事旅行社业务的资质，不能从事旅行社业务；如果某旅行社的经营许可证显示的经营范围中没有“出境旅游业务”，则该旅行社不具备经营出境旅游业务的资质。谨慎通过保险公司、咨询公司、文化传播公司、旅游圈、聚游圈、户外俱乐部等非正规渠道组织的旅游活动。

2. 主动签订旅游合同

旅游合同是投诉处理最重要的依据，旅游消费者要主动、直接与旅行社签订签章齐全的旅游合同，不要轻信口头承诺。签订正规旅游合同前，应认真阅读合同条款，核对旅游行程安排，交通、住宿、餐饮等旅游服务安排和标准，游览、娱乐等项目的具体内容和时间，自由活动的时间安排，旅游费用及其交纳的期限和方式，违约责任和解决纠纷的方式等内容，对于一些容易引发纠纷的事项，要在合同中明确约定。

3. 慎重选择低价旅行团

旅游消费者应综合旅游线路、旅游产品价格等多种因素，理性选择合适的旅游产品。由于旅游产品不同、内容不同、服务不同、标准不同，市场上会出现同样线路、同等天数但价格不同的旅游产品，这是正常的市场经营行为。建议旅游消费者参考旅游目的地旅游行业协会发布的常规旅游线路参考价，选择优质优价的旅游产品，不要单一追求低价格，自觉抵制“零负团费”及“不合理低价”的招徕行为。

4. 勿将费用交至私人账户

旅游费用应交付至旅行社的对公账户上，并索取交款发票和旅游行程单，千万不要轻易将旅游费用汇入个人账户。此外，对于出境旅游要求缴纳的保证金，应采用由第三方银行参与的资金托管方式，并签订由旅行社、旅游者、银行参与的出境游保证金三方托管协议。不要将出境游保证金直接存入旅行社的企业账户或其工作人员的个人账户。

5. 勿轻信旅游项目投资

增强防范意识，理性分析所谓旅游项目投资收益的可能性，不盲目追求高收益，避免因贪图一时便宜，落入预售“旅游卡”及旅游代金券、贵宾券等消费陷阱。

6. 旅游途中理性消费

旅游消费者在出行前可以做些功课，了解当地有何特产、大致价格水平等，提前制定购物计划和清单。如果打算在旅游商店购买商品，要保持理性消费心理，自主购物，如需购买贵重物品，建议选择知名正规商场，并注意查看商品是否明码标价、是否有合格证书，对于钻石、玉石、珍珠、翡翠、书画等难以准确估价的商品，要谨慎选择。

7. 注意留存相关凭证

付款后注意保留好旅行合同、转账记录、与客服沟通记录、旅游行程单、交纳团费及购物的发票或收据等相关凭证，以便遇到违规问题投诉或举报时，能提供有效证据，维护自身合法权益。

8. 积极协商有效维权

旅游过程中如果发生服务质量问题，应及时向旅行社提出意见，共同采取沟通、协商和有效的补救措施，解决问题、减少损失、消除纠纷。若协商后仍达不成一致意见，认为旅游经营者违反合同约定的；因旅游经营者的责任致使投诉人人身、财产受到损害的；因不可抗力、意外事故致使旅游合同不能履行或者不能完全履行，投诉人与被投诉人发生争议的；其他损害旅游者合法权益的，可以通过“全国文化和旅游市场网上举报投诉处理系统”（https://jbts.mct.gov.cn）（如下页图 6 所示）进行投诉，也可以通过“12345”（政务服务便民热线）进行投诉。如遭遇非法旅游网站，可拨打 12377 或到中央网信办违法和不良信息举报中心网站（https://www.12377.cn）（如图 7 所示）举报。如有涉嫌违法犯罪行为的，及时向公安机关报警。

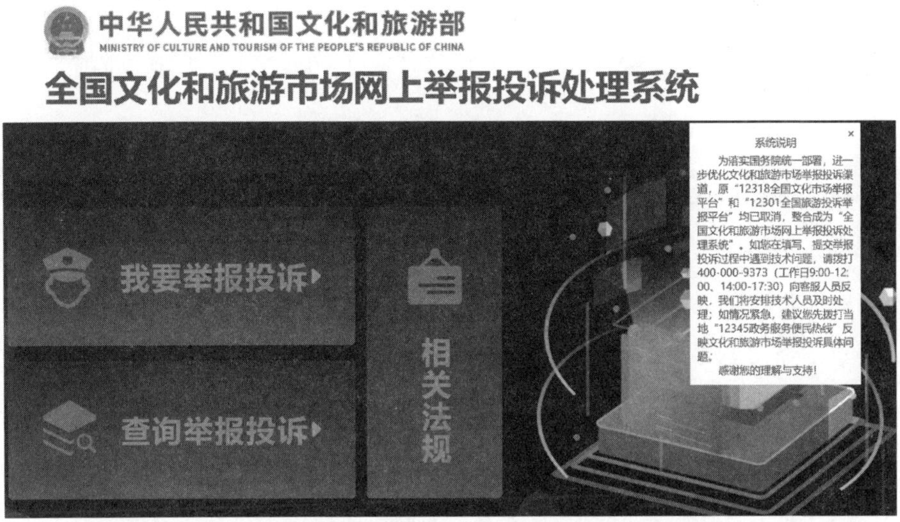

图 6　全国文化和旅游市场网上举报投诉处理系统首页

图 7　中央网信办违法和不良信息举报中心首页

三、综合治理建议

（一）行政主管部门的职责

1. 文化和旅游主管部门

根据2018年3月国务院机构改革方案，为增强和彰显文化自信，统筹文化事业、文化产业发展和旅游资源开发，组建文化和旅游部，作为国务院组成部门，不再保留文化部、国家旅游局。县级以上人民政府文化和旅游主管部门履行监管职责。

文化和旅游主管部门负责对旅游市场经营进行行业监管，推进旅游业信用体系建设，依法规范旅游市场，包括对经营旅行社业务及从事导游、领队服务是否取得经营、执业许可进行检查，对旅行社的经营行为、导游和领队等旅游从业人员的服务行为进行检查，查处违法行为，维护市场秩序。

2. 市场监督管理部门

负责旅游市场综合监督管理，市场主体的登记注册工作，建立市场主体信息公示和共享机制，依法公示和共享有关信息，推动市场主体信用体系建设，组织查处相关重大违法案件。

（二）行业自治管理范围

中国旅游协会是1986年1月30日经国务院批准正式成立的第一个旅游全行业组织，也是由中国旅游行业相关的企事业单位、社会团体自愿结成的全国性、行业性社会团体和非营利性社会组织，具有独立的社团法人资格。

中国旅游协会依照法律、行政法规和章程的规定，制定行业经营规范和服务标准，对其会员的经营行为和服务质量进行自律管理，组织开展职业道德教育和业务培训，提高从业人员素质。包括：参与行业信用建设，建立健全会员企业信用档案，开展会员企业信用评价，加强会员企业信用信息共享和应用；建立健全行业自律机制，健全行业自律规约，制定行业职业道德准则，规范行业发展秩序；维护旅游行业公平竞争的市场环境；开展有关旅游产品和服务质量的咨询服务，组织有关业务技能培训和人才培养。

（三）行业综合治理

为维护旅游消费者的合法权益，规范旅游行业公平竞争的市场秩序，净化旅游市场环境，引导旅游行业良性有序发展，建议从以下几个方面共同推进行业综合治理。

1. 加大执法力度，健全特定区域常态化管理机制

文旅、公安、市场监管、交通等部门可以在重点旅游线路开展联合执法行动，重点关注旅游景点、历史文化建筑等特定区域以及旅行社、揽客人员相对集中的地点，如字画店、古玩店、玉器店、土特产店等特色旅游购物经营场所，进一步加大执法密度和力度，建立常态化管理机制，通过定期巡查、执法检查、专项抽查及时发现不正当竞争、违法乱收费、销售假冒伪劣、无照经营等问题，依法予以惩处。

2. 突出实质审查，利用电子行程单提升监管成效

对旅游从业者提供的电子行程单，变备案为实质审查，将接诉与主动回访相结合，以不定期抽查、对游客电话回访的方式，核实相应旅行社电子行程单的内容是否真实，是否存在不按行程单所列景点带团、超出行程单范围购物等违法情形，以实质化审查监管促进正规化，守法经营，进一步提升对旅游行程的监管力度。

3. 从严打击查处，提高不法从业者违法成本

对于执法检查及受理游客投诉中发现的违法违规线索，及时移交相应行政执法部门，依据不同情节对经营主体及从业人员，依法处以责令改正、没收违法所得、责令停业整顿、罚款、吊销旅行社业务经营许可证，暂扣或者吊销导游证等行政处罚。对于旅游市场中的强迫交易、诈骗、敲诈、涉黑涉恶等违法犯罪行为，依法移送公安机关处理。对旅游市场监管中发现的隐瞒收入、偷逃税款、虚开发票或者不开发票等涉税违法犯罪行为，配合税务部门严厉打击。

4. 严格市场准入，完善旅游行业信用体系建设

全面厘清旅行社实际控制人、法定代表人、股东等管理人员及导游真实身份，实行一社一卡，建档立卡。严格履行相关法律规定，被吊销导游证的导游人员三年内不得重新申领；被吊销旅行社业务经营许可证的相关管理人员三年内不得从事旅行社业务、五年内不得担任任何旅行社的主要负责人。

通过旅游信用信息平台，对旅游市场主体和从业人员的身份信息、经营信息、奖惩情况等予以公开，营造诚实守信的市场环境。一方面，对守信的旅游市场主体或从业人员，给予适当激励。另一方面，对失信主体的惩戒和约束，按照合法、关联、比例原则，实行清单制管理。对轻微失信的旅游市场主体或从业人员，视情节轻重实施相应管理措施。对于严重失信的旅游市场主体或从业人员，适当提高抽查比例和频次，纳入重点监管对象；将失信信息提供给有关部门查询并在相关行政管理、公共服务、评优评先等活动中参考使用；将失信信息提供给各类市场主体查询以便在市场活动中参考使用。

5. 畅通投诉渠道，维护旅游者合法权益

充分运用官网、微博、微信公众号、户外媒体、公共交通工具的多媒体屏幕等，揭露旅游骗局的常用伎俩，宣传监督举报方式，拓宽举报线索来源，方便游客避开各种陷阱。坚持“投诉是最好的线索”，将游客反馈变为推动旅游服务提升的发力点，重点关注旅行社、导游、景区景点、交通、住宿服务、餐饮等重点领域的投诉和舆情信息，做到诉求有人管、舆情有回应、反馈有温度。同时可以完善举报奖励制度，游客所提投诉或建议一经核实或采用，给予相应奖励。

6. 加强教育培训，提高行业自律管理

文化和旅游主管部门可以组织开展从业人员教育培训，培训内容包括政策法规、安全生产、突发事件应对和文明服务等，培训方式可以采取培训班、专题讲座和网络在线培训等，分层分类规定需要完成的最少培训学时。如初次被投诉的，由委派旅行社副总经理以上管理人员组织并监督被投诉导游参加当地文化和文化旅游主管部门组织的每月累计不少于24小时的学习培训及闭卷考试。对考试不通过或者第二次因类似问题被投诉的，列入重点监管导游名单，并将名单通报相关行业协会。

第六章

药品、保健品骗局反诈指引

第一节　识别指南

随着经济发展和人们生活水平的提高，社会公众的养生意识和养生需求愈加强烈，各种保健产品也应运而生，令人眼花缭乱。与药品相比，保健品行业准入门槛相对较低、利润空间更大，导致保健品行业迅猛发展的同时，也衍生了诸多市场乱象。实践中，因保健品质量问题引发的民事纠纷及利用药品、保健品实施的违法犯罪不在少数。中国消费者协会发布的 2022 年消费维权年主题调查结果显示，从消费者反映的最不满意商品和服务类别来看，“保健品”连续两年居于首位。[①] 药品、保健品“坑老”“中招”屡屡发生，本章节重点介绍如何识别药品、保健品消费陷阱，预防此类诈骗。

一、什么是药品、保健品骗局

药品、保健品骗局通常是指不法分子瞄准老百姓特别是中老年人渴望健康、养生、长寿的心理，通过推销被夸大甚至虚构疗效的所谓特效保健品、特效药，骗取钱财的行为。事实上，这些特效保健品、特效药往往是“三无”产品，受害人一旦上当，不仅会遭受钱财损失，更严重的可能会延误疾病治疗、危害身体健康。

① 参见《[新闻 30 分] 中消协发布 2022 年消费维权年主题调查结果》，载央视网，http://tv.cctv.com/2022/03/15/VIDE46c1isLT9fUmbxrR174B220315.shtml，最后访问时间：2023 年 3 月 30 日。

二、药品、保健品骗局的主要特征

1. 线上、线下配合营销，辐射面广

该类诈骗犯罪的行为方式已经从最初的上门推销、发放传单等面对面、小范围的传统营销模式，发展为进行公司化运作，通过网络电商、直播带货、短视频等媒体平台或者社交网络等线上媒介进行引流营销，以“广撒网”的方式面向不特定群体，辅以线下实体店配合举办免费体验、免费讲座、免费专家坐诊等方式，逐步筛选出潜在诈骗目标，并进行有针对性的洗脑，这种行为模式进一步扩大了受害群体，易形成涉众型犯罪，社会危害性更大。

2. 犯罪周期长，维权难度大

受害人在购买药品、保健品后通常需要服用或者使用一定“疗程”后，才能发现是否产生疗效、有无引发不良反应，进而判断是否上当受骗，因此该类诈骗从犯罪行为着手实施到案发往往间隔较长时间，犯罪周期较长。此外，受害人容易后知后觉，等到真正意识到自己被骗、报案时，不法分子早已不知所踪，相关证据也可能因时间原因早已灭失，导致公安机关错过最佳侦查时机，办案难度加大，受害人后期维权挽损难度较大。

3. 鼓吹新兴科技，大肆虚假宣传

该类诈骗案件中，不法分子通常利用高科技名词对保健品进行包装，采用纳米、负离子、胜肽、生物电、干细胞之类具有迷惑性的新名词，大打“科技”牌，通过所谓“专家”“院士”之口编造、虚构产品疗效和功能，宣称服用相关产品可以强身健体不生病，或者能治疗疑难杂症等，使受害人难以分辨真假。

4. 精准锁定目标，量身炮制骗局

在药品、保健品类诈骗案件中，受害人多为中老年群体。一方面，该类群体大多具有一定经济能力，且对养生、保健有较强的需求；另一方面，该类群体的辨别能力和防范意识随着年龄增长而有所减弱，不法分子便采取有针对性的策略，如以免费赠礼（鸡蛋、柴米油盐等常用廉价物品）、免费寄送包裹[①]、免费义诊、发红包、高额分红等为噱头来吸引中老年人参与，甚至雇人制造争先恐后购买产品的假象，或编造离奇、抓人眼球的“亲情”故事博取同情[②]，同时开展嘘寒问暖的感情攻势，给中老年人“洗脑”，让中老年人产生“不买就吃亏”的心理，加之被骗子的“亲情关怀”所打动，最终落入不法分子设计好的陷阱。

三、药品、保健品骗局多发、易发的原因

1. 多元养生需求让不同群体成为诈骗目标

对中老年人来说，他们的身体机能逐渐下降，甚至疾病缠身，自然而然产生养生和保健的需求，成为药品、保健品消费的主要群体；对慢性疾病患者来说，其所患病症通常难以通过正规医疗手段予以根治，时间一长，就容易有病乱投医，从而被不法分子钻空子；对中青年人来说，长期处于高压、快节奏环境下，工作压力大、超负荷运转、生活不规律、习惯性熬夜等因素导致身体呈现亚健康状态，于是宣称具有提高免疫力、美容养颜、改善睡眠、抗老抚皱、减肥瘦身等功效的保健品成为该类人群的需求重点。

2. 养生理论与传统观念叠加催生供方市场

从我国中医发展历史看，传统的中医养生理论在一定程度上影响了老百姓的养生观念，如一些未病先防、食药同源等理念，再加上老百姓可能有着讳疾忌医的心理，总觉得自己是小毛病不严重，吃点保健品、吃点药就行了，

① 参见《药贩子的免费套路：免费寄给老人的“评书机”暗藏天价药骗局》，载央视网，http://315.cctv.com/，最后访问时间：2023 年 3 月 20 日。

② 参见《荒诞的“卖惨坑老”！苦情戏直播局中局：“儿子”们专门骗老人买神药》，载央视网，http://315.cctv.com/，最后访问时间：2023 年 4 月 12 日。

去医院接受专业的诊疗太过麻烦。这就使一些不法分子盯上了药品、保健品领域，打着“祖传秘方”“包治百病特效药”“固本清源”“不打针不吃药就能好”“祛病强身”的旗号骗钱。

3. 缺乏专业知识导致真伪难辨上当受骗

不法分子一般都会先用各种迂回的方式对受害人嘘寒问暖，套取受害人的需求和身体健康状况信息，继而通过“养生讲座”、所谓“专家”“教授”“义诊”等方式进行有针对性的包装和宣传，对于缺乏医药、保健知识的普通人，很容易产生对所谓“权威”机构和“权威”人士的信赖，接受和认可不法分子推销的“特效药”“特效保健品”，从而上当受骗。

第二节　典型案例

案例一：把“保健品”当“药品”卖，骗子成了亿万富翁

——何某等诈骗案[①]

◆ 实力“领跑全国”，“对号入座”各类客户

2011 年，何某注册了一家科贸公司，通过电话、电视的方式销售保健品。2015 年，何某又陆续在安徽合肥、江苏南京等地注册多家公司和分公司，办公场所均选在合肥、南京等地的繁华路段，以此虚构公司的规模和实力。此后，何某对这些公司采取集团化运营模式，实行人员统一管理、部门分工协作，先后招募销售人员（详见后文招聘简章）200 余人，专门面向患有男性、女性疾病的群体以及患有高血糖、高血压、高血脂等“三高”疾病的中老年群体，销售被包装成“药品”的保健品，实施诈骗。

① 参见《拿保健品当药品诈骗 3 万多中老年人 1.23 亿，主犯获刑 15 年！》，载豫法阳光（河南省高级人民法院）百度账号，https://baijiahao.baidu.com/s?id=1733302826978788492&wfr=spider&for=pc，最后访问时间：2022 年 11 月 7 日。参见《祁某星、秦某等诈骗罪刑事二审刑事裁定书》，载中国裁判文书网，https://wenshu.court.gov.cn/website/wenshu/181107ANFZ0BXSK4/index.html?docId=ptoWRfcCOK+FmvgEBNeg1e4KAsTp2T6JR/8RS7KFgXNuVGODYKY5BpO3qNaLMqsJUTWcuuSWqFJQiD6E1ZzmmNmBOCNSldO0ZZZ30vet/gq5U1S9LajkP0fw2vAtdO42，最后访问时间：2022 年 11 月 8 日。

招聘简章

×××（集团）是中国领先的保健品零售服务商，2008年创立，致力于打造中国第一家健康管理机构。目前旗下有五家有限公司，拥有员工1000余人，集团以电视、报纸、网络等为推广媒介，以电子商务为平台，累计服务客户近千万人次，经过多年发展，已成为集保健品研发生产策划、终端零售等业务于一体的大型商贸集团。

招聘职位：健康管理师、咨询师（VIP客服）

所属部门：会员部/培训部

职位描述：

1. 主要负责接听客户订货电话、回访客户电话
2. 以专业技能回答客户对公司相关商品信息的查询与咨询
3. 熟悉产品，提高自身的技术服务能力
4. 掌握基本的销售技巧
5. 岗位发展方向为销售主管或者培训讲师
6. 维护老客户的业务，挖掘客户的最大潜力
7. 定期与合作客户进行沟通，建立良好的长期合作关系

职位要求：

1. 大专及以上学历，男女不限，工商管理、计算机、公共管理、市场营销专业优先考虑
2. 具有良好的沟通组织能力
3. 愿从基层做起，对销售工作感兴趣，有较强的发展意识
4. 对待工作有责任心和团队意识
5. 有较强的独立性和适应能力
6. 诚实守信，能够稳定在企业发展
7. 欢迎敢奋斗、想拼搏的广大应往届毕业生

★无须销售工作经验，带薪培训，免费住宿。

★根据员工职业生涯规划，为了提升员工的能力及长期的发展，公司会提供量身定制的培训课程。

◆ 精准推送，配套“服务”一应俱全

根据集团定位，集团策划部负责在网上收集软文、术语，制作虚假宣传网页，编造虚假成功案例。网络部负责集团的网络系统维护，并负责将文案、广告及销售人员的微信号推送至网络广告平台，方便点击网页的客户添加销售人员微信。一旦有目标客户在网上搜索关联信息，如在网站上输入糖尿病、高血压等关键词，网站就会向他们推送公司的网页链接。目标客户通过链接上的二维码添加公司销售人员的微信后，销售人员负责使用“话术”进行虚假诊治，骗取客户信任，从而诱骗目标客户购买“药品”。目标客户上当后，销售人员还会使用集团软件系统下单，汇总到仓储部，仓储部根据订单信息发货，财务部将收到的定金及代收货款汇总。

◆ 医疗小白冒充专家，话术脚本以假乱真

处于整个诈骗关键环节的销售人员并不具备医疗知识，因此在入职前，公司会对他们进行专门的培训，内容是实施诈骗时需要使用的各类话术。经过培训，销售人员会冒充医生助理、健康管理中心老师，以“女性健康管理中心”“化糖研究中心”“中医门诊部”等名义与被害人进行沟通。通过询问身体情况、有哪些病史、吃过哪些药物、接受过何种治疗，日常的饮食偏好、睡眠习惯如何等，来套取被害人的准确信息，然后按照话术中的固定内容和类别对被害人进行虚假的诊疗，让被害人误以为是医生在为其诊治，能根治病症，销售人员还会打着知名药企品牌的名号来销售公司事先制作好的“药品”。

◆ 诈骗金额超亿元，主犯获刑 15 年

经调查，何某公司销售的“药品”，实为蜂胶、酵母软胶囊等类似的产品。自 2017 年 3 月以来，何某犯罪团伙诈骗数额已超过 1.23 亿元，仅被骗的中老

年人就有3万多人，诈骗所得款部分用于广告推广、采购所谓“药品”、支付销售人员工资、发放业绩提成、租赁作案场所、购买作案工具等。

最终，该犯罪团伙中有186名犯罪分子均以诈骗罪被判处刑罚，何某作为首要分子，被判处有期徒刑十五年，并处没收个人全部财产。

案例二：神奇“能量金字塔”真有如此玄乎？好运套餐全是套路

——杨某等诈骗案[①]

◆“驱病辟邪”“好运加持”的能量金字塔

某保健品店内，一位老人正开心地亲吻着一个“金字塔”，像爱惜珍宝似的，双手紧紧握住“福塔”，满脸笑容。一旁的工作人员顺势喊着：“恭喜奶奶获得正能量，保佑奶奶好运加持……”几小时前，老人来到保健品店。老板吴某热情接待，拿出“寻龙尺”为她丈量身体。只见“寻龙尺”缓缓打开，随即保持稳定。见状，吴某笑着恭喜老人“寻龙尺打开范围缩小，奶奶自身负能量值减少了，只要购买新的好运套餐，负能量就会越来越少，还能获得更多正能量”。所谓的“好运”套餐，就是“能量金字塔+健康饮品”，只要将亲手写有心愿的纸条和自己的头发或碎指甲放入“金字塔”内，就能驱除负能量，带来正能量和好运。但是“能量金字塔”不单卖，需要购买5000元、1万元、3万元、5万元四个等级的红酒、果汁等饮品套餐，才能得到不同大小的“金字塔”，“能量金字塔”越大，覆盖面就越大，传递的正能量也就越多。

还有一位彭阿姨，一直有睡眠不好的困扰，她听说能量塔不仅可以增加家里的能量，对家人有好处，还有助于睡眠，于是便找到了出售能量塔的吴某。

---

① 参见《亲吻金字塔获正能量，一个月赚足4000万！海盐警方打掉一专门针对老年人诈骗团伙》，载钱江晚报小时新闻，https://www.thehour.cn/news/527133.html，最后访问时间：2023年3月1日。

吴某用“寻龙尺”对彭阿姨进行检测后，告诉彭阿姨她能量太低，需要能量塔补充能量，能量塔平时放在室外会自动吸收宇宙的能量，晚上拿进室内就可以释放能量，这样彭阿姨的失眠问题就可以解决了。为了说服彭阿姨，吴某还举了一些例子，如曾经有人身体不好无法走路，后来因为买了能量塔补充了能量，现在都能站起来走路了。彭阿姨听得很是心动，选了1万元的饮品套餐，几天后彭阿姨就收到了几箱饮料和一个能量塔。

◆ 月入4000万元，“好运套餐”成为敛财套餐

就这样，每天来吴某保健品店的人络绎不绝，生意堪称“火爆”。许多人都深信不疑，纷纷购买套餐，来获得所谓的“能量金字塔”。每过一段时间，吴某还会让客户到店里“回访”，并劝说客户购买更高等级的套餐。他还让购买金字塔的人帮忙推销，如果能成功介绍卖出去一个能量塔套餐，就可以拿到好处费，这样一来有些人就从一开始的受害者变成了“能量金字塔”的销售人员。

其实吴某只是一个省级代理，通过拿销售额提成获得巨额利润。吴某背后是以杨某为首的犯罪团伙。杨某原本一直经营一家销售樱桃果汁、红酒产品的公司，但效益不好。2019年，王某从一家生产“金字塔”的工艺品公司跳槽到杨某公司，并跟杨某提议收购“金字塔”工艺品，搭配公司产品一起销售，向老年人宣传这是“能量金字塔”，可以提供正能量、驱病辟邪，以此提高效益。

为了让自己的“诈骗手段”看起来更加高大上，杨某推出了所谓的“好运+健康”套餐，此套餐一经推出，就吸引了不少客户纷纷前来购买，月销售量暴增。最多的一个月足足赚到了4000多万元，能量金字塔作为饮品销售的“财富密码”，让杨某尝到了巨大的甜头。

◆ 辐射超标，营销噱头竟是劣质工艺品

为扩大“业务”，杨某开始扩建公司，增设了培训部、技术部、运营部等

多个部门，分工明确，设有销售经理、主管、客服及各级代理，还建立了自己的产业园区。公司看起来不仅规模大，装潢也很豪华，公司员工的办公桌上、公司会议室里都摆放着“能量金字塔”，墙上还挂有公司“好运＋健康”的营销理念。随着“业务”越做越大，代理也遍布全国，杨某每年都会组织全国各地的人来参观旅游，让客户相信这是一家正规合法的公司。

警方经过调查，发现被害人高达数百人，遍布全国各个省市。而所谓的能量金字塔实际就是铁质的工艺品，而且辐射检测还不合格。2022 年 6 月，杨某等人被公安机关抓获到案。

案例三：讲座礼品是“诱饵”，返利骗局才是真

——向某某非法吸收公众存款案[①]

◆ 健康讲座，你来我送

2017 年 8 月，常阿姨在路上接到一份传单，说是去某保健品商行听健康讲座就送眼镜。到了店里，店员记了一下常阿姨的联系方式，就痛痛快快地给了她一副眼镜，并告诉常阿姨，过几天这里有健康讲座，来听的话还有礼品相送。

几天后，常阿姨收到健康讲座开课的通知，应约来到了该保健品商行。当天，参加讲座的足足有五六十人，绝大多数都是退休老人。说是讲座，其实就是观看视频，有专家讲解一些保健养生的知识。听着听着，专家开始推销一些健康产品，还重点介绍了会员机制，只要加入会员，不仅可以便宜购买健康产品，甚至可以做到免费吃，另外还有高额返利。讲座结束，常阿姨带着店员作为听课礼物赠送的面条就离开了，对于加入会员拿返利的事儿，

① 参见《【案例播报】养老骗局三：“多买多赚”的保健品》，载济源市人民法院微信公众号（2022 年 5 月 18 日），https://mp.weixin.qq.com/s/ISEeQyJk7z2xC4SSMUaXqA，最后访问时间：2023 年 3 月 1 日。

毕竟是涉及几千元甚至上万元的投入，常阿姨保持着警惕。

◆ 多买多赚，7 个月就能回本

之后，常阿姨也准时参加了几次讲座，每次都是听完拿了小礼品就走。听的次数多了，常阿姨也搞清楚了会员返利的具体情况。简单来讲，买 1290 元的保健品，就能成为银卡会员，每天领取 5 元返利，直到领够 2000 元；买 6450 元保健品，就能成为金卡会员，每天领取 33 元返利，直到领够 15160 元；买 12900 元保健品，就能成为明珠会员，每天领取 68 元返利，直到领够 31610 元；买 25800 元保健品，就能成为皇冠会员，每天领取 138 元返利，直到领够 64510 元，会员购买数量不限，多买多得。常阿姨算了一笔账，不管是买哪一个等级的会员，7 个月左右就可以回本，剩下的就是纯利润了。常阿姨有点心动，但还是担心风险。

后来，常阿姨每次来听课的时候，总会看见先前加入会员的同龄人已经开始领钱了。常阿姨又观察了一段时间，觉得没什么问题，就在听课后的一个月，拿出 1920 元买了一些茶叶、石斛酒之类的保健品，办了一张银卡会员，看看自己能不能也按期得到返利。

◆ 追加投资会员升级，返利却是迟迟未见

随后几个月，常阿姨每天都能按时领取返利，还报名参加了该保健品商行组织的旅游，免费游览了苏州、扬州等地。得到实惠的常阿姨陆续增资购买了多个银卡、皇冠会员，总共花了 24 万余元。2018 年 4 月，该商行又给常阿姨介绍了一个返利更高的数字货币项目，常阿姨又交了 28600 元，至此，常阿姨已经陆陆续续投了 28.6 万余元。接下来，常阿姨照常去领钱的时候，却被店员告知之前加入的会员组织正在升级，返利暂停了。又过了十来天，常阿姨再次询问时，店员说需要购买无人售货机才可以继续领取返利。为了拿到返利，常阿姨只好又花 1.5 万元买了一台无人售货机。返利短暂恢复了没

两个月，常阿姨突然发现跟店里联系不上了，此时，常阿姨还有17万余元的本金没有拿回来。这时一起来听课、一起得返利的同龄人也都慌了神，连忙报了警。

◆ 加盟诈骗集团，高额返利彻底崩盘

后经法院审理查明，常阿姨投钱的这家保健品商行，实际经营者是何某某、李某某夫妇，客户以老年人为主，后来二人通过参加集团的招商会，认为该集团实力雄厚，投资项目前景广阔，遂作为该集团的加盟店，并按照集团要求，积极组织客户在店内开办“讲座”，播放集团的宣传视频，并为客户免费发放小礼品，诱使老年人交钱成为该集团的会员，会员所交钱款除了按比例留作店面费用及利润外，都汇往该集团指定的账户。该集团正常运转时，何某某夫妇和会员们各取所需，看到每天有进账都很高兴，直到有一天集团系统无法登录，电话无人接听，也不再返利。经查，何某某夫妇通过此种方式非法吸收公众存款814.7万余元，造成实际损失526.4万元，二人以非法吸收公众存款罪被法院判处刑罚。

第三节 防范举措

药品、保健品类诈骗的特殊性在于，其所造成的危害不仅让老百姓蒙受经济上的损失，同时也会对身体健康造成一定危害，甚至使本就身患疾病的人因未及时就医而延误病情，因此此类诈骗社会危害性较大，可以从刑事法律评价、民事行为指引、综合治理建议三个方面打击整治。

一、刑事法律评价

（一）药品、保健品骗局中诈骗罪的认定

在药品、保健品类诈骗中，犯罪分子往往辩解称某产品确实有治疗功效或者保健功效，自己只是夸大了产品的效果，应属于民事欺诈行为。实践中，认定相关行为是否构成诈骗罪，可以从以下方面判断。

1. 虚构事实、隐瞒真相的认定

一是对产品的性质进行虚构。如案例一中将所谓的“保健食品”包装成具有治疗功效的药品出售，在案例二、案例三中将不具有任何保健效果的普通糖果、饮料等说成具有保健功能的保健食品。

二是对产品的效果进行虚构。如犯罪分子与被害人沟通时，承诺只要按要求服用该产品就能够治愈某种疾病，或是以编造的案例，向被害人证明产品所具有的神奇疗效，虚构的程度已经超过了一般意义上的夸大描述，甚至达到了“无中生有”的程度，从而让被害人对产品效果陷入完全错误的认知。

三是对产品的价格进行虚构。即所售保健品的价格严重偏离正常的市场定价机制。例如，将成本仅有几元或十几元的廉价食品、饮品，包装成价格高昂的高科技产品或珍稀名贵的药品、保健品，标价近千元，甚至近万元进行售卖。

四是对自身身份进行虚构。例如，打造所谓的专家、院士、名医等虚假身份，通过拉家常、聊天的方式提前了解被害人的身体状况及病情，获取被害人的信任后，对被害人进行虚假诊治。

2. 非法占有的认定

犯罪分子系通过虚假描述，使被害人对自己的身体健康状况，及对犯罪分子推销的产品均陷入错误认识，从而自愿支付高价购买所谓的特效药、特效保健品，最终达到对被害人财物非法占有的目的；而并非在市场交易领域中，通过夸大宣传、促使交易成功来获得高额利润。

（二）药品、保健品骗局所涉关联犯罪

利用药品、保健品实施违法犯罪行为，除构成诈骗罪外，还容易衍生破坏社会市场秩序，妨碍社会管理秩序的行为，可能涉嫌如下犯罪：

1. 非法吸收公众存款罪

如被告人杨某伙同他人以远高于进货价的价格销售保健品，同时以销售保健品的名义，向社会不特定群众宣传购买保健品可享受终身旅游、获赠公司股权，并能获得高额回报等内容，诱使群众出资购买保健品、会员卡等，向不特定群众非法吸收资金，致使300余名投资人遭受经济损失，法院对杨某等人以非法吸收公众存款罪定罪处罚。[①]

---

① 参见《杨某非法吸收公众存款一审刑事判决书》，载中国裁判文书网，https://wenshu.court.gov.cn/website/wenshu/181107ANFZ0BXSK4/index.html?docId=RMsHL+R1VwuClQszncbQhQAQjONUTRt1hNiUkZlSW13PJgBiBjkk15O3qNaLMqsJUTWcuuSWqFJE3z3XhifmxiN05NRB6QgWvb77MR4zDn60QSabrkwMtxHYRqENVr/D，最后访问时间：2022年11月10日。

2. 组织、领导传销活动罪

如被告人王某伙同他人以购买某公司系列保健品成为会员，即可获高额返利及奖励为诱饵，让参加者不断发展会员，并按一定顺序组成层级，以直接或者间接发展人员购买产品的数额作为计酬返利依据，从而骗取财物。至案发时，已发展会员 1900 余人，会员缴纳的传销资金数额累计 6000 余万元，法院对王某等人以组织、领导传销活动罪定罪处罚[①]。

3. 生产、销售有毒、有害食品罪

如被告人黄某以养羊为幌子，在未取得任何保健食品生产许可证、生产批号的情况下，自行雇用他人在活动板房内生产左旋咖啡瘦身胶囊等假保健品，并通过物流渠道向全国各地进行销售，法院对黄某以生产、销售有毒、有害食品罪定罪处罚。[②]

4. 生产、销售假药罪

如被告人张某取得了相应的食品流通许可证和保健品批准文号后，伙同他人生产含有格列本脲、盐酸二甲双胍等西药成分的保健品，并在多地进行宣传和巡诊的过程中，将添加有盐酸二甲双胍、格列本脲的上述保健品开立在处方当中冒充药品向就诊的糖尿病患者销售，法院对张某以生产、销售假药罪定罪处罚。[③]

---

① 参见《内蒙古自治区宁城县人民检察院与王某、柳某明等组织、领导传销活动罪二审刑事判决书》，载中国裁判文书网，https://wenshu.court.gov.cn/website/wenshu/181107ANFZ0BXSK4/index.html?docId=4bV1bKvr1EEi19GN2h/rM7w9He1AaDQtD9NRRc2WDb6DRC8jXxgKXpO3qNaLMqsJUTWcuuSWqFJE3z3XhifmxiN05NRB6QgWvb77MR4zDn4v9pV49lHAwRDcZx8jyBKN，最后访问时间：2022 年 11 月 10 日。

② 参见《黄某生产、销售有毒、有害食品二审刑事裁定书》，载中国裁判文书网，https://wenshu.court.gov.cn/website/wenshu/181107ANFZ0BXSK4/index.html?docId=VaSG3PCTC/btYOBDv4OggS2iSOnKi84I8Prkl+2ps+TScOfCLRI7y5O3qNaLMqsJUTWcuuSWqFJE3z3XhifmxiN05NRB6QgWvb77MR4zDn42TRTAbbpYN3gOA91GNUFU，最后访问时间：2022 年 11 月 10 日。

③ 参见《张某等生产、销售假药罪一审刑事判决书》，载中国裁判文书网，https://wenshu.court.gov.cn/website/wenshu/181107ANFZ0BXSK4/index.html?docId=smlPFwvnNFrAhSBCanNzGmzsh7KxlRhLjdEjbN6tFisyciFIwUXqzJO3qNaLMqsJUTWcuuSWqFJE3z3XhifmxiN05NRB6QgWvb77MR4zDn49pi4misG2FWnCQqAvOd4K，最后访问时间：2022 年 11 月 10 日。

二、民事行为指引

（一）保健食品的基本常识

目前市场上的保健品大体可以分为保健食品、保健用品两大类。其中，保健用品一般具有日常生活用品的性质，如健身器、按摩器等，目前尚无统一的定义和标准。保健食品则有严格的法律定义。

1. 保健食品的定义

《保健（功能）食品通用标准》[①]（GB16740—1997）最早将保健（功能）食品定义为食品的一个种类，具有一般食品的共性，能调节人体的机能，适合特定人群食用，但不以治疗疾病为目的。《中华人民共和国食品安全法释义》中进一步明确，保健食品是指声称具有保健功能或者以补充维生素、矿物质等营养物质为目的的食品，即适宜特定人群食用，具有调节机体功能，不以治疗疾病为目的，并且对人体不产生任何急性、亚急性或慢性危害的食品。

可见，保健食品的本质仍是食品，且根据《保健食品命名指南（2019 年版）》的规定，保健食品的命名不得含有虚假、夸大或绝对化的词语，不得明示或者暗示疾病预防、治疗功能的词语，不得误导、欺骗消费者。保健食品的标签、说明书中同样也不得涉及疾病预防、治疗功能等的内容，且须与此前注册或者备案的内容相一致，应载明适宜人群、不适宜人群、功效成分或者标志性成分及其含量等。

2. 保健食品的功能

国家市场监督管理总局、国家卫生健康委员会和国家中医药管理局发布的《允许保健食品声称的保健功能目录　营养素补充剂（2023 年版）》中，规定了营养素补充剂所对应的保健功能及相应的备注、释义（附表）；除表中所

① 注：该强制性国家标准现已废止。

列内容外，生产者及经营者所声称的其他所谓的保健功能均不符合要求，亦不允许在保健食品的标签及说明书中出现。

《允许保健食品声称的保健功能目录　营养素补充剂（2023 年版）》①

保健功能

保健功能	备注
补充维生素、矿物质等营养物质	包括补充：钙、镁、钾、锰、铁、锌、硒、铜、维生素 A、维生素 D、维生素 B_1、维生素 B_2、维生素 B_6、维生素 B_{12}、烟酸（尼克酸）、叶酸、生物素、胆碱、维生素 C、维生素 K、泛酸、维生素 E、β - 胡萝卜素、补充 n–3 多不饱和脂肪酸

保健功能释义

保健功能	释义
补充钙	钙是人体骨骼和牙齿的主要组成成分，许多生理功能也需要钙的参与。 钙是骨骼和牙齿的主要成分，并维持骨密度。 钙有助于骨骼和牙齿的发育。 钙有助于骨骼和牙齿更坚固。
补充镁	镁是能量代谢、组织形成和骨骼发育的重要成分。
补充铁	铁是血红细胞形成的重要成分。 铁是血红细胞形成的必需元素。 铁对血红蛋白的产生是必需的。
补充锌	锌是儿童生长发育的必需元素。 锌有助于改善食欲。 锌有助于皮肤健康。
补充维生素 A	维生素 A 有助于维持暗视力。 维生素 A 有助于维持皮肤和黏膜健康。
补充维生素 D	维生素 D 可促进钙的吸收。 维生素 D 有助于骨骼和牙齿的健康。 维生素 D 有助于骨骼形成。

① 参见《国家市场监督管理总局、国家卫生健康委员会、国家中医药管理局关于发布〈保健食品原料目录 营养素补充剂（2023 年版）〉〈允许保健食品声称的保健功能目录 营养素补充剂（2023 年版）〉的公告》，载国家市场监督管理总局网站，https://www.samr.gov.cn/zw/zfxxgk/fdzdgknr/tssps/art/2023/art_dedd4b97c0cd4d6298203a559c56d3e9.html，最后访问时间：2023 年 6 月 15 日。另，本规定将于 2023 年 10 月 1 日起施行。

续表

保健功能	释义
补充维生素 B_1	维生素 B_1 是能量代谢中不可缺少的成分。 维生素 B_1 有助于维持神经系统的正常生理功能。
补充维生素 B_2	维生素 B_2 有助于维持皮肤和黏膜健康。 维生素 B_2 是能量代谢中不可缺少的成分。
补充维生素 B_6	维生素 B_6 有助于蛋白质的代谢和利用。
补充维生素 B_{12}	维生素 B_{12} 有助于红细胞形成。
补充烟酸	烟酸有助于维持皮肤和黏膜健康。 烟酸是能量代谢中不可缺少的成分。 烟酸有助于维持神经系统的健康。
补充叶酸	叶酸有助于胎儿大脑和神经系统的正常发育。 叶酸有助于红细胞形成。 叶酸有助于胎儿正常发育。
补充维生素 C	维生素 C 有助于维持皮肤和黏膜健康。 维生素 C 有助于维持骨骼、牙龈的健康。 维生素 C 可以促进铁的吸收。 维生素 C 有抗氧化作用。
补充泛酸	泛酸是能量代谢和组织形成的重要成分。
补充维生素 E	维生素 E 有抗氧化作用。
补充 n–3 多不饱和脂肪酸	1. n–3 多不饱和脂肪酸提供人体必需脂肪酸。 2. 膳食中 n–3 多不饱和脂肪酸应占总能量的 0.5%～2%。 3. 有助于维持血脂（甘油三酯）健康水平。

注：保健功能释义按照现行的《食品安全国家标准　预包装食品营养标签通则》（GB28050）附录 D 内容进行标注；保健食品标签中可使用释义中相应的一条或多条营养成分功能声称标准用语。不得对功能声称用语进行任何形式的删改、添加或合并。

3. 保健食品标注的规范性要求

为使消费者更易于区分保健食品与普通食品、药品，国家市场监督管理总局研究制定了《保健食品标注警示用语指南》，对保健食品的标注问题予以规范。

（1）对于保健食品的生产者，应当在保健食品包装的明显位置提醒消费者“保健食品不是药物，不能代替药物治疗疾病”；需清晰标注生产日期和保质期，及适宜人群和不适宜人群，用法和用量；标注投诉服务电话、服务时段等信息，且保证在承诺的服务时段内接听、处理消费者投诉、举报，并记录、保存相关服务信息至少 2 年。

（2）对于保健食品的经营者，应当在经营保健食品的场所、网络平台等显要位置标注“保健食品不是药物，不能代替药物治疗疾病”等消费提示信息，从而引导消费者理性消费；且不能将保健食品和普通食品混放销售，需要设置保健食品的专柜或专区。

4. 正确认识保健食品的功效

（1）保健食品具有特定的保健功能，如增强免疫力、缓解体力疲劳等，但并无预防、治疗、诊断疾病的作用，不能代替药物使用。患有疾病的消费者应遵循医嘱合理用药治疗，而不应单纯地迷信保健食品，对于宣称能“根治”“药到病除”“包治百病”的保健食品千万不要相信，否则不但达不到治疗效果，更可能延误病情。

（2）保健食品有规定的安全使用量及特定的适用范围等，不能代替日常膳食。正常情况下，均衡的三餐饮食能够提供全面而充足的营养，维持人体的正常机能，因此坚持正常饮食可以保证身体健康。只有某些特殊人群，如处于亚健康状态或疾病康复期的病人、对食物中营养吸收较差或对特定营养成分有特殊需求的人群等，可考虑选用特定功能的保健食品，但也应在正常饮食基础上进行补充，并充分考虑产品适用性，严格按照说明书中提供的方法服用，切忌盲目使用。

（二）保健食品常见的虚假宣传

不法分子往往利用消费者不了解保健食品的概念，对保健食品做虚假或者夸大宣传，甚至当作药品来出售，欺骗广大消费者，主要包括以下几类：

1. 夸大功效

以新闻报道形式发布保健品广告；通过渲染、夸大某种健康状况或者疾病，或通过描述某种疾病容易导致的身体危害，使公众对自身健康状况产生担忧、恐惧、误解，再用“无效退款”“保险公司保险”“安全”“无毒副作用”“无依赖”等承诺打消消费者的顾虑，骗其入局。

2.“专业”包装

用消费者难以理解的专业化术语、神秘化语言等描述产品的作用特征和机理；或以含有“最新技术”“最高科学”“最先进制法”等用语和表述显示“专业”程度。

3.“专家”加持

利用或出现国家机关及相关事业单位、医疗机构、学术机构、行业组织的名义和形象，或以专家、医务人员和消费者等的名义和形象为产品功效作证明。

4. 虚假数据

以无法证实的所谓“经科学研究发现……”“有实验数据证明……”等内容作为卖点，进行宣传。

（三）关于保健食品的消费提示

理性看待保健食品的功效，所有的保健食品都不是药物，不能代替药物治疗和预防疾病，具体注意事项如下。

1. 认准保健食品标识

选购保健食品要认清、认准产品包装上保健食品的“蓝帽子”标志和批准文号或备案号。蓝帽子标志是由国家市场监督管理总局批准的保健食品标志。按照法律规定，所有获批保健食品的外包装上都要醒目地标注蓝帽子标志。标志下面要标注本款保健食品的批准文号，如“国食健注 G+4 位年代号 +4 位顺序号”“国食健注 J+4 位年代号 +4 位顺序号”；或保健食品的备案号，如“食健备 G+4 位年代号 +2 位省级行政区域代码 +6 位顺序编号”“食健备 J+4 位年代号 +00+6 位顺序编号”。G 代表国产，J 代表进口，这就相当于产品的“身份证号码”。如果没有标识和文号，一定不是保健食品。进口保健品同样需要取得蓝帽子标志，并标注我国相关部门的注册证号或备案号，附有中文标签、中文说明书。中文标签须标明产品的生产日期、保质期限并载明食品的原产地以及境内代理商的名称、地址、联系方式等。因此消费者购买进口保健食品时，同样需要谨慎查看（如图 8 所示）。

图 8　保健食品标识

关于保健食品产品注册或备案信息，消费者可以在国家市场监督管理总局官网的特殊食品信息查询平台（http：//ypzsx.gsxt.gov.cn/specialfood/#/food）（如图 9 所示）进行查询。

图 9　国家市场监督管理总局特殊食品信息查询平台入口

2. 科学选择正确选用

购买保健品可以到正规的商场、超市、药店等经营单位的保健食品销售专区或专柜购买，认真查看生产日期和有效期，并索要发票或销售凭据，以便将来遇到问题时作为维权依据。挑选保健食品要依据功能和适宜人群进行合理选择，并按照标签、说明书的提示食用。并非所有类别的保健食品都适用于所有人，消费者可以根据产品宣称功能及适用范围等，判断自己是否适合选购相应产品。例如，部分产品分为儿童型、成人型、老年型、孕产妇型等，或规定适宜人群（如免疫力低下者、肠道功能紊乱者、接触辐射者、血糖 / 脂 / 压偏高者、睡眠状况不佳者等），各类人群应根据实际需要进行科学选择；另外，部分产品明确标注了不适宜人群，如婴幼儿、孕产妇、老年人、肝 / 肾功能不全者等，相应人群切勿选用。

3. 虚假宣传切勿相信

根据《中华人民共和国广告法》第 18 条、第 19 条的规定，保健食品的广告不得含有以下内容：（1）表示功效、安全性的断言或者保证；（2）涉及疾病预防、治疗功能；（3）声称或者暗示广告商品为保障健康所必需；（4）与药品、其他保健食品进行比较；（5）利用广告代言人作推荐、证明；（6）法律、行政法规规定禁止的其他内容。同时，广播电台、电视台、报刊音像出版单位、互联网信息服务提供者不得以介绍健康、养生知识等形式变相发布保健食品广告。

4. 留存证据及时维权

如果对所购买的保健食品质量安全有质疑，或发现存在虚假宣传等违法行为，可以及时向当地市场监管部门举报，也可拨打投诉举报电话：12315。如果发现自己或家人被骗，应及时收集证据，包括购买收据、通话记录、物流记录、音像资料、转账记录、产品包装、产品检验报告、鉴定结果、身体受到损害的照片、就诊证明等，并拨打报警电话。

（四）药品的基本常识

正规的药品需要经过非常严格的审批、研制、生产及经营过程，方可进入市场供患者选购。

1. 药品的定义及审批

根据《中华人民共和国药品管理法》第 2 条第 2 款的规定，药品是指用于预防、治疗、诊断人的疾病，有目的地调节人的生理机能并规定有适应症或者功能主治、用法和用量的物质，包括中药、化学药和生物制品等。药品应当符合国家药品标准。在中国境内上市的药品，应当经国务院药品监督管理部门批准，取得药品注册证书；但是，未实施审批管理的中药材和中药饮片除外。实施审批管理的中药材、中药饮片品种目录由国务院药品监督管理部门会同国务院中医药主管部门制定。

2. 关于药品研制

根据《中华人民共和国药品管理法》第二章的有关规定，从事药品研制活动，应当遵守药物非临床研究质量管理规范、药物临床试验质量管理规范。开展药物临床试验，须经国务院药品监督管理部门批准或者备案，并经过伦理委员会[①]的审查同意。开展药物非临床研究，应当符合国家有关规定。

3. 关于药品生产

根据《中华人民共和国药品管理法》第四章的有关规定，从事药品生产活动，应当经所在地省、自治区、直辖市人民政府药品监督管理部门批准，取得药品生产许可证。无药品生产许可证的，不得生产药品。

从事药品生产活动，应当具备以下条件：有依法经过资格认定的药学技术

① 中共中央办公厅、国务院办公厅印发《关于深化审评审批制度改革鼓励药品医疗器械创新的意见》第 1 条第 3 项规定：完善伦理委员会机制。临床试验应符合伦理道德标准，保证受试者在自愿参与前被告知足够的试验信息，理解并签署知情同意书，保护受试者的安全、健康和权益。临床试验机构应成立伦理委员会，负责审查本机构临床试验方案，审核和监督临床试验研究者的资质，监督临床试验开展情况并接受监管部门检查。各地可根据需要设立区域伦理委员会，指导临床试验机构伦理审查工作，可接受不具备伦理审查条件的机构或注册申请人委托对临床试验方案进行伦理审查，并监督临床试验开展情况。卫生计生、中医药管理、食品药品监管等部门要加强对伦理委员会工作的管理指导和业务监督。

人员、工程技术人员及相应的技术工人；有与药品生产相适应的厂房、设施和卫生环境；有能对所生产药品进行质量管理和质量检验的机构、人员及必要的仪器设备；有保证药品质量的规章制度，并符合国务院药品监督管理部门制定的药品生产质量管理规范要求。从事药品生产活动还应当遵守药品生产质量管理规范，建立健全药品生产质量管理体系，保证药品生产全过程持续符合法定要求。药品的生产工艺、所需原料、辅料，直接接触药品的包装材料和容器等均应当符合相关标准和要求。

4. 关于药品经营

根据《中华人民共和国药品管理法》第五章的有关规定，从事药品批发活动，应当经所在地省、自治区、直辖市人民政府药品监督管理部门批准，取得药品经营许可证。从事药品零售活动，应当经所在地县级以上地方人民政府药品监督管理部门批准，取得药品经营许可证。无药品经营许可证的，不得经营药品。

从事药品经营活动应当具备以下条件：有依法经过资格认定的药师或者其他药学技术人员；有与所经营药品相适应的营业场所、设备、仓储设施和卫生环境；有与所经营药品相适应的质量管理机构或者人员；有保证药品质量的规章制度，并符合国务院药品监督管理部门制定的药品经营质量管理规范要求。

5. 关于药品广告的禁止性规定

根据《中华人民共和国广告法》第 16 条、第 19 条的规定，医疗、药品、医疗器械广告不得含有下列内容：（1）表示功效、安全性的断言或者保证；（2）说明治愈率或者有效率；（3）与其他药品、医疗器械的功效和安全性或者其他医疗机构比较；（4）利用广告代言人作推荐、证明；（5）法律、行政法规规定禁止的其他内容。

药品广告的内容不得与国务院药品监督管理部门批准的说明书不一致，并应当显著标明禁忌、不良反应。处方药广告应当显著标明“本广告仅供医学药学专业人士阅读"，非处方药广告应当显著标明"请按药品说明书或者在药师指导下购买和使用"。

推荐给个人自用的医疗器械的广告，应当显著标明"请仔细阅读产品说明书或者在医务人员的指导下购买和使用"。医疗器械产品注册证明文件中有禁忌内容、注意事项的，广告中应当显著标明"禁忌内容或者注意事项详见说明书"。

广播电台、电视台、报刊音像出版单位、互联网信息服务提供者不得以介绍健康、养生知识等形式变相发布医疗、药品、医疗器械、保健食品广告。

6. 如何通过包装识别正规药品

根据《中华人民共和国药品管理法》第 49 条第 1 款、第 2 款的规定，药品包装应当按照规定印有或者贴有标签并附有说明书。标签或者说明书应当注明药品的通用名称、成份、规格、上市许可持有人及其地址、生产企业及其地址、批准文号、产品批号、生产日期、有效期、适应症或者功能主治、用法、用量、禁忌、不良反应和注意事项。标签、说明书中的文字应当清晰，生产日期、有效期等事项应当显著标注，容易辨识。

药品批准文号是国家药品监督管理局批准药品生产企业生产药品的文号，是药品生产合法性的重要标志。未取得药品批准文号的生产企业不得生产药品。根据国家市场监督管理总局 2020 年 1 月 22 日公布的《药品注册管理办法》第 123 条的规定，境内生产药品批准文号格式为：国药准字 H（Z、S）+四位年号 + 四位顺序号。中国香港、澳门和台湾地区生产药品批准文号格式为：国药准字 H（Z、S）C + 四位年号 + 四位顺序号。境外生产药品批准文号格式为：国药准字 H（Z、S）J + 四位年号 + 四位顺序号。其中，H 代表化学药，Z 代表中药，S 代表生物制品。药品批准文号，不因上市后的注册事项的变更而改变（如下页图 10 所示）。中药另有规定的从其规定。

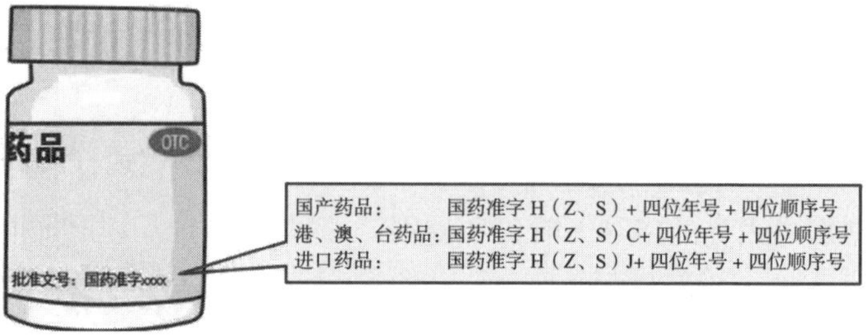

其中，H 代表化学药，Z 代表中药，S 代表生物制品。

图 10　药品批准文号格式

关于药品的批准文号信息，消费者可以在国家药品监督管理局官网的药品查询平台（https://www.nmpa.gov.cn/）（如图 11 所示）进行查询。

图 11　国家药品监督管理局药品查询平台入口

三、综合治理建议

食品药品安全直接关系人民群众的身体健康和生命安全，体现了人民群众最关心、最直接、最现实的利益，以“最严谨的标准、最严格的监管、最严厉的处罚、最严肃的问责”切实加强食品药品安全监管，是食品药品安全管理的重要理念。食品药品安全涉及个体安全、公共安全、国家安全，加快建立科学完善的食品药品安全治理体系需要遵循风险管理、全程管控、科学监管、社会共治的基本原则。

（一）药品行政主管部门的职责及相关制度

1. 药品行政主管部门

国务院药品监督管理部门主管全国药品监督管理工作。国务院有关部门在各自职责范围内负责与药品有关的监督管理工作。国务院药品监督管理部门配合国务院有关部门，执行国家药品行业发展规划和产业政策等。

省、自治区、直辖市人民政府药品监督管理部门负责本行政区域内的药品监督管理工作。设区的市级、县级人民政府承担药品监督管理职责的部门负责本行政区域内的药品监督管理工作。

2. 药品管理相关制度

（1）药品追溯制度

坚持全程管控，以“一物一码、物码同追”为方向，上市许可持有人、生产经营企业、医疗机构要建立实施药品追溯制度，各个单位自建追溯体系，做到数据互联互通，从药物警戒、监督检查、信用管理、应急处置等方面落实强化药品全生命周期管理理念。

（2）药品上市许可持有人制度

上市许可持有人依法对药品研制生产、经营使用全过程中药品的安全性、有效性、质量可控性负责。上市许可持有人应建立质量保证体系，对药品的非临床研究、临床试验、生产经营、上市后研究、不良反应监测、报告及处理等全过程、各环节负责，并具备赔偿能力。

（3）药物警戒制度

对药品不良反应及其他与用药有关的有害反应进行监测、识别、评估和控制。在已有不良反应报告与监测体系基础上，通过药物警戒制度将安全性信息的收集与风险识别、评估和控制前移至药物研发阶段，范围扩展至所有与用药相关的问题。明确药品上市许可持有人建立年度报告制度，每年将药品风险管理情况按规定向药品监督管理部门报告，制定药品上市后风险管理计划，明确上市后药品不良反应信息管理与风险控制措施。

（二）保健食品行政主管部门的职责及相关制度

1. 保健食品行政主管部门

我国保健食品行业的监管部门主要包括国务院食品安全委员会、国家市场监督管理总局和国家卫生健康委员会，及各级政府的市场监督管理局。具体职责简要介绍如下：

（1）国务院食品安全委员会

负责分析食品安全形势，研究部署、统筹指导食品安全工作，提出食品安全监管的重大政策措施，督促落实食品安全监管责任，具体工作由国家市场监督管理总局承担。

（2）国家市场监督管理总局

下设特殊食品安全监督管理司。负责分析掌握保健食品、特殊医学用途配方食品和婴幼儿配方乳粉等特殊食品领域安全形势，拟订特殊食品注册、备案和监督管理的制度措施并组织实施；组织查处相关重大违法行为。

（3）国家卫生健康委员会

下设食品安全标准与监测评估司。负责组织拟订食品安全国家标准，开展食品安全风险监测、评估和交流，承担新食品原料、食品添加剂新品种、食品相关产品新品种的安全性审查。

（4）各级政府的市场监督管理局

负责与保健食品有关的食品安全监督管理、市场秩序监督管理、消费维权工作等，并依法查处相应违法案件，开展市场监管行政执法工作。

2. 保健食品管理相关制度

由于保健食品均为直接服用，直接关系到消费者的身体健康及生命安全，因此在生产许可、产品注册和备案、质量管理等方面受到严格的监管。

（1）生产许可制度

从事食品的生产应当依法取得食品生产许可，其中申请保健食品、特殊医学用途配方食品、婴幼儿配方食品等特殊食品的生产许可，还应当提交与所生产食品相适应的生产质量管理体系文件以及相关注册和备案文件。

（2）双轨制管理制度

保健食品实行的是注册与备案双轨制管理制度，如使用的原料是保健食品原料目录以外原料的保健食品，或首次进口的保健食品，适用注册制；如使用的原料是已经列入保健食品原料目录的保健食品，或首次进口的属于补充维生素、矿物质等营养物质的保健食品，则适用备案制。

（3）经营许可制度

保健食品系特殊食品的一种，如从事营养保健食品销售活动的，亦应当按照相关法律法规取得食品经营许可证。

（三）行业治理建议

为有效预防和打击药品、保健品类诈骗犯罪，净化食药领域市场经营秩序，维护消费者合法权益，结合该类诈骗犯罪的特点，建议从以下几个方面大力推进行业综合治理。

1. 加强源头整治，建立经营主体重点关注清单

相关部门充分协调整合基层执法人员、街道城市网格化综合管理中心工作人员及村（居）委会管理人员、社区志愿者等各方资源，对辖区内药店、保健食品体验店、专营店等重点单位，可能开展“授课点”“推销点”的重点场所，曾有药品、保健食品违法记录的经营主体进行汇总，建立重点关注清单。

2. 强化事前监管，督促合规守法经营

相关部门对重点单位采取当面告知、集中约谈等方式开展法治教育，督促经营主体严格履行主体责任，并作出守法经营的书面承诺；对重点场所所有人或管理方，告知应当依法核验入场举办活动方的营业执照、许可证件等，发现涉嫌保健食品虚假宣传等违法行为的，及时制止并报告；对相关经营场所所有人、出租方，告知其应在租赁合同中对承租方明确相关责任事项，在发现承租方有违法违规经营行为时，主动制止并向监管部门报告。

3. 完善网络监管，线上线下标准统一

相关部门开展网络市场监管专项行动，加大对网络平台的监管力度，督促各电商平台对网络药品、保健食品生产经营者严格资格审核，提高网络检测巡查频度，确保入网药品、保健食品生产经营者依法合规经营。对于虚假宣传产品功能、欺诈和误导网络消费者的违法行为严厉打击、依法处理，提高网络经营者的违法成本，压缩网络经营者的违法空间，积极营造公平竞争的网络市场环境。

4. 加强行政执法与刑事司法衔接，形成治理工作合力

健全完善食药领域行政执法与刑事司法衔接工作机制，畅通涉及刑事犯罪线索移送，促进信息共享。对于街镇网格化管理中心的日常巡查工作中发现的相关违法线索、来自“12345”“12315”投诉的违法线索，及时移送相关职能部门依法处置，对于涉嫌刑事犯罪的，及时移送公安机关依法处理。

5. 开展科普宣传，提高全民防范意识

积极开展药品、保健品识骗防骗“进社区、进乡村、进校园、进商超”的科普宣传活动，综合运用广播电视、现场咨询、宣传栏、宣传海报等手段，结合新媒体、楼宇广告、社区电子屏等新型传播方式，以社区居委会、社区卫生服务中心、老年活动中心等场所为重点，大力宣传药品、保健品科普知识，提升科学认知水平，鼓励群众举报药品、保健品相关违法行为，查证属实后给予相应举报奖励。

第七章

电信网络诈骗之一——刷单骗局反诈指引

《中华人民共和国反电信网络诈骗法》第 2 条规定，电信网络诈骗是指“以非法占有为目的，利用电信网络技术手段，通过远程、非接触等方式，诈骗公私财物的行为”。相较于传统诈骗形式常见于熟人圈、受害人范围有限、线下面对面的特点，电信网络诈骗因依托互联网、通信工具、虚拟技术，导致受害人波及面广、覆盖各个年龄层次及职业种类，严重损害广大人民群众切身利益。

根据公安部通报，公安机关发现的电信网络诈骗犯罪类型已经超过 50 种，其中刷单返利诈骗、虚假投资理财诈骗、虚假网络贷款诈骗、冒充客服诈骗、冒充公检法诈骗 5 种诈骗类型占比近 80%，成为最为突出的 5 大高发类案，其中刷单返利类诈骗发案率最高，占发案总数的三分之一左右。[①]

随着“互联网 +”加速与产业融合，数字经济已经成为我国发展的新引擎，根据《中国数字经济发展报告（2022 年）》统计，2021 年，我国数字经济规模达到 45.5 万亿元，占 GDP 比重达到 39.8%[②]，数字消费在促进消费市场蓬勃发展、扩大内需方面发挥了积极作用。网络消费作为数字经济业态的典型代表，已经成为社会大众的基本消费方式之一，网络购物交易规模保持较快增长，成为推动消费扩容的重要力量。2022 年，我国网络零售市场总体稳步增长[③]。据国家统计局数据显示，2022 年全国网上零售额 13.79 万亿元，同比

① 参见《公安部举行全国公安机关打击治理电信网络诈骗犯罪工作发布会》，载国务院新闻办公室网站，http://www.scio.gov.cn/xwFbh/gbwxwfbh/xwfbh/gab/Document/1684550/1684550.htm，最后访问时间：2023 年 4 月 1 日。

② 参见《中国数字经济发展报告（2022 年）》，载国家大数据（贵州）综合试验区建设领导小组办公室、贵州省大数据发展领导小组办公室网站，http://dsj.guizhou.gov.cn/xwzx/gnyw/202207/t20220711_75506676.html，最后访问时间：2023 年 4 月 1 日。

③ 参见《商务部电子商务司负责人介绍 2022 年网络零售市场发展情况》，载商务部网站，http://sg.mofcom.gov.cn/article/sxtz/zgyshj/202303/20230303398361.shtml，最后访问时间：2023 年 4 月 1 日。

增长4%，其中实物商品网上零售额11.96万亿元，同比增长6.2%，占社会消费品零售总额比重为27.2%。网络消费在不断激活消费新市场、展现出蓬勃活力的同时，一些不法分子趁机而入，大肆实施刷单返利诈骗，网络刷单诈骗发案量呈快速上升趋势，严重冲击网络经济市场秩序、危害群众财产安全。本章我们将重点介绍刷单返利诈骗。

第一节　识别指南

电子商务在十年间的飞速发展，使网购成为人们生活中不可或缺的一部分，在网络经济时代，人们对刷单并不陌生。信用评价作为广大消费者评判商业信誉及商品质量的重要参考，是许多互联网商家在商业竞争中的核心竞争力，对点赞率、好评度、销售量的变相渴求，使以频繁虚假交易、哄抬商家信誉为内容的“刷单炒信”应运而生，“职业刷客”所构建的“黑灰”产业链日益滋生蔓延。

一、刷单的种类

刷单行为分为正向刷单和反向刷单两种。正向刷单，是通过虚假交易、虚设好评来增加商品或者店铺的销售量，提高好评度和信用积分，增加商家市场竞争力的行为。反向刷单，是通过虚假交易，贬低竞争对手的商业信誉，进而达到排挤对手，抢占市场份额目的之行为。

二、什么是刷单骗局

刷单行为的介入，扰乱了电商平台的正常交易秩序、侵害了消费者的知情权，危害性逐步显现，加之人们对新兴电商产业运作模式、运营规律等了解不多，让刷单诈骗不法分子有机可乘。

刷单骗局，是指不法分子以非法占有为目的，通过各大兼职招聘平台、渠道发布虚假刷单兼职信息，利用求职者急于寻找兼职又贪小便宜的心理，以"零成本高回报"为诱饵，套用真实刷单兼职的工作流程，骗取"刷单客"钱财的行为。

刷单返利类诈骗由于返利周期短、引流成功率高，已逐步演变为当前变种最多、变化最快的诈骗类型，并与电信网络诈骗手法相互融合，成为电信网络诈骗的主要引流方式。[①] 需要注意的是，刷单还有很多别称，如点赞员、网络兼职、做任务、圈粉、加关注等。

三、刷单骗局的主要特征

1. 受害群体广泛，兼职成为重灾区

趋利性是刷单诈骗受害人最显著的特性。受害人多为经济能力有限，不能全职在岗的、无固定职业、低收入人群以及具有较多闲散业余时间却面临择业困难的在校大学生等。

2. 入职门槛低，以利相诱设下陷阱

不法分子利用受害人有兼职需求并且贪图小利的心理，在"招募"兼职者时通常不设置任何学历、年龄、专业、技能等正常的职业要求，却对应聘者许以高额回报，诱骗受害人落入诈骗陷阱。

3. 升级花式引流，行为模式不断翻新

为增强诈骗行为迷惑性、提高引流成功率，不法分子不断变换作案手法，

---

① 参见《权威发布！五大高发电信网络诈骗案件类型》，载公安部刑侦局微信公众号（2022 年 5 月 11 日），https://mp.weixin.qq.com/s/VuDzG3kZgUg9wpJsuZj40A，最后访问时间：2022 年 11 月 8 日。

引流方式从单一发布兼职广告向利用网络色情、免费领取礼品等多种方式转变，诈骗手法从传统购买商品、点赞返利向“做任务”刷单、“投资理财”刷单演变，更具隐蔽性。

第二节　典型案例

案例一：点点鼠标，日进斗金？致富神话有猫腻

——王某甲等诈骗案[①]

◆ 心动的弹窗广告，买卖域名就能赚高薪

“在我们的平台低价购入域名刷单跑分，可以按照1万元返利300元，每满5单返利一次。后期域名高价回收，可赚取50%的差价，在家兼职就可轻松致富……”这样的网络弹窗消息，让电脑前的众多网友心动不已，殊不知这是不法分子精心设计的骗局。

2020年8月，家住江苏省张家港市的小圆在浏览网页时，看到一则域名刷单兼职招聘广告。在家啃老多日的小圆近期最大的心愿就是找一份合适的工作，但当地招工市场提供的岗位在小圆看来要么工作强度大，要么收入低，都入不了他的眼。长时间的待业状态让小圆十分焦虑，于是他将目光投向了网络招聘。小圆按照广告页面的QQ号，联系了发布广告的小轩，了解具体的工作内容。小轩称，工作内容就是在他们的网络平台商铺购入指定网络域名，提高店铺销售量，刷满5单即可按照3%的比例进行返利。小轩还强调，互联网时代，好的域名价值上万元，购入的域名也能作为一种新型商品投资，他们团队会负责对域名进行包装，客户低价购入域名后，将来可以高价出售，

① 参见《域名刷单轻松又高薪 贪小利掉入诈骗陷阱》，载正义网，http://news.jcrb.com/jszx/202203/t20220329_2382967.html，最后访问时间：2022年11月8日。

只要有空闲时间，坐在家中操作电脑对域名买进卖出即可，幸运的话月入过万应该不成问题。

◆ 远程指导带进坑，限时上新不买就亏

听了小轩的介绍，小圆认为这种零成本、低门槛、高回报的工作正是自己梦寐以求的，于是立马答应加入刷单队伍。小圆按照小轩提供的链接进入对方商铺，发现确有几个域名待售。因为是初次接触域名刷单工作，小圆并不熟悉具体操作流程。此时，"贴心"的小轩提出通过远程指导教小圆购入域名。在远程指导过程中，小圆看着对方操作电脑，点击注册、购买选项，直到最后一步，对方使用支付软件代付功能让小圆支付了987元，这样小圆成功购入了第一个域名。

熟悉了操作流程后，小圆又自行下单购买了4个域名。之后小轩称商铺限时上新了少量短小精悍、简单易记的域名，具有一定的投资价值。想着域名升值空间很大，于是小圆又支付了8964元购买了3个"高价值"域名。

◆ "高价值"域名待价而沽，要求返现反被拉黑

此后，小圆一直等待机会将域名转手，同时让小轩兑现刷单返现承诺，但小轩一直拖延，并称为防止网络平台监控，需要小圆将之前联系的QQ号删除，再次添加新QQ号后才能返现。小圆按照要求操作后，小轩一直没有返款，再催时，发现已被对方拉黑。小圆这才意识到自己被骗了，无奈之下只能报警求助。

◆ 顺藤摸瓜，犯罪团伙竟是"00后"

根据小圆提供的支付宝转账记录，收款方为王某甲、王某乙（二人被警方锁定为犯罪嫌疑人）。2020年9月，民警在厦门一公寓内将正在实施诈骗的王某甲、王某乙、杨某、曾某4人抓获归案。

令民警吃惊的是，眼前的4名电信网络诈骗犯罪嫌疑人面露青涩，与印象中深谙骗术、狡黠奸猾的骗子不太一样，他们都是“00后”，是从学校毕业不久、涉世未深的年轻人。

经深入了解，这4名犯罪嫌疑人是从小一起长大的，十几年的情谊让他们胜似亲兄弟，什么事都能同甘共苦。成年后，他们的生活开支得靠自己，刚走出校园的他们在厦门租了一套公寓一起生活。除王某乙在当地一家工厂找到了一份临时工作外，其余3人都处于待业状态，整日在出租屋内上网打游戏。王某乙微薄的工资难以维持大家的日常开销。

◆ 域名“商机”实为刷单骗局，简单粗暴易上手

2020年8月，曾某被拉入一个网络聊天群，群里有人谈起在网络平台买卖域名刷单跑分骗钱的套路。曾某就把学到的套路告诉了其他3人，并称这种套路就是利用别人明知这种操作手法违规，还贪图跑分返利，即使被骗也害怕报警的心理。听了曾某的介绍，大家一致觉得这是一次“商机”。

4人决定先由王某甲、杨某、曾某小试牛刀。由杨某在网络平台注册账号，低价购入一些快过期的域名放入自己的账号内；由王某甲、曾某在各种社交聊天软件发布刷单跑分广告。如果有人感兴趣，王某甲和曾某就以平台客户的身份和对方聊天，获取对方信任后，让对方操作购买域名。遇到一些不会购买域名的人，杨某就通过远程指导的方式教被害人如何进行购买操作。一旦被害人支付完毕，他们就不再理会对方，直至杨某利用自己的电脑技术特长，通过远程控制的方式将对方的即时通信软件及平台内的交易数据删除。

◆ 害人终害己，退赃认罚获缓刑

仅仅几天时间，王某甲等人就成功骗得8000余元。王某乙看到盈利后，立马辞掉了工厂里的工作，全身心加入刷单骗局中。短短一个月的时间，4人就骗得2万余元。事发后，4人都悔恨不已，主动提出要全额退赃退赔，也愿

意认罪认罚。2022年1月，法院分别判处4人有期徒刑七个月至一年，缓刑一年至一年六个月不等的刑罚。

案例二：兼职“寄拍”套路深，赔了押金又折薪酬

——陈某诈骗案[①]

◆ 老总亲自面试，高酬金“买家秀”没了下文

“寄拍模特”是网购市场上的新兴兼职，以此为业的年轻人穿上商家寄送的衣服拍照、评论，以虚假“买家秀”的方式为商品做宣传、打广告，通过刷单方式提高商品销售量和好评率。

家住北京西城区的小芳在工作之余，经常通过网络寻找一些模特类兼职工作。2020年年底的一天，小芳在微信兼职群中结识了一位名为“帆姐”的女子，对方自称是一家演艺公司的工作人员，公司业务遍布全国各地，能够为小芳介绍多种有偿拍摄工作。小芳最终选择了“寄拍”的方式，即公司将商品寄给小芳，小芳拍摄“买家秀”赚取酬金。每件商品酬金在2000元至5000元不等。

不过，想要得到这份工作，必须经过该公司老总陈某本人的面试才行。从“帆姐”口中，小芳得知陈某虽然是“90后”，但已经是文化集团副总，从国内某著名音乐院校钢琴系毕业后涉足影视、娱乐圈，资源多、人脉广，合作厂家有几十个，对于合作拍摄的女孩要求很高。在工作人员的联系下，陈某与小芳约在酒店房间进行了面试。

几天后，陈某告知小芳她已经通过了面试，可以挑选“寄拍”产品了，但

① 参见《拍个买家秀就能轻松赚钱？“寄拍刷单”骗局要警惕！》，载京法网事微信公众号（2022年6月15日），https://mp.weixin.qq.com/s/aBC9sLpt0UZcDhlJysGkBg，最后访问时间：2022年11月8日。该案经中央电视台《今日说法》栏目报道。

每件产品需要支付200元的押金。被陈某的身份所迷惑的小芳挑选了十余件商品并支付了押金，但拍摄完毕返图后，却迟迟没有收到酬金。此时，工作人员又告诉小芳，酬金需分批发放，多下单多拍摄才能更快获得酬金。急于拿到报酬的小芳又陆续挑选了多件商品，共计支付了5000余元押金，但此后对方没了音讯，小芳察觉被骗后立即报警。

◆ 巧言令色谈“合作”，落网“成功人士”原是落魄经销商

这天陈某在酒店房间内和一名年轻女子大谈“业务合作”，民警破门而入将其抓获。身旁的年轻女子则是一脸惊愕，完全没有意识到身边这位老板其实是个骗子。

经公安机关核查，除小芳以外，还有3名年轻女性到公安机关报案，自称因网上兼职被陈某诈骗。而陈某诈骗这3名被害人的手段也各不相同：有的是需要被害人提供因加班面试产生的酒店房租；有的是要求被害人向审核人员发红包、给好处费来加快审核进度。被害人基于对其身份和经济实力的信任，加之看到陈某发来的与其他女孩儿合作成功的照片，便不断给他转账。尝到甜头的陈某开始变本加厉，不仅骗钱，甚至利用虚构身份骗色。

令人大跌眼镜的是，经调查，陈某并不是所谓的“艺术家”“娱乐圈成功人士”，而是一名仅有中专学历的瓷砖经销商，因个人经营不善负债百万元。而且陈某早已离婚，两个未成年子女由前妻抚养，陈某根本不闻不问。那些与被害人联系的公司助理、员工也都是陈某的微信小号。落网后的陈某对自己实施诈骗的犯罪事实供认不讳。

◆ 13人误入骗局，升级版刷单诈骗被识破

北京市西城区人民检察院指控，2017年至2021年11月，被告人陈某以非法占有为目的，虚构毕业于某知名艺术院校且系某文化公司老板的身份，在微信群中发布可以提供模特有偿网拍工作等虚假事实，以缴纳押金、好处

费等名义，骗取被害人小芳等13名女性钱款，涉案金额共计人民币34941元。被告人家属代为赔偿全部被害人的经济损失，并取得3名被害人的谅解。法院经审理认为，被告人陈某以非法占有为目的，诈骗他人财物，且数额较大，构成诈骗罪，依法应予以惩处。陈某辩护人所提的被告人系坦白、认罪认罚、家属代为赔偿全部被害人经济损失并获得部分被害人谅解的辩护意见，法院予以采纳，最终以诈骗罪判处被告人陈某有期徒刑一年，并处罚金。

案例三：动动手指就能赚钱？揭秘刷单骗局真相

——孙某等诈骗案[①]

◆ 招聘兼职“点赞员”，“日薪过百”博眼球

2018年10月，陈先生看到一则招聘广告，内容为“招聘539个抖音、快手视频作品点赞员。点赞一单0.5元至2元，日薪80元至150元。时间自由，多劳多得”。陈先生动心了，觉得试试也无妨。于是，陈先生通过广告上的联系方式，加入招聘QQ群。在群主的指导下，陈先生把同样的广告发布到自己的熟人圈，随后开始下载“微信息”“微助手”软件进行注册。

◆ 入门先交会员费，级别越高赚钱越多

陈先生注册后，进入类似于直播间的“房间”，“房间”内分新手、挂机、高额任务等栏目，每个栏目都有接待人员。陈先生被接待人员告知需交纳118元会员费，并承诺“2个小时便能赚回来”，陈先生便同意了。做了一些兼职任务后，陈先生又被告知“这个级别的会员任务量少且有限制，成为钻石会员，就可以持续不断做任务，能赚更多”，于是陈先生再次交纳了98元会员费。

---

① 参见《浙江台州宣判一特大网络诈骗案　主犯获无期》，载中国法院网，https://www.chinacourt.org/article/detail/2020/08/id/5410091.shtml，最后访问时间：2023年3月1日。

◆ 点赞有收益，提现门槛水涨船高

随后，陈先生做了视频点赞、软件下载等任务，获得13.35元，但因未达到平台规定的提现标准而无法提现。后来，陈先生发现平台里兼职任务长期不更新，向平台要求返还会员费也没人理，而提现标准也突然从原先的30元提高到了500元。至此，陈先生意识到自己受骗了。

◆ 全国多地布局，百万“会员”被骗

随着公安机关的追踪摸排，一个总部位于山东青岛，成员分布在全国各地的特大网络诈骗集团逐渐显露，他们以数家网络科技公司为掩护，暗地里从事诈骗活动。公司具有较强的组织性，设有多个诈骗团队，团队内部又分为外宣部、培训部等，以高薪网络兼职进行虚假宣传，哄骗、引诱被害人交纳会员费。据统计，2017年6月至2018年11月，受骗交纳会员费的被害人近200万人，包括大学生和家庭主妇在内，遍布全国各地，诈骗金额3.16亿余元。

◆ 己所不欲施于人，如法炮制“商机”终落网

截至案发，该诈骗集团成员超过3000人，在全国多个城市设有分部，规模十分庞大。隐藏在背后的“操盘手”孙某，2010年曾遭遇过刷单诈骗，因此抓住“商机”，2015年伙同他人注册多家公司，并自行开发语音、微聊、微信息、微助手等软件，为诈骗做准备。公司成员除亲戚外，还有众多被诈骗的会员，许多受害者为了挽回损失或逐利，成为诈骗集团的一员。

人民法院经审理认为，被告人孙某以非法占有为目的，在多个社交软件中发布虚假网络兼职信息，虚构事实、隐瞒真相，组织、领导犯罪集团，利用网络技术手段，通过收取会员费在全国各地行骗，骗取他人财物3.16亿余元，数额特别巨大，被害人近200万人，其行为已构成诈骗罪。在共同犯罪中，

被告人孙某系组织、领导犯罪集团的首要分子，按照集团所犯的全部罪行处罚，被判处无期徒刑，没收全部个人财产，并责令退赔违法所得给所有被害人。另有涉案160余名犯罪嫌疑人落网，其中30多人被追究刑事责任，8人被判处十年以上有期徒刑。

第三节 防范举措

一、刑事法律评价

随着“职业刷客”及刷单“产业链”的出现，部分网络刷单行为已严重扰乱网络电商正常运营秩序，同时在一定程度上加剧了刷单诈骗犯罪的发生，有必要诉诸刑罚手段予以规制。具备以下内容的刷单行为，可能触犯《中华人民共和国刑法》第 266 条之规定，构成诈骗罪。

1. 广撒虚假广告引流，寻找目标受害人

犯罪分子往往通过社交软件、兼职招聘网站、张贴小广告、网页弹窗等方式发布夺人眼球的兼职信息，例如，“足不出户，做任务，光点赞就可轻松赚钱”“固定底薪、点赞评论返佣金”“兼职刷单，立马返现；动动手指，月薪过万”等，或以色情内容和免费礼物为诱饵，招募潜在的兼职“刷单客”“点赞员”。

2. 虚构事实发布任务，小额返利诱人深入

有意向的受害人会被拉入刷单群或者被要求下载刷单 APP，在刷单平台中往往会有犯罪分子混迹其中扮演新老刷单客，定期发布兼职收益以及付款截图，营造安全盈利的平台氛围。平台“客服”发布刷单任务，并在被害人完成“新手任务”时会迅速返给小额佣金，使被害人陷入“是因为付出劳动才取得了报酬”的错误认识，进而骗取被害人的信任。

3. 设置重重障碍，最终收割钱款

在被害人完成前期任务并获利的基础上，犯罪分子会安排专人在刷单平台发布获得高额佣金的截图，并以“刷单越多，返利越多”为诱饵，继续发布连环任务诱骗被害人在刷单平台垫资充值。当刷单交易金额逐渐变大后，犯罪分子便以“系统故障”“操作失误”“任务未完成”等理由拒不退款，甚至诱惑被害人加大投入，谎称只有不断充值或者认购更大的“复合任务单”才有提现可能，利用被害人困囿于沉没成本无法自拔的心理将被害人榨干捞尽。正如在 2016 年山东烟台市发生的一起刷单诈骗案件中被害人的表述：“在能轻松获利的诱惑下，潜意识里还是在不断暗示自己说不定不是骗人的，最终没能及时止损。”①

二、民事行为指引

刷单诈骗主要是发生在求职领域的诈骗活动，广大求职者要想避免上当受骗，需要提高警惕，擦亮双眼。

1. 认清刷单炒信的违法性

刷单是一种非法的商业模式和营销行为，是虚假广告宣传和不正当竞争行为，侵害了消费者的知情权，违反了《中华人民共和国广告法》《中华人民共和国反不正当竞争法》《中华人民共和国电子商务法》等法律，可能承担民事责任、行政责任，甚至还可能承担刑事责任。例如，2014 年 4 月，被告人董某为获市场竞争优势，指使被告人谢某多次以同一账号恶意购买公司店铺商品，以致网络购物平台认定该公司从事虚假交易，作出商品搜索降权处罚的决定，进而严重影响分公司正常经营。2015 年 12 月，法院据此恶意刷单事

---

① 参见《山西省高院发布 6 起电信诈骗典型案例》，载新华网，http://sx.news.cn/2022-07/13/c_1128826566.htm，最后访问时间：2022 年 11 月 9 日。

实，认定董某、谢某构成破坏生产经营罪。[①] 刷单行为本身就是违法行为，因此，在求职中应当坚决抵制刷单兼职，遇到“刷信誉”“刷好评”的网络兼职广告，一定要提高警惕。

2. 通过正规途径寻找兼职

一般而言，越正规的求职平台，对发布招聘信息的真实性越能进行有效监管，求职者越有保障。求职者可以选择正规网站、招聘平台，并通过官方备案的企业征信查询机构了解企业资质、自身及关联风险等信息，重点核实招聘公司的真实性、合法性，有效保护自身合法权益。

3. 提高职场识骗防骗能力

求职者在求职过程中应时刻保持清醒和理性，不要轻信所谓“活少轻松报酬高”的兼职广告，要牢记“天上不会掉馅饼”，坚持“一分耕耘一分收获”，对复杂网络环境中的各类夸大招聘宣传广告仔细分辨，才能避免掉入犯罪分子设下的陷阱。一旦发现可能被骗，要尽早核实，及时抽身，不要因为“不愿承认被骗”和“不想接受损失”选择被动承受，否则可能越陷越深。

4. 发现被骗及时报警止损

许多受害人在遭受损失后总想着通过私力救济的途径与对方周旋，抱有“既然钱已经卷进去了报警也没用”的想法，因此错失向公安机关报警求助的机会。实际上，越早报警，挽回损失的可能性就越大。遭遇诈骗后应当立即报警，并及时留存聊天记录、付款截图、对方银行账号、网站信息等相关证据，为公安机关尽早破案提供更多线索。

---

① 参见《被告人董某、谢某破坏生产经营罪一审刑事判决书》，载中国裁判文书网，https://wenshu.court.gov.cn/website/wenshu/181107ANFZ0BXSK4/index.html?docId=o338YswRw5xAPIRPjLfO9LWRKDvgvurUWOSYqOvFScg+KslI6HRrDZO3qNaLMqsJUTWcuuSWqFJE3z3XhifmxiN05NRB6QgWvb77MR4zDn4rFCbJdV/3dCFnm832y6E+，最后访问时间：2022 年 11 月 10 日。

三、综合治理建议

电子商务是一种信用经济，建立在公正、透明的信用评价机制之上。《中华人民共和国反不正当竞争法》明确规定：经营者不得对其商品的性能、功能、质量、销售状况、用户评价、曾获荣誉等作虚假或者引人误解的商业宣传，欺骗、误导消费者。通过对商品或者服务进行虚假宣传的刷单行为，不仅损害了消费者知情权等合法权益，也侵害了其他合法经营者以及电商平台的商业信誉，破坏了电子商务平台的正常交易秩序。加强刷单诈骗的源头治理，需要全社会共同杜绝刷单行为。

1. 建立诚信交易情况发布制度，将失信行为纳入综合信用评价管理

向消费者披露诚信交易情况既能保障广大消费者的知情权，维护其他正当经营者公平竞争的权利，同时也能使意图从不法刷单行为中获利的商家得到惩罚。市场监督管理部门可以依法对网络交易经营者加大信用监管力度，将网络交易经营者的注册登记、备案、行政许可、抽查检查结果、行政处罚等诚信信息列入经营异常名录和严重违法失信企业名单等信息统一归集，并通过国家企业信用信息公示系统、市场监督管理部门官方网站、网络搜索引擎、经营者从事经营活动的主页面显著位置等途径公示。对存在严重违法失信行为的，依法实施联合惩戒，有效避免"劣币驱逐良币"等不正当竞争现象的发生。

2. 探索平台监管机制创新，将信息化优势转化为精细化效能

《中华人民共和国电子商务法》《网络交易监督管理办法》等法律法规均规定了平台对网络交易经营者的监管义务及配合执法检查义务。如《网络交易监督管理办法》第29条规定，网络交易平台经营者应当对平台内经营者及其发布的商品或者服务信息建立检查监控制度。网络交易平台经营者发现平台内的商品或者服务信息有违反市场监督管理法律、法规、规章，损害国家利益和社会公共利益，违背公序良俗的，应当依法采取必要的处置措施，保存有关记录，并向平台住所地县级以上市场监督管理部门报告。《网络交易监督管理办法》第 34 条规定，市场监督管理部门在依法开展监督检查、案件调查、事故处置、缺陷消费品召回、消费争议处理等监管执法活动时，可以要求网络交易平台经营者提供有关的平台内经营者身份信息，商品或者服务信息，支付记录、物流快递、退换货以及售后等交易信息。网络交易平台经营者应当提供，并在技术方面积极配合市场监督管理部门开展网络交易违法行为监测工作。

基于这样的规定，网络平台交易经营者可以利用平台电子数据集中的天然优势，畅通平台与市场监督管理部门间的信息共享渠道，切实发挥平台对刷单行为的制约义务和监管作用。例如，部分电商平台研发的“反作弊识别系统”，利用大数据识别交易环节的异常数据，运用技术手段对虚假交易实施了精准定位，并制定《平台卖家积分管理规则》对监测到的刷单行为进行警告、封号处罚，通过平台自治的方式有效遏制了网络刷单。

3. 加大刷单行为打击力度，净化电商经济生态环境

尽管《中华人民共和国反不正当竞争法》《中华人民共和国消费者权益保护法》《网络交易监督管理办法》对刷单行为明令禁止并规定了法律后果，但实践中市场监督管理部门等主体作出的行政处罚或者采取的行政措施多局限于消费者投诉后的被动执法，而且绝大多数消费者难以掌握商家刷单的直接证据，导致大量刷单行为无法得到有效规制。鉴于此，行政执法机关与公安机关可以加强协作配合，形成打击合力。一方面，行政机关可以通过群众举报、执法监督主动挖掘刷单违法线索，全面梳理违法链条，积极回应消费者投诉，化被动执法为主动执法，对虚假宣传导致不正当竞争行为予以行政处罚并将可能涉嫌刷单诈骗的线索及时移送公安机关依法处理，净化网购市场环境；另一方面，公安机关可以对一定数量的案件线索从信息流、资金流入手，将可能涉及的平台账户信息进行综合分析，进行串并案处理并积极开展侦查工作，有效打击犯罪。

4. 调动消费者抵制虚假宣传积极性，共建诚信文明环境

建立健全消费者举报及相应的奖励机制，鼓励广大消费者在网购遇到大量商品评价相同、文案相同，甚至模特相同，具有虚假宣传嫌疑的商家时，及时向电商平台、市场监管部门举报。对举报经核查属实的，可以通过向消费者发送优惠券、打折让利等平台优惠的形式对消费者进行适当奖励，营造网络诚信环境。

5. 推进反诈宣传进校园，开展精准普法宣传

根据《中华人民共和国反电信网络诈骗法》第8条的规定，针对校园内刷单诈骗多发高发的特点，教育行业、司法机关、未成年人保护组织等职能部门、社会组织可以在校园内开展系统化、专业化反诈宣传。通过校园广播、网站、宣传栏等多种形态创新开展对青少年群体的宣传教育，依托专题讲座等常态化方式普及反诈基础知识，以校园常见刷单诈骗案例警示在校学生健康网购、谨慎求职、兼职，远离刷单，避免上当受骗。

第八章

电信网络诈骗之二——交友婚恋骗局反诈指引

第一节　识别指南

社会文明的高度发达，社交方式的日新月异，使相亲等社交活动不再拘泥于传统的老乡圈、朋友圈、同事圈。“有缘千里来相会”，在网络上寻求“真爱”的人们得以借助虚拟平台跨越地域的限制认识彼此，QQ、微信等“非接触式”社交软件架起了陌生人之间相识相知的桥梁，各大相亲网站、婚恋平台打着“有缘千里一线牵”的广告提供了快速、便捷的相亲服务。许多网络男女对网恋抱有极大期待，渴望“白富美”“高富帅”从天而降，如童话故事中的情节一般带领自己告别单身，殊不知一些不法犯罪分子藏身其中，以相亲交友为名实施诈骗，给受害人带来了经济和精神双重损失。

一、什么是交友婚恋骗局

许多不法分子抓住网友们渴望脱单的心理以及网恋平台的漏洞实施不法行为，通过社交软件、婚恋平台结识受害人，在与受害人确定“恋爱”关系并获得信任后，编造“家人生病”等事实索要财物，财物一旦到手便销声匿迹，让受害人人财两空。这类诈骗又被诈骗分子形象地称为“杀猪盘”，极具侮辱性但非常生动地向人们展现出交友婚恋类电信网络诈骗的特点和形态。

二、交友婚恋骗局的主要特征

1. 受害群体女性居多，感性因素占主导地位

潜在受害对象往往是大龄单身青年、离异人群、“空巢老人”等处于情

感空白期、具有一定经济实力的群体，而且以女性居多。在有关机关发布的2020年11月打击公示中，“杀猪盘”案件的举报数量达4751起，平均每天发生158余起，其中女性受害者占比高达64%，22岁至35岁年龄阶段的女性占比高达55%。[①]不法分子抓住部分受害人网络辨识能力较弱、防范意识不强以及女性在情感中较感性易受骗，容易交付钱财的弱点，利用受害人情感缺失、急于寻找伴侣的盲目心理实施诈骗行为。

2. 养成系作案手法，“投入”与“产出”成正比

情感的养成需要日积月累。“杀猪盘”不法分子在前期与受害人交往时不轻易谈钱索财，展现出的形象往往生活富足、乐于助人、正直善良，且常常在不经意间展露自身经济实力，甚至不惜重金送礼取悦受害人，让受害人放松警惕。这也是“杀猪盘”能屡屡得逞的重要原因。不同于其他诈骗犯罪的“短平快”，“放长线钓大鱼”才能获得受害人充分、绝对的信任，从而奠定后续诈骗大额钱款的基础。“养猪”时间的长短以及双方关系建立的稳定程度成为“杀猪盘”诈骗能否成功的关键因素。

3. 骗情取财人财两空，双重伤害可致严重后果

不法分子依靠打“感情牌”循序渐进欺骗受害人的情感，使受害人经历了从看似美妙的“邂逅”，到“幸福从天而降”的热恋期，再落入“人财两空”的绝望深渊。这类通过建立亲密关系、形成人身依附进行的诈骗，侵害的不仅是被害人的财产权利，还有身心健康。有些受害人不仅为了所谓的“恋人”倾家荡产，甚至通过高利贷借款满足对方的资金需求，最终走向崩溃边缘。

4. 境外犯罪日益猖獗，打击整治形势越发严峻

为了对抗公安部门的抓捕，“杀猪盘”电信网络诈骗犯罪组织纷纷将犯罪

---

① 参见方映红：《“杀猪盘”电信网络诈骗犯罪侦防研究》，载《中国人民警察大学学报》2022年第7期。

窝点转移到东南亚、缅北等地区，将服务器和 IP 地址设在境外，并从国内招揽团伙成员偷渡国（边）境，加入犯罪集团进行犯罪活动，以致跨境犯罪规模性特征日趋明显，给侦查以及抓捕工作带来极大挑战。

第二节　典型案例

案例一：生活不是偶像剧，“正义”男友实为已婚男

——刘某诈骗案

◆ 婚姻介绍初相识，坠入爱河成眷侣

被害人小丽是北京一家保险公司的客户经理，2016 年 1 月，小丽通过婚姻介绍所认识了一名男子刘某，刘某初中即辍学在家，2016 年开始在外地务工，此后一直在一家玻璃厂成品库做副主任。在接触了两三次之后，二人迅速发展成为男女朋友关系。

◆ “深明大义”扮证人，苦情戏码演痴情

“我与刘某认识时，他自称是受从公务员系统退休下来的叔叔安排，参与当地公检法系统涉嫌走私贩毒等黑恶势力的违法犯罪调查，之后他遭遇报复逃命到北方，后又返回南方要拿到其余证据再去举报，其间他谎称自己突然重伤发作，命悬一线，且存在被报复的危险，被同学接走，作为大案证人被保护起来。他利用了我对正义之士的崇拜和对国家大义的支持，假借为国家做事，获得我的信任。”被害人小丽回忆道。

在刘某与小丽交往期间，刘某一人分饰两角，一方面以他同学的名义与小丽通过微信沟通，谎称刘某因脑部受伤严重，暂时处于昏迷状态，且因为案件涉密，不能接受视频通话，手机暂时交由他保管。“对不起，单位不允许我们语音聊天”“微信告诉你相关信息已经是违规行为了，还要他和你通话，

你想让我回家过年吗”“刘某遇到你这么好的人，他应该好好对待你”等，并借助同学的名义向小丽传达刘某的爱意“看来你在他心里影响非常深刻”，同时刻意编造刘某伤病危重急需用钱等理由让小丽不断转账，并叮嘱小丽“想想办法必须尽快解决这个问题，不然他不休息影响大脑正常新陈代谢。瘀血散不开以后会有后遗症”。另一方面刘某则在微信聊天中与小丽以夫妻相称，不仅承诺自己被“抢救”回来，彻底解决完举报公检法系统的违法事实后就回报小丽，向小丽还款，还承诺回京后一定结婚。

出于对刘某的信任、关心以及对未来婚姻生活的无限憧憬，小丽在自身经济状况不佳，信用卡还有大笔欠款的情况下，依然从 2018 年 12 月开始，通过银行卡、微信及支付宝等方式给刘某转账 31 笔，共计人民币 50151 元。

◆ 两任配偶都现身，爱情童话终幻灭

正当被害人小丽对这位充满正义感的男友倾注了所有积蓄和情感，沉浸在等待男友病愈返京重启幸福生活时，一位自称是刘某前妻的女子陈某于 2019 年 4 月与小丽取得了联系，让小丽的所有期待化为泡影。

陈某自称与刘某于 2002 年就已经结婚，并且二人育有一儿一女，2018 年 11 月 30 日才离婚。在陈某的质问下，小丽这才幡然醒悟，原来刘某在与她交往期间就已经是“有妇之夫”，刘某隐瞒了自己的真实婚姻状况。无独有偶，2019 年 5 月，另一位自称是刘某现任妻子的女子肖某也找到了小丽，自称与刘某在 2018 年下半年认识，已经于 2019 年 2 月结婚。此时的刘某早已债台高筑，被不少讨债公司缠上。小丽得知真相后要求刘某退还所有钱款，然而原形毕露的刘某不仅毫无悔改和愧疚之心，还辩称与小丽没有任何关系，并且坚称没有向小丽拿过钱，拒绝还款并将小丽拉黑删除。

◆ 别无选择去报警，幸好追回受骗钱

无奈之下，被害人小丽于 2019 年 6 月选择报警。刘某于 2021 年 5 月 12

日被抓获归案，涉案手机1部及被告人家属代为退赔人民币50151元均扣押在案。

北京市东城区人民法院经审理认为，被告人刘某编造自己因揭发黑恶势力遭受打击报复、是重案证人、与外界联系受阻等事实，隐瞒自己的婚姻状况，以体弱多病需要各种生活费、还朋友钱等为由，多次骗取小丽向其转账汇款共计人民币50151元。刘某的行为已构成诈骗罪，但因其到案后如实供述、认罪认罚、退赔被害人损失，最终被法院判处有期徒刑一年，并处罚金。

案例二：女子隔屏分饰两角，健身男友竟是“90后”两娃妈

——郭某某诈骗案

◆ 汉服姐妹花与健身教练双双结缘

小程与小艳于2016年通过汉服群认识，是一对同为汉服爱好者的小姐妹。两人经常一起穿汉服参加活动，私下关系非常好，已经到了无话不说的程度。

2017年的一天，小程在一个微信群中与一个叫孔某的人相识。孔某自称是月薪过万的健身教练，身高一米九。孔某微信朋友圈中发布的动态都是健身房的日常生活，小程也就没有多想。此外，孔某还给小程发过身着健身服、在宿舍中拍摄的照片。就这样，小程对孔某的健身教练身份深信不疑。

2020年2月，孔某通过微信聊天给小程介绍一个叫“江某奥”的朋友，也是健身教练。从那时起，孔某就时常跟小程提起江某奥的情况。但是孔某说江某奥是私人教练，经常出差，所以小程一直没有与江某奥私下见过面。2020年4月，小程与高大帅气的江某奥在微信上正式确立了男女朋友关系。

2020年10月中旬，孔某看见小程的朋友圈内有小艳的照片，就微信联系小程，表示想跟小艳谈恋爱。于是小程就将小艳介绍给孔某。很快，小艳也与孔某成为一对网上恋人。这两个素未谋面的男友平时会给小程、小艳赠送

苹果手机、戒指、手表等物品，但江某奥、孔某与小程、小艳都没有线下见面交流过。每当小程、小艳提出想要见面，江某奥、孔某都以各种理由推辞了。

◆ 假男友张口要钱，姐妹花举债相助

在交往不久后，江某奥开始以与同学合伙做生意、在山西老家买房子、还房贷等各种理由陆续向小程借钱。在小程无力出借钱款时，江某奥又提议让小程通过公积金提现，并帮忙找了一个专门办理公积金贷款提现的业务员来帮助小程办理相关手续。

同时，孔某也开始以家中出事、和朋友合伙投资做家具生意需要用钱等为由向小艳借钱。小艳通过微信给孔某转账 16 万元后已经没有借款能力，孔某找各种理由哄骗小艳说自己是私人教练，信用状况不好工作容易受影响，就让小艳去贷款，并找了一个帮忙办贷款的人带着小艳办好了贷款。小艳在向孔某的微信转账时，发现对方实名认证的名字姓郭，不姓孔。孔某解释用的朋友的微信，小艳便没有怀疑。

◆ 贪得无厌被识破，健身房查无此人

在小程、小艳已经负债累累时，孔某依然贪得无厌，又打起了小艳名下房产的主意，孔某诱导小艳将房子变卖，借钱给他用。在经历了多次借款，积蓄被掏空，且对方毫无还款表示之后，这时的小艳终于意识到可能被骗了，开始催促孔某还款，但孔某在陆续归还 10 万元左右欠款后就杳无音信了。

2021 年 8 月 1 日，小艳与小程按照聊天内容在可能的各个健身房寻找孔某、江某奥，却被告知并没有这两个人，万念俱灰的小艳这才选择拨打 110 报警，向警方求助。

◆ 嫌疑人浮出水面，一女子分饰两“男友”

民警经调查，确认河北人郭某某有重大嫌疑，并于 2021 年 8 月将郭某某

抓获到案。

经过大量的侦查工作，警方发现，原来“孔某”与“江某奥”均为郭某某杜撰出来的人物。郭某某竟是一个仅有初中文化已经育有两个女儿的“90后”已婚女子，案发时已经怀孕6个月，且负债累累。

据郭某某供述，2018年上半年，其在“和平精英”游戏中加入了一个叫“健身交友网站80”的微信群，在微信群中其以健身教练“孔某”的身份认识了小程。交谈中郭某某得知小程喜欢运动，并且想找一个健硕的男朋友。于是郭某某就以微信好友中“网友小江”的名义，从QQ上购买了微信账号，并用“网友小江”朋友圈中的生活照、运动照虚拟了一个“江某奥”健身教练的形象，推送给小程。随后郭某某还以“孔某”的名义与小艳线上交往。当她用虚拟的身份与女友交往时，从未与女友们私下见过面，只是偶尔会接听电话，但因为郭某某在接通时刻意压低声音，也就从未被识破。郭某某以借款为名多次向二位受害人索要钱款，涉案金额高达人民币几十万元。

北京市东城区人民法院经审理认为，被告人郭某某构成诈骗罪，且诈骗数额特别巨大，判处郭某某有期徒刑十一年，并处罚金等附加刑。

案例三：想要骗你太容易，帅哥照俘获39名女性芳心

——何某某诈骗案[①]

◆ 精英律师竟是照“骗”陷阱，索财不成原形毕露

2018年4月6日，32岁的女性张某在某相亲交友APP上认识了何某某。

① 参见湖北省宜昌市三峡坝区人民法院（2021）鄂0591刑初15号刑事判决书，载中国裁判文书网，https://wenshu.court.gov.cn/website/wenshu/181107ANFZ0BXSK4/index.html?docId=U3nQoCSu02g3M+LMDWeNtcboaXaRxMzYMaJTFPdmZRxNJq4oDRa7tpO3qNaLMqsJUTWcuuSWqFJE3z3Xhifmxj9aHEbu2D8Qhtb+rn9iebcLOjl/sV1SyjH7Z7ewVNpw，最后访问时间：2023年4月1日。

何某某自称单身，老家在北京，目前在深圳一家律师事务所上班，想找一个靠谱的女孩结婚。何某某给张某发了自己的照片，是一个年轻帅气的男子。在张某对何某某产生好感以后，何某某便以工作压力大、信用卡欠款为由不断向张某借钱，仅一周时间，张某先后转给何某某3565元。得手后的何某某没有善罢甘休，以其他理由继续向张某索要钱财，在得知张某确实入不敷出之后，何某某要求张某从“借呗”“微粒贷”中借钱给自己用。张某这才意识到可能被骗了，果断拒绝了何某某的过分要求。要求未得到满足的何某某露出了真面目，不仅态度发生了一百八十度大转变，还辱骂张某。还没等张某开口要求还钱，何某某就把张某从微信中拉黑删除了。后来张某在网上搜到了何某某发的多张同款照片，才发现自己被骗。

◆ 立不住的深情人设，心上人拉黑小迷妹

无独有偶，几乎同一时间，另一名被害人余某某通过某交友APP也认识了何某某。两人同样以交友目的互加了微信，之后就一直通过微信聊天、语音电话交往。在交往中，何某某说自己在北京、深圳等地做律师，现在单身。由于何某某普通话比较标准，而且经常向余某某谈论自己对于时事新闻的观点、看法，余某某从他的谈吐中感觉出对方是一个有文化的人。不仅如此，何某某平时在微信聊天中也表现得体贴细心，对余某某嘘寒问暖，时常叮嘱余某某注意天气变化、天冷加衣，生病时要多喝热水、按时吃药，余某某觉得何某某是一个可靠、能够托付终生的人，再加上何某某通过微信传来的照片是一位年轻帅气的男子，余某某心中早就把他当成了知心恋人。

何某某在聊天过程中不时会透露出自己家庭比较困难的情况，比如奶奶生病需要手术、妹妹正在上学，自己要还贷款等，并多次以此为借口向余某某要钱。“热恋”中的余某某对何某某已经完全信赖，对于心上人的要求总是尽量满足。于是余某某先后借给何某某5万多元，甚至在掏空自己的积蓄之后还从一个借贷APP中贷款8000元给了何某某。直到2019年年底，何某某

再次找余某某借钱，余某某称自己确实没有钱了，何某某还让她继续找借款平台借钱。遭到拒绝后，何某某说了很多难听的话就把余某某拉黑了。

◆ “律师”转脸变“医生”，网恋骗局引出诈骗串案

除了冒充律师身份行骗之外，何某某在网络上还有多重身份，如在诈骗被害人望某某的过程中，他自称是杭州某知名医院的外科医生；再如在诈骗被害人陈某某的过程中，他说自己是北京某知名高校的医科类在读硕士研究生等。

何某某于2016年2月至2020年5月22日，仅用两张帅哥照伪造身份树立虚假形象并配以不同话术，就获得上海、深圳、南京、临沂、宜昌等地39名未婚女子的青睐，共计骗得人民币56万余元。被害人大部分是20多岁的未婚女性，被骗最多的11万元，最少的也有2000元。但在这场被害人遍及全国多地的骗局中，仅有一名被害人在家属的提醒下报警。

◆ 网络不是法外之地，多副面孔难逃法网

2020年5月22日，何某某寻找到了新的诈骗对象，这次他还没来得及出手就被办案民警抓获。经查，案发时已经36岁的何某某不仅早在8年前就已经结婚，而且育有三个女儿。何某某诈骗所得56万余元，其中24万元被用来购置房产，另外30余万元已被挥霍一空。

法院认为，被告人何某某通过网络交友软件和即时通信工具，数年内连续或同时与多名未婚成年女性“交友”“恋爱”，隐瞒已婚已育事实，虚构身份和容貌，编造话术，骗得女性信任和感情后，以借钱或帮助解决经济困难为由，获取对方钱款，且在他人质疑或要求还款时，对被害人进行辱骂、拉黑、删除，基本拒不返还，非法占有他人财产的动机和目的明显。何某某持续诈骗多人钱财，累计数额特别巨大，其行为已构成诈骗罪。最终，法院对何某某判处有期徒刑十一年六个月，并处罚金。

第三节　防范举措

一、刑事法律评价

（一）“杀猪盘”电信诈骗的认定

交友婚恋骗局又被诈骗分子形象地称为“杀猪盘”，通过研究“杀猪盘”类型诈骗案件的犯罪过程，我们发现，此类诈骗犯罪大致可以分为三个阶段。

1. 释放信号，网络“寻猪”获取信息

犯罪分子在各类相亲网站、婚恋平台，或者通过短视频软件或交友软件（俗称“猪槽”）广撒网，寻觅、筛选合适被害人。根据受害人在平台、软件中登记的职业背景、性别年龄、兴趣爱好、家庭关系等基本信息资料以及交友条件等情况，紧紧围绕被害人的重点需求匹配虚拟对象，量身定做差异化的话术剧本，制定个性化的诈骗方案，为下一步实施精准诈骗做足准备。

2. 虚构事实，情感“养猪”培养信任

在选择好目标猎物后，犯罪分子先以婚恋交友为名接触被害人，虚构职业、年龄、婚姻状况、家庭关系等个人基本信息，把自己包装成深情、多金、诚实可靠的优质男女，以高端完美人设诱使被害人深陷情感旋涡无法自拔，有些甚至“男扮女”或“女扮男”，更有甚者，采用 PS 技术合成虚假照片，辅助虚假朋友圈、编织伪造社交网的方式将自己伪装成一个完全虚拟的人物。随后以精心准备的“甜言蜜语”（俗称“猪饲料”）来对被害人发起强烈情感攻势，关怀备至、嘘寒问暖，俘获被害人芳心，与被害人发展为“恋爱关系”。

3. 以非法占有为目的，残忍“杀猪”取财失踪

犯罪分子编造“家中有人生病”“商业投资失败需要资金周转”“遭遇车祸”“婚前共同投资”等理由，运用话术向被害人索要财物，或是虚构稳赚不赔的投资渠道，编造知道“内幕消息”或是博彩网站“漏洞”等使被害人陷入一起发家致富的美好幻象中，诱使被害人通过非法 APP、博彩网站等平台进行投资，进入网络赌博、网贷、荐股、投资等骗局，对受害人施以小利，使被害人陷入认知错误，再不断刺激和提高阈值，待财物到手便销声匿迹，将受害人拉黑删除。根据由最高人民检察院、公安部有关部门联合指导发布的《2021 年电信网络诈骗治理研究报告》的披露，从总体损失金额来看，“杀猪盘”诈骗尽管案件量占比不足 20%，但造成的损失却超过所有电信网络诈骗总损失金额的 40%。从案均损失金额来看，“杀猪盘”诈骗同样遥遥领先，金额高达 17.07 万元，超过第二位的冒充领导、熟人诈骗近 30%，甚至是案均损失金额最低的网络游戏产品虚假交易诈骗的 10 倍以上。

（二）关于宽严相济刑事政策的法律适用

随着“杀猪盘”有组织集团犯罪增多，犯罪组织内部分工日益明确，组织机构清晰明确，大大提高了诈骗的成功率。其中，“供料组”负责前期与被害人联络感情，“话术组”负责学习诈骗剧本，营造骗钱环境，“技术组”负责维护诈骗 APP，向被害人推荐所谓“投资平台”“赌博网站”“彩票网站”，还有团伙成员负责财务管理和后勤保障等。在最高人民法院公布的指导案例李某权诈骗案中，犯罪分子更是利用传销模式发展诈骗成员，计酬返利，建立了 140 多人的诈骗犯罪集团。

根据《最高人民法院、最高人民检察院、公安部关于办理电信网络诈骗等刑事案件适用法律若干问题的意见》等司法解释规定，在处理“杀猪盘”电信网络犯罪时要注意区分主从犯，对于犯罪集团的首要分子、组织者、领导者、积极参加者、累犯、跨境犯罪头目要依法予以严惩，同时对于初犯、

偶犯，尤其是被蒙蔽、被胁迫参与犯罪的犯罪分子注意惩罚与挽救相结合，对于能够认罪认罚，真诚悔罪，全部退赔退赃，取得被害人谅解的可以考虑适用缓刑。此外，基于“杀猪盘”电信网络诈骗犯罪影响大、金额大的特点，司法裁判可以强化财产刑适用，对犯罪分子“罚到心痛”，从而实现更好的惩戒效果。

二、民事行为指引

广大适婚人群既是“杀猪盘”电信网络犯罪的潜在受害人，更是此类犯罪的防治重点人群，只有提升自身防范意识、储备基础防诈知识，才能避免落入“杀猪”圈套，自救于情感危局。

1. 擦亮双眼，当心不能奔现的纯网恋

不视频、不见面是“杀猪盘”诈骗的惯用伎俩。骗子会想尽一切办法拒绝见面，甚至拒绝视频，而且会有专门的应对话术，如“你觉得认识没多长时间就同意出来和你见面，你会去认真谈感情吗？我需要的不是那样的，希望你可以明白”“等合适的时候再见面”“最近我父母从老家过来了，我专门约了几家医院，我要陪他们去检查身体”等。司法实践中发现，正因为很多犯罪分子的身份信息是虚构的，所以在受害人提出视频聊天、见家长朋友、参观工作环境等可能戳穿骗局的要求时，均会遭到回绝。一些受害人在案发后连交往对象的面都不曾见过，不仅增加了查处难度，也错失了维权良机。建议任何通过网络结识的朋友，在正式确定恋爱关系或是涉及利益往来前都通过线下核实的方式，首先确定对方真实身份。

2. 杜绝侥幸，相亲交友选择正规网站

正规网站的会员资料内容较为完整、详实，实名认证、手机认证、担保人认证、头像认证等认证内容齐全，相对一般的网站而言真实可靠，能够为广大会员提供更为真实和安全的社交环境，相亲时应尽可能选择消费者评价满意度高、信誉良好的国内知名平台，避免因平台安全监管缺位导致的交友不慎风险。

3. 提高警惕，谨防落入“温柔陷阱”

“杀猪盘”诈骗通常而言是始于交友，热于投资，终于诈骗，不法分子在情感攻势之下，会利用和受害人建立的感情基础，透露自己有投资平台或者项目，邀请受害人一起赚钱，并许诺美好未来。网络交友要谨慎，涉及钱财问题更要提高警惕，不要盲目相信陌生人、依赖网络，要清醒意识到高收益必然有高风险，对于“稳赚不赔”“内幕交易”等不切实际的交易不抱任何幻想，谨防对方以各种名义索要钱款，对名目繁多的网络投资提高警惕，不轻易付出感情、交付钱财。

三、综合治理建议

1. 以案普法，提高社会公众对“杀猪盘”骗局的识骗防骗能力

婚恋交友平台、行业监管部门等宣传主体可以利用“情人节”“七夕”等特殊传统节日深入开展普法宣传，利用自有媒介资源、网站平台发布、转载来源于权威报道的“杀猪盘”典型案例。针对该类诈骗犯罪对象多为年轻女性的特点，可以利用网络直播平台、知名主播、商场购物节等平台开展防诈网络直播课堂，制定有针对性的宣传方案，提高社会公众对真假网恋的辨识能力。

2. 构建“互联网 + 警务合作”模式，形成监管合力

公安机关可以与多家大型婚恋网站运营公司、交友平台探索在信息互享、监测识别、可疑预警、宣传反诈和信用惩戒等方面搭建合作渠道，依托婚恋交友大数据平台为打击“杀猪盘”电信网络诈骗犯罪提供研究范本，同时将交友平台作为常态化反诈宣传、案例发布、教育警示的重要窗口，共同营造安全可靠的社交环境。

3. 关注需求为爱“排雷”，推动婚恋交友行业健康有序发展

加强审核是婚恋交友领域消费者的第一需求，《中华人民共和国民法典》

合同编、《中华人民共和国消费者权益保护法》和《中华人民共和国网络安全法》等法律法规中对于保障消费者安全保障权、知情权、公平交易权等规定同样适用于婚恋交友平台线上网站及实体门店提供的有关服务。

婚恋交友平台对线上普通用户，可以加强安全提示，告知用户注册虚假信息的法律风险；对线上充值用户，可以考虑引入实名认证制度，要求上传相关身份、财产证明后再行提供服务；对实体门店会员，可以按承诺进行婚姻状态、财产情况认证后再行收费并提供服务，杜绝以“先收费后审核”“保证书”等形式取代平台审核义务，将风险转移给消费者。

行业监管部门可以将企业经营活动纳入监管范畴，以列“清单”方式明确用户信息范围、样式、办理模板、企业自检，并通过线上登记、线下查验以及规范信息使用、储存、保护的方式，扩大网络婚恋交友平台实名制认证范围，强化个人信息保护。

第九章

电信网络诈骗之三——冒充公检法骗局反诈指引

第一节　识别指南

在大多数人心中，“有困难找警察”“让法官评评理”并不是一句空洞的口号，它代表着广大群众对政法机关工作人员的无条件信任。在众多新闻报道、媒体宣传中，社会公众得以了解政法干警的工作日常，无论是严重危害国家安全、社会治安秩序的大事，例如，“影子般的缉毒警察—— 一线工作22年”“扫黑除恶——为了国泰民安”……还是关乎社情民意的小事，如“试管婴儿孕妇急需保胎药，谁来送达？”“独居老人两次在家摔倒，谁来照料？”等，政法机关始终将维护人民群众生命、财产安全放在第一位，用心用情守护社会安定、人民安宁。然而，一些不法分子紧跟社会热点，冒充公检法等国家机关工作人员欺诈人民群众，伤害人民感情，产生恶劣社会影响。

一、什么是冒充公检法骗局

不法分子以改号软件为技术支撑，在语音电话、视频电话或者短信息等网络通信工具中冒充公检法等国家机关工作人员，谎称受害人名下银行账户、电话卡、社保卡、医保卡等被冒用，或者身份信息被泄露，或者涉嫌洗钱、非法出入境、快递包裹藏毒等违法犯罪，以帮助被害人避免被追诉、防止资金被冻结等为由，要求受害人交纳保证金、接受资金调查，将资金转账汇款至实为骗子持有的所谓“安全账户”，诱骗受害人入局，骗取受害人财产，实施诈骗的行为。

二、冒充公检法骗局的主要特征

冒充公检法诈骗因为打着国家公权力的旗号招摇撞骗、狐假虎威，严重侵害了人民群众的生命财产安全，损害了国家机关的公信力及权威形象，行为性质恶劣，具有极大的主观恶性和社会危害性，已经成为影响社会治安稳定以及公民幸福感、安全感的重大隐患，是近年来反电信诈骗犯罪的重点打击对象。具体而言，此类诈骗犯罪具有以下基本特征。

1. 集团作案、层级分明、环环相扣

冒充公检法诈骗犯罪通常为集团作案，犯罪团伙一般包含一、二、三线话务员，各线话务员分工明确，且按照特定程序依次操作。普通民众在刚接听诈骗电话时对对方身份往往持否定、怀疑态度，但冒充公检法诈骗的不法分子分工合作，各司其职，采用层层递进的套路，构建每个环节对应的行为人身份，在各个阶段精心设计脚本，甚至聘请心理医生精心编写诈骗话术剧本，利用复杂、烦琐的程序步步逼近，引诱受害人根据既有设定模式落入陷阱。

2. 双方地位、信息严重失衡，迷惑性极强

冒充公检法诈骗之所以屡屡得逞，正是因为不法分子伪装成强大的国家机器，利用社会公众对国家机关工作人员的敬畏、信任，对公检法机关工作流程、办案方式、纪律要求、法律文书的认识盲区以及急于自证清白的心理，使用“欺骗＋威胁＋震慑”的方式假装司法机关工作人员办案，对被害人施加心理影响，实施诈骗。大多数受害人在整个诈骗过程中都处于弱势地位，所知的“涉案”信息均源于骗子，一旦信任对方，便完全听从指挥，有的受害人为避免牢狱之灾或者确保资金安全，对亲朋好友缄默无言，甚至为此卖掉房产、四处举债、多方贷款，受损极为严重。

3. 精准拿捏受害人心理，有效阻隔外部干预

不法分子抓住受害人遇事慌乱、着急澄清解释的心理，在短时间内对受害人进行诱导洗脑，导致受害人瞬间陷入恐惧、失去辨别能力，从而错失向国家机关求援印证的时机，因此降低被害人识破骗局的概率。为避免中途出现警方劝阻等外在因素干扰受害人陷入骗局，中断犯罪行为，不法分子往往要求被害人拦截所有的电话及短信，阻断受害人与外界的联系。目前，阻断行为方式已经由传统的将受害人引至宾馆等封闭空间，发展到现在要求被害人将手机调至飞行模式、关机模式，或是利用会议软件的共享屏幕功能直观地看到受害人在手机上的全部操作，进而实现对受害人的完全操控，避免外部干预，迅速完成诈骗过程。

4. 戏演全套手法专业，反侦查能力强

不法分子通过事先买卖、窃取等非法途径收集、掌握受害人的精准个人信息、隐私数据，还有针对性地挑选老年人、在校学生甚至是正在诉讼中的案件当事人等易骗人群作为作案对象。不法分子经过系统培训，对公检法机关的工作流程和相关法律规定有一定了解，积累了常用法律知识，因此也往往具备随机应变能力及对抗侦查、逃避抓捕的能力。

三、冒充公检法诈骗的基本流程

在冒充公检法诈骗的过程中，不法分子根据事先准备好的剧本，通过转接电话实现不同阶段的人设切换，按照预设步骤层层推进实现诈骗目的，具有更强的阶段性和迷惑性。不法分子诱使被害人深入骗局大致可分为三个阶段：核对信息，取得初步信任；套取信息，巩固诈骗效果；施加压力，完成钱款转账（如图 12 所示）。

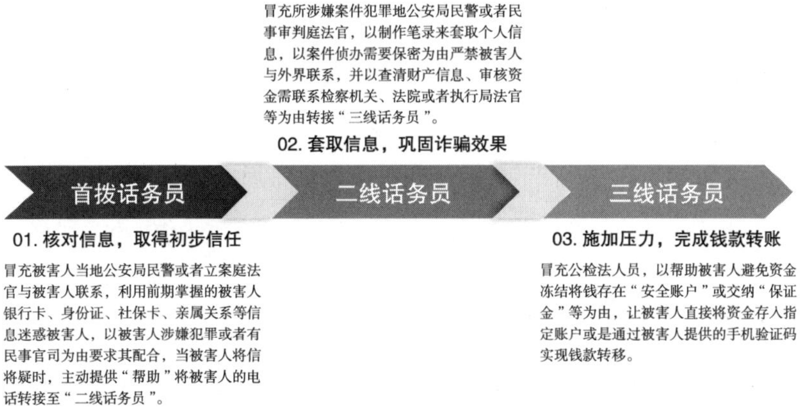

图 12　冒充公检法诈骗的基本流程

第二节　典型案例

案例一：真假警察分不清，女大学生被呼叫后神秘失联
——罗某被骗案①

◆ 神秘警方来电，莫名涉案其中

“是罗某吗？你好，我是辖区陆警官，你涉嫌一起诈骗案，请配合警方调查。”

“诈骗？您是不是找错人了？”

“你的身份证号码是 ×××××× 对吗？那没错，就是你。你是不是有一张银行卡，卡号为 ×××××××？”

某天，云南某大学大三女学生小罗在学校自习时突然接到一个自称是云南警察的电话。对方在电话中简单核对了小罗的基本信息后，告诉她“警方”在侦办案件时在犯罪嫌疑人位于异地的住所内搜查出一张登记在她名下的银行卡。

“我只是一名循规蹈矩的在校大学生，一直在学校读书学习，除了云南哪里也没去过，更是从来没有做过任何违法犯罪的事情。”小罗一听虽然慌了神，但并没有马上陷入骗局，而是坚信对方弄错了，极力辩称自己是无辜的，让警方一定要相信她。“警察”表示目前案件仍处在调查阶段，尚无定论，但小罗若是要自证清白就得全力配合调查，按照警方的指示去做。

◆ 红头“拘捕令”，这下“摊上大事了”

“云南警察”把电话转接给上海市宝山区的办案“警察”来处理，转

① 参见北京财经频道于 2022 年 8 月 1 日 21：30 播出的《揭穿冒充公检法诈骗的骗局》。

接之后"上海警察"也是对小罗先进行了身份信息的核对，随后给小罗发送了一个网络链接让其登录，小罗登录一看，竟然是中华人民共和国最高人民检察院的网站，其按照"上海警察"指引点击"公安部专案通缉令"，并按照指示输入案件编号后，赫然看见一张带有自己身份证号的拘捕令，拘捕令的末尾处还加盖了上海市公安局的红头公章，这下小罗彻底相信了对方的警察身份，认为自己"摊上大事了"。在取得小罗的信任后，对方让其找一个安静的地方做录音笔录，并指引她一路从学校出来到附近的酒店开个钟点房。

◆ 接电后神秘失联，洗脑成功言听计从

到达酒店后，"上海警察"宣称公安机关办案有严谨规范的程序，会全程录音录像，叮嘱小罗要如实陈述，严肃认真交代全部问题，不能有半句假话，争取一个好态度，尽快"洗脱罪名"，且由于案件涉及国家秘密，做笔录过程中不能有其他人参与，不能接打任何人的电话。于是小罗配合对方做了两个小时的视频笔录，在此期间小罗的家属、老师甚至是男朋友、民警的电话她都不敢接听，一直和对方保持视频通话，对所谓的警方言听计从。视频通话中，"上海警方"先是给小罗看了警察局，并全程显露警号，可就是一直不露面，但小罗对自己被通缉需要洗脱罪名这一点已经深信不疑。

◆ 失联家属报案，真警察现身破局

"上海警方"提出让小罗先将一笔保证金转到指定账号，以证实其具有一定的经济实力，没有参与案件，等案件调查结束后会将保证金如数退还。当小罗说自己身上没有钱时，对方就要求她马上想尽办法向周围人筹钱借钱，但在借钱时不能透露案件情况，只能编造其他理由，如果借不到钱，警方将会采取行动。

小罗的家人和朋友因为联系不上小罗，当即报警。正当小罗如同热锅上

的蚂蚁，打算向周围的亲戚朋友借钱时，真警察及时出现，挽救了这个不知所措的姑娘，制止了一场悲剧的发生。

◆ 夺命“助学金”，花季少女定格 18 岁①

并不是所有的学生都能像案例中的小罗这样幸运。在校大学生因为社会阅历浅、认识及控制能力较弱，对新鲜事物充满好奇而极易成为犯罪分子的重点行骗对象。这些尚未就业，需要依靠父母来完成学业和支付生活开支的学生在遭遇诈骗后承受的心理压力无疑是巨大的，有些学生被骗后出现精神疾病从此一蹶不振，甚至猝死或者主动放弃生命，让人扼腕。作为“2017 年推动法治进程十大案件”之一的徐某某被骗案揭露了这类校园诈骗案冷酷的冰山一角。

2016 年，山东临沂市高三毕业生徐某某以超过重点本科录取线的分数考上了南京邮电大学，原本以为等待这个花季少女的将是美好的大学生活和充满无限希望的未来。然而，这个家境贫寒、每月只花 200 元生活费、渴望通过高考改变命运的姑娘在被一通发放助学金的诈骗电话骗走了 9900 元学费后，郁结于心，导致心脏骤停，鲜活的生命被永远定格在 18 岁。天网恢恢，不久后，诈骗徐某某的犯罪团伙成员悉数落网。

被告人陈某、郑某等人于 2015 年 11 月至 2016 年 8 月，通过网络购买学生信息和公民购房信息，分别在海南省海口市、江西省新余市等地，冒充教育局、财政局、房产局工作人员，以发放贫困学生助学金、购房补贴为名，以高考学生为主要诈骗对象，拨打电话，骗取他人钱款，金额共计人民币 56 万余元，通话次数共计 2.3 万余次。被告人陈某等人后被山东省临沂市中级人民法院以诈骗罪被判处无期徒刑至三年有期徒刑不等的刑罚，并处罚金，导致被害人徐某某死亡成为对该犯罪团伙从重处罚的重要量刑情节。②

---

① 注：因本案属电信网络诈骗的典型案例，其虽属于冒充教育局、财政局诈骗，而非冒充公检法机关诈骗，但因二者具有一定的相似性，均属于借助国家机关公信力实施犯罪行为，故此处一并收录。

② 参见《徐某某案二审裁定驳回陈某等上诉维持原判》，载中国青年网，https://news.youth.cn/sh/201709/t20170915_10722592.htm，最后访问时间：2023 年 7 月 6 日。

案例二：涉嫌犯罪需配合、签证过期需验资，你适合哪个剧本
——张某等诈骗案[①]

◆ 语音群呼，身份信息疑遭泄露

2015年6月至2016年4月，张某、林某等33人先后出境至多个国家参加针对中国大陆居民实施电信诈骗的犯罪集团。

在实施电信诈骗过程中，犯罪团伙分工合作，林某会给新来的人培训话术，让新手熟练掌握诈骗技巧，电脑操作手林某、潘某等人利用电信网络技术手段对中国大陆居民进行语音群呼，发送主要内容为"快递未签收，经查询因私护照签证即将过期，将被限制出境管制，身份信息可能遭泄露"的语音包，语音包由系统商提供，被害人只要按照语音提示进行操作，电话就会转接到一线人员。

◆ 层级分明，三线话务员各司其职

从事一线接听的林某、杨某等人冒充快递公司客服人员，谎称"有人冒用你的身份信息办的银行卡涉嫌非法集资，需要提供所有的财产明细""入境国驻上海领事馆退发了您的签证，务必到该领事馆补办，否则就被限制出入境了"等，以帮助被害人报案为由将电话转接至二线人员。

从事二线接听、拨打电话及三线接听、拨打电话的张某、韩某等多人分别冒充公安局民警、检察院检察官等国家机关工作人员，谎称被害人信息泄露被用于犯罪活动或是证件被盗用不安全，需对被害人资金流向进行调查或

① 参见《张某等诈骗案一审刑事判决书》[审理法院：北京市第二中级人民法院；案号：（2017）京02刑初55号]，载中国裁判文书网，https://wenshu.court.gov.cn/website/wenshu/181107ANFZ0BXSK4/index.html?docId=tLWwykCoBI5MUrjcfA//npwPd+9F0+u2BZtdVl6qBxn0j/Rb4gDGspO3qNaLMqsJUTWcuuSWqFJE3z3XhifmxiN05NRB6QgWvb77MR4zDn5IVtQ8HGh3/YmLqciKTO32，最后访问时间：2022年12月28日。

者需要金融监管保护账户安全等，获取被害人的金融信息，继续对被害人进行欺骗并要求被害人向指定的银行账户转账、汇款，先后骗取苑某某、蔺某某、白某等75人钱款，共计人民币2318.724万元。

◆ 境外人员遣返回国，犯罪分子悉数落网

由于本案被害人均是中国大陆居民，根据属地管辖优先原则，2016年4月，境外76名电信网络诈骗犯罪嫌疑人被遣返中国大陆。经初步审查，张某等41人与其他被遣返的人分属互不关联的诈骗团伙，公安机关依法分案处理。随后，11名曾在境外A国参与张某团伙实施电信诈骗的犯罪嫌疑人陆续被缉捕到案。至此，以张某为首的犯罪团伙全部到案。

北京市第二中级人民法院经审理认为，被告人张某等33人伙同他人，先后出境参加电信诈骗犯罪集团，在境外利用电信网络技术手段，冒充司法机关工作人员，通过虚构被害人个人信息泄露、涉嫌违法犯罪、需配合清查资金等事实，诱使被害人按照被告人的要求进行转账或汇款，诈骗被害人钱财，诈骗数额特别巨大，行为均已构成诈骗罪，依法均应予以惩处。被告人张某等33人伙同他人，为共同实施诈骗犯罪而组成较为固定的犯罪组织，是犯罪集团；冒充司法机关工作人员在境外实施电信网络诈骗，且具有诈骗老年人、在校学生财物的情节，酌情应予从重处罚。北京市第二中级人民法院以诈骗罪分别判处上述被告人有期徒刑二年至十五年不等刑期，并处罚金。

案例三：只要补齐保证金，就能轻松洗清嫌疑

——吕某某等诈骗案

◆ 卷入重大受贿案，配合“调查”可解套

2017年7月至9月，被告人吕某某伙同唐某某、刘某、廖某某、龙

某某、张某甲、张某乙等人组成诈骗团伙在境外B国利用电信网络实施诈骗，其中吕某某为该诈骗团伙提供生活保障，并帮助转移部分款项。

“喂，是王某吗，你好，我是某市公安局的警察小陆，你办理的一张银行卡与一宗受贿案有关联，非法获利200多万元，你现在是犯罪嫌疑人，我们要冻结你名下所有财产和房产。”

2017年8月3日，和所有冒充公检法诈骗的套路一样，80岁高龄的被害人王某在家中的座机接到一名“警察”的电话，对方核实了其姓名和身份证号后，称其卷入一起重特大专案。王某否认后，小陆称案件重大，让其向一名叫孙某的“检察官”说明情况。电话中，孙某自称负责某领导受贿专案，要求王某去异地配合调查，王某表示因年纪太大不能前往。

8月4日，孙某来电要求王某将名下的财产转移到另一城市公证处严某处，并告知严某的银行卡号，反复提醒其要保密，案子查清后，会将钱退还；如果银行的人问，就说严某是其孙子，着急买房子才给严某汇款。王某按对方要求到银行柜台，用名下的银行存折给严某账号汇款。银行工作人员告知王某存折不能直接汇钱，只能先存到银行卡里才能汇钱。于是王某用名下银行卡给对方汇款30万元。

8月5日至6日，孙某打电话称王某交的保证金不够，需要继续汇钱，否则就对其进行抓捕，冻结其和家人的财产、房产，如果能够补齐保证金，就可以将其从嫌疑人变为被害人。王某又在银行柜台将名下存折里的钱存到银行卡里，然后用该银行卡向严某账户汇款共计90万元。

8月7日清晨，王某给孙某预留的手机号打电话，发现该电话号码已被注销，于是感觉被骗，选择报警。

◆ IP地址顺藤摸瓜，破获跨国诈骗案

公安机关经调查发现，这是一起跨国诈骗案，案发后侦查机关通过技术手段锁定了给被害人拨打诈骗电话的IP地址，追查到吕某某的手机在相同时间段登录过同一IP地址，具有重大嫌疑。吕某某回国后于同年10月12日在

老家被警方抓获。警方在侦破过程中，找到了帮助吕某某一伙人订机票的旅行社工作人员，通过这个工作人员又追查到通过微信联系购买机票的中间人，由此掌握了该犯罪团伙的具体情况，其他同案犯也陆续被抓获归案。

◆ 电子取证是关键，抽丝剥茧发现端倪

与传统犯罪不同，借助于现代网络技术及电子科技发展，电信网络犯罪呈现出虚拟化、跨境化的趋势，公安机关的取证工作面临巨大困难，电子取证是打击跨境网络诈骗犯罪的关键。本案犯罪嫌疑人吕某某的出入境记录及其手机的IP地址明细证实，案发时其在境外B国，并且和诈骗王某的号码使用的IP地址一致，吕某某也承认自己是在B国，所以可以确定案发时他在犯罪地。但吕某某不承认直接实施了诈骗行为，认为其只是在为犯罪团伙做饭，并不存在诈骗的主观故意。由于该案是跨境犯罪，公安机关未能从犯罪行为实施地B国获得物证材料，且到案犯罪嫌疑人均不认罪，均谎称出境目的是所谓“考察”“境外旅游”，给查明案件事实带来了较大困难。检察官通过认真梳理海量电子数据，以时间和金额为重点筛查语音聊天记录，发现了吕某某帮助主犯转移赃款的线索，并及时指导公安机关收集到了关键的客观证据，即转账记录，为查清犯罪事实奠定了基础。

◆ 主观明知客观帮助，共同犯罪一网打尽

考虑到吕某某主观上明知同案犯在实施诈骗，客观上有提供做饭、送饭等生活保障行为，并且帮助主犯唐某某联系转移赃款，北京市东城区人民法院认定吕某某构成诈骗罪。因该团伙冒充司法机关实施诈骗且诈骗老年人，应从重处罚。鉴于被告人吕某某是从犯，可以减轻处罚，北京市东城区人民法院作出刑事判决，判决被告人吕某某犯诈骗罪，判处有期徒刑七年，并处罚金。同案犯廖某某、刘某、龙某某、张某甲、张某乙也被陆续抓获到案，并被判处有期徒刑六年至九年不等的刑期，并处罚金。

第三节 防范举措

一、刑事法律评价

（一）关于被告人主观明知的认定

在审理诈骗案件的过程中，认定被告人主观上明知“具有非法占有他人财产而实施诈骗行为”的故意是相对复杂困难的。如有些“以借为名”的案件中被告人会辩称自己在向被害人索要财物时是“借款”，并没有非法占有被害人财物的意图，而在有些共同犯罪案件中，被告人会辩称自己对其他同案犯的诈骗事实不知情，从而达到逃避刑事责任追究的目的。

在司法实践中，一般通过被告人的手机聊天记录、同案犯的证言、获利比例、在犯罪团伙中的作用以及事后是否实际还款等证据综合判断被告人是否有诈骗的主观故意。

例如，在前述案例三吕某某诈骗案中，被告人吕某某在被抓获到案后拒不承认犯罪，而收集到的转账记录仅能证实转账行为是吕某某实施的，但尚不能证实转账的原因，必须结合其他证据对主观是否明知进行综合判断。以下证据为法院最终认定吕某某具有诈骗的主观故意提供了强有力的支撑：（1）吕某某曾供述犯罪团伙中的专人要其负责打电话的工作，但他知道那是违法的所以没有答应，说明其主观上对主犯唐某某等人实施的电信诈骗行为已有认知；（2）吕某某承认在B国时手机是其本人使用，登录支付软件也是其本人操作；（3）主犯唐某某系吕某某的表哥，且在诈骗团伙中处于核心地位，吕某某与诈骗团伙共同生活了两个多月，为团伙成员做饭、送饭，提供生活服务；（4）另一同案犯证实吕某某有时候也会帮助唐某某向二线的人传递一些信息、从二线把一些假的通缉令拿到三线用；（5）吕某某在帮助唐某某转移赃款的过程中，在微信里跟其舅舅反复交代要分次取现。综合以上证据，法院最终认定吕某某主观上明知其所在的团伙是诈骗团伙而参与其中。

（二）关于虚构事实、隐瞒真相的认定

冒充公检法诈骗的犯罪分子往往虚构假身份、假文书、假场景、假纠纷，使被害人陷入错误认识，进而“自愿”处分财产。

1. 冒充公检法等国家工作人员身份

犯罪分子谎称本人系公检法工作人员，正在依法执行公务，以伪造的“警官证”“工作证”等机关证件以及专业诈骗话术取得被害人初步信任。

2. 借助道具、虚拟场景辅助犯罪

使用高度仿真且带有被害人身份信息的“拘捕令”“通缉令”“立案决定书”等道具；提供假冒的公安立案系统、冻结查询系统等虚拟网站供被害人登录；伪造公检法机关、银行等实体现场环境，都是冒充公检法类诈骗的常见“配方”，犯罪分子通过精心营造出的诈骗语境，辅助诈骗目的得以顺利实现。

3. 虚构被害人卷入司法纠纷等事由

犯罪分子编造被害人或者其亲属涉嫌集资诈骗、贩卖毒品、走私、洗钱等严重违法犯罪或者有正在进行的民事纠纷需要处理、账号被他人冒名用于贷款、邮包内有毒品等紧急事由，让被害人陷入“本人有纠纷需要处理，必须配合办案”的错误认识。

二、了解执法办案的基本常识

（一）刑事案件办案机关的性质、任务和职责

通常意义上，刑事案件的办案流程为：公安机关侦查→人民检察院提起公

诉→人民法院审判。依照《中华人民共和国刑事诉讼法》第 3 条之规定："对刑事案件的侦查、拘留、执行逮捕、预审，由公安机关负责。检察、批准逮捕、检察机关直接受理的案件的侦查、提起公诉，由人民检察院负责。审判由人民法院负责……"公检法三机关实行分工负责、互相配合、互相制约的原则，共同完成打击犯罪，保障人权的任务，共同保障国家安全和社会公共安全，维护社会主义社会秩序。

1. 公安机关

在我国，公安机关既是各级人民政府的职能部门，行使行政管理职责，也是参与刑事诉讼的重要专门机关。刑事诉讼中，公安机关的法律地位和职责主要体现在以下三个方面：

第一，是主要的侦查机关。大部分刑事案件的侦查活动由公安机关负责。在侦查中，公安机关负责刑事案件的侦查、预审。公安机关的侦查是检察机关起诉和人民法院审判的前提和基础。

第二，是强制措施的主要执行机关。对犯罪嫌疑人、被告人采取的取保候审、监视居住、拘留、逮捕均由公安机关负责执行。

第三，是刑罚的执行机关之一。负责对判处拘役、剥夺政治权利的刑罚的执行。

2. 人民检察院

人民检察院在刑事诉讼中的法律地位和职责主要体现在以下三个方面：

第一，是国家的侦查机关之一。《中华人民共和国刑事诉讼法》第 19 条第 2 款规定，由人民检察院立案侦查的案件有：人民检察院在对诉讼活动实行法律监督中发现的司法工作人员利用职权实施的非法拘禁、刑讯逼供、非法搜查等侵犯公民权利、损害司法公正的犯罪，可以由人民检察院立案侦查。对于公安机关管辖的国家机关工作人员利用职权实施的重大犯罪案件，需要由人民检察院直接受理的时候，经省级以上人民检察院决定，可以由人民检察院立案侦查。

第二，是国家唯一的公诉机关。除自诉案件以外的所有刑事案件，均必须由人民检察院向人民法院提起公诉，并派检察官出庭支持公诉。人民检察院有权对公安机关侦查终结移送起诉的案件进行审查，对不符合起诉条件的案件，作出补充侦查、不起诉或者移送有关主管机关的处理决定。

第三，是专门的诉讼监督机关。人民检察院对立案、侦查、审判和生效裁判的执行是否合法有效实行法律监督，根据公安机关的提请审查批准逮捕。

3. 人民法院

《中华人民共和国刑事诉讼法》第 12 条规定，未经人民法院依法判决，对任何人都不得确定有罪。可见，人民法院是唯一有权审理并定罪量刑的专门机关，只有经过人民法院审判，才能确定被告人是否有罪，应否判处刑罚及判处何种刑罚。

由于执法办案具有较强的保密性和专业性，往往容易给社会公众留下权威严肃的“刻板印象”，个别民众对公检法机关存在畏惧、害怕心理，甚至抵触反抗的情绪。实际上，公检法机关作为刑事诉讼的专门机关，肩负着惩罚犯罪、保障人权的重要职责使命，必须依法办案，以事实为根据，以法律为准绳，严格贯彻罪刑法定、罪责刑相适应、证据裁判、疑罪从无、非法证据排除等原则，确保无辜者免予受冤、有罪者罚当其罪，切实维护社会公平正义。因此，普通群众即便接到了自称为公检法机关的电话，一定要沉着冷静，首先核实对方的身份情况，确认无误后再思考如何解决相关问题。

（二）常见强制性措施的基本定义和程序规定

1. 对人采取的强制措施

刑事诉讼中的刑事强制措施，是指公安机关、人民检察院、人民法院为保障刑事诉讼活动的顺利进行依法对犯罪嫌疑人、被告人的人身自由进行限制或者剥夺的强制性方法。强制措施是一种法定措施，《中华人民共和国刑事诉讼法》对各种强制措施的适用机关、适用条件和程序都进行了严格规定。

我国刑事强制措施依照对人身自由限制程度的轻重排序，包括五种：拘传、取保候审、监视居住、拘留、逮捕。其中，拘留与逮捕是社会公众最为熟知也是专门机关最常用的强制措施。拘留和逮捕是两种不同的刑事强制措施，有着不同的适用范围，对应的法律文书分别是拘留证和逮捕证。

2. 对物采取的强制措施

查封、扣押，是指侦查机关依法强行封存、扣留和提存与案件有关的财物、文件的一种侦查活动。实践中，查封往往针对的是“不动产”，扣押往往针对的是“动产”。根据法律规定，与案件无关的财物、文件，不得查封、扣押。查封、扣押需持有证明文件，侦查人员应当会同在场见证人和被查封、扣押财物、文件持有人查点清楚，当场开列清单一式二份，由侦查人员、见证人和持有人签名或者盖章，一份交给持有人，另一份附卷备查。

冻结，是指侦查机关根据侦查犯罪的需要而依法将银行或者其他金融机构、证券公司或者企业的涉案财产予以控制，冻结犯罪嫌疑人的存款、汇款、债券、股票、基金份额等财产。依照法律规定，冻结存款、汇款等财产应当制作冻结存款、汇款等财产的通知书，通知银行或者其他金融机构等执行。对于已经冻结的存款等财产，禁止重复冻结。

3. 其他强制性方法

搜查，是指侦查人员对犯罪嫌疑人以及可能隐藏罪犯或者犯罪证据的人的身体、物品、住处和其他有关地方进行搜索查证的一种侦查活动。搜查的任务是发现和收集犯罪证据，查获犯罪人。依据法律规定，搜查必须签发搜查证，侦查人员在执行逮捕、拘留的时候，遇有紧急情况，不用搜查证也可以进行搜查。搜查时应有见证人在场并制作笔录。搜查妇女的身体，应当由女工作人员进行。任何单位和个人，有义务按照公安机关和人民检察院的要求，交出可以证明犯罪嫌疑人有罪或者无罪的物证、书证、视听资料等证据。

通缉，是指公安机关发布通缉令并采取有效措施，将应当逮捕而在逃的犯罪嫌疑人追捕归案的一种侦查活动。实践中，公安机关仅对罪行比较严重而逃跑的犯罪嫌疑人采取通缉措施，对该逮捕但罪行不太严重而在逃的犯罪嫌疑人，一般发出协查通报，要求其他公安机关协助查获。根据法律规定，通缉应当制作通缉令，为防止犯罪嫌疑人逃往境外，需要在边防口岸采取边控措施的，应当按照程序制作边控对象通知书，经审核批准后办理边控手续。

三、甄别真假公检法的主要方法

1. 辨识虚假侦查

讯问笔录、询问笔录是重要的证据材料，依照我国法律规定，讯问、询问均有严格的程序要求，具体到地点、步骤、方法等，办案机关不会主动要求通过拨打电话的方式制作笔录。例如，犯罪嫌疑人送交看守所羁押以后，侦查人员对其进行讯问的地点只能在看守所内；对于不需要逮捕、拘留的犯罪嫌疑人，可以传唤到犯罪嫌疑人所在市、县内的指定地点或者到他的住处进行。再如，询问证人可以在现场进行，也可以到证人所在单位、住所或者证人提出的地点进行，必要时可以到检察院或者公安机关提供证言。因此，凡是主动要求使用“QQ 语音、视频通话”等方式做笔录的，都是诈骗。

2. 熟悉拘捕程序

随着智慧法院理念的发展，司法更加便民利民，许多诉讼活动能够通过线上方式进行，例如，北京法院云法庭系统就能支持大多数案件通过线上庭审方式进行审理。但是拘留、逮捕作为限制人身自由的刑事强制措施，是针对具有一定人身危险性和社会危害性的犯罪嫌疑人所采取的临时性处置办法，有着极为严格的批准和执行程序，公安机关不可能事先通知犯罪嫌疑人，让其闻风而动，逃避侦查。因此，通过传真、微信、QQ 等线上聊天软件方式提前展示拘留证、逮捕证的，都是诈骗。

3. 勿信转接电话

公检法机关各自拥有独立的办公网络和电话，且分属于不同的系统，不存在与其他机关或者部门之间相互转接通信电话的可能。因此，凡是自称“中国海关”“电信运营商”“银行”等客服人员，以“个人信息泄露”“涉嫌洗钱”“涉案”等为由主动帮忙转接“公安机关”“检察院”“法院”的，都是诈骗。

4. 警惕资金风险

公检法机关不会提出下载非官方APP、提供短信验证码、转账、扫码付款等要求，也没有所谓的“安全账户”“验资账户”“核查账户”，更不会安排当事人转账汇款到指定“安全账户”，或者要求当事人将名下各银行、第三方支付机构的资产汇集至本人名下唯一账户。因此，任何提出转账要求，或者以验资、缴纳担保金为名要求把资金归集到指定账户的行为，都是诈骗。

关联法条

1.《中华人民共和国刑事诉讼法》[①]

第三条第一款 【职权原则】对刑事案件的侦查、拘留、执行逮捕、预审，由公安机关负责。检察、批准逮捕、检察机关直接受理的案件的侦查、提起公诉，由人民检察院负责。审判由人民法院负责。除法律特别规定的以外，其他任何机关、团体和个人都无权行使这些权力。

第四条 【国家安全机关的职权】国家安全机关依照法律规定，办理危害国家安全的刑事案件，行使与公安机关相同的职权。

第五条 【人民法院、人民检察院依法独立行使职权原则】人民法院依照法律规定独立行使审判权，人民检察院依照法律规定独立行使检察权，不受行政机关、社会团体和个人的干涉。

第七条 【分工负责、互相配合、互相制约原则】人民法院、人民检察院和公安机关进行刑事诉讼，应当分工负责，互相配合，互相制约，以保证准确有效地执行法律。

---

① 注：条文主旨为作者所加。

第十二条 【法院定罪原则】未经人民法院依法判决，对任何人都不得确定有罪。

第十九条 【职能管辖】刑事案件的侦查由公安机关进行，法律另有规定的除外。

人民检察院在对诉讼活动实行法律监督中发现的司法工作人员利用职权实施的非法拘禁、刑讯逼供、非法搜查等侵犯公民权利、损害司法公正的犯罪，可以由人民检察院立案侦查。对于公安机关管辖的国家机关工作人员利用职权实施的重大犯罪案件，需要由人民检察院直接受理的时候，经省级以上人民检察院决定，可以由人民检察院立案侦查。

自诉案件，由人民法院直接受理。

第一百零九条 【立案的机关】公安机关或者人民检察院发现犯罪事实或者犯罪嫌疑人，应当按照管辖范围，立案侦查。

第一百一十五条 【侦查的一般要求】公安机关对已经立案的刑事案件，应当进行侦查，收集、调取犯罪嫌疑人有罪或者无罪、罪轻或者罪重的证据材料。对现行犯或者重大嫌疑分子可以依法先行拘留，对符合逮捕条件的犯罪嫌疑人，应当依法逮捕。

第一百一十六条 【预审】公安机关经过侦查，对有证据证明有犯罪事实的案件，应当进行预审，对收集、调取的证据材料予以核实。

第一百三十八条 【搜查证】进行搜查，必须向被搜查人出示搜查证。

在执行逮捕、拘留的时候，遇有紧急情况，不另用搜查证也可以进行搜查。

第一百三十九条 【搜查的程序和要求】在搜查的时候，应当有被搜查人或者他的家属，邻居或者其他见证人在场。

搜查妇女的身体，应当由女工作人员进行。

第一百四十条 【搜查笔录的制作】搜查的情况应当写成笔录，由侦查人员和被搜查人或者他的家属，邻居或者其他见证人签名或者盖章。如果被搜查人或者他的家属在逃或者拒绝签名、盖章，应当在笔录上注明。

第一百四十二条 【扣押清单的制作】对查封、扣押的财物、文件，应当会同在场见证人和被查封、扣押财物、文件持有人查点清楚，当场开列清单一式二份，由侦查人员、见证人和持有人签名或者盖章，一份交给持有人，另一份附卷备查。

第一百四十三条 【扣押邮件、电报】侦查人员认为需要扣押犯罪嫌疑人的邮件、电报的时候，经公安机关或者人民检察院批准，即可通知邮电机关将有关的邮件、电报检交扣押。

不需要继续扣押的时候，应即通知邮电机关。

第一百四十四条 【查封、冻结财产】人民检察院、公安机关根据侦查犯罪的需要，可以依照规定查询、冻结犯罪嫌疑人的存款、汇款、债券、股票、基金份额等财产。有关单位和个人应当配合。

【禁止重复冻结原则】犯罪嫌疑人的存款、汇款、债券、股票、基金份额等财产已被冻结的，不得重复冻结。

第一百七十六条第一款 【提起公诉的条件和程序】人民检察院认为犯罪嫌疑人的犯罪事实已经查清，证据确实、充分，依法应当追究刑事责任的，应当作出起诉决定，按照审判管辖的规定，向人民法院提起公诉，并将案卷材料、证据移送人民法院。

2.《公安机关办理刑事案件程序规定》

第一百二十四条 【拘留的时间】公安机关对于现行犯或者重大嫌疑分子，有下列情形之一的，可以先行拘留：

（一）正在预备犯罪、实行犯罪或者在犯罪后即时被发觉的；

（二）被害人或者在场亲眼看见的人指认他犯罪的；

（三）在身边或者住处发现有犯罪证据的；

（四）犯罪后企图自杀、逃跑或者在逃的；

（五）有毁灭、伪造证据或者串供可能的；

（六）不讲真实姓名、住址，身份不明的；

（七）有流窜作案、多次作案、结伙作案重大嫌疑的。

第一百二十五条 【拘留的程序】拘留犯罪嫌疑人，应当填写呈请拘留报告书，经县级以上公安机关负责人批准，制作拘留证。执行拘留时，必须出示拘留证，并责令被拘留人在拘留证上签名、捺指印，拒绝签名、捺指印的，侦查人员应当注明。

紧急情况下，对于符合本规定第一百二十四条所列情形之一的，经出示人民警察证，可以将犯罪嫌疑人口头传唤至公安机关后立即审查，办理法律手续。

第一百二十七条 【拘留通知书】除无法通知或者涉嫌危害国家安全犯罪、恐怖活动犯罪通知可能有碍侦查的情形以外，应当在拘留后二十四小时以内制作拘留通知书，通知被拘留人的家属。拘留通知书应当写明拘留原因和羁押处所。

本条规定的“无法通知”的情形适用本规定第一百一十三条第二款的规定。

有下列情形之一的，属于本条规定的“有碍侦查”：

（一）可能毁灭、伪造证据，干扰证人作证或者串供的；

（二）可能引起同案犯逃避、妨碍侦查的；

（三）犯罪嫌疑人的家属与犯罪有牵连的。

无法通知、有碍侦查的情形消失以后，应当立即通知被拘留人的家属。

对于没有在二十四小时以内通知家属的，应当在拘留通知书中注明原因。

第一百三十三条第一款、第二款 【逮捕的情形】对有证据证明有犯罪事实，可能判处徒刑以上刑罚的犯罪嫌疑人，采取取保候审尚不足以防止发生下列社会危险性的，应当提请批准逮捕：

（一）可能实施新的犯罪的；

（二）有危害国家安全、公共安全或者社会秩序的现实危险的；

（三）可能毁灭、伪造证据，干扰证人作证或者串供的；

（四）可能对被害人、举报人、控告人实施打击报复的；

（五）企图自杀或者逃跑的。

对于有证据证明有犯罪事实，可能判处十年有期徒刑以上刑罚的，或者有证据证明有犯罪事实，可能判处徒刑以上刑罚，曾经故意犯罪或者身份不明的，应当提请批准逮捕。

第一百三十七条　【逮捕的审查】需要提请批准逮捕犯罪嫌疑人的，应当经县级以上公安机关负责人批准，制作提请批准逮捕书，连同案卷材料、证据，一并移送同级人民检察院审查批准。

犯罪嫌疑人自愿认罪认罚的，应当记录在案，并在提请批准逮捕书中写明有关情况。

第一百四十二条　【逮捕证】接到人民检察院批准逮捕决定书后，应当由县级以上公安机关负责人签发逮捕证，立即执行，并在执行完毕后三日以内将执行回执送达作出批准逮捕决定的人民检察院。如果未能执行，也应当将回执送达人民检察院，并写明未能执行的原因。

第一百四十三条　【执行逮捕】执行逮捕时，必须出示逮捕证，并责令被逮捕人在逮捕证上签名、捺指印，拒绝签名、捺指印的，侦查人员应当注明。逮捕后，应当立即将被逮捕人送看守所羁押。

执行逮捕的侦查人员不得少于二人。

第一百四十四条　【逮捕的处理】对被逮捕的人，必须在逮捕后的二十四小时以内进行讯问。发现不应当逮捕的，经县级以上公安机关负责人批准，制作释放通知书，送看守所和原批准逮捕的人民检察院。看守所凭释放通知书立即释放被逮捕人，并发给释放证明书。

第一百四十五条　【逮捕通知书】对犯罪嫌疑人执行逮捕后，除无法通知的情形以外，应当在逮捕后二十四小时以内，制作逮捕通知书，通知被逮捕人的家属。逮捕通知书应当写明逮捕原因和羁押处所。

本条规定的“无法通知”的情形适用本规定第一百一十三条第二款的规定。

无法通知的情形消除后，应当立即通知被逮捕人的家属。

对于没有在二十四小时以内通知家属的，应当在逮捕通知书中注明原因。

第一百四十六条 【逮捕的执行】人民法院、人民检察院决定逮捕犯罪嫌疑人、被告人的，由县级以上公安机关凭人民法院、人民检察院决定逮捕的法律文书制作逮捕证并立即执行。必要时，可以请人民法院、人民检察院协助执行。执行逮捕后，应当及时通知决定机关。

公安机关未能抓获犯罪嫌疑人、被告人的，应当将执行情况和未能抓获的原因通知决定逮捕的人民检察院、人民法院。对于犯罪嫌疑人、被告人在逃的，在人民检察院、人民法院撤销逮捕决定之前，公安机关应当组织力量继续执行。

第二百七十四条【通缉的条件和程序】 应当逮捕的犯罪嫌疑人在逃的，经县级以上公安机关负责人批准，可以发布通缉令，采取有效措施，追捕归案。

县级以上公安机关在自己管辖的地区内，可以直接发布通缉令；超出自己管辖的地区，应当报请有权决定的上级公安机关发布。

通缉令的发送范围，由签发通缉令的公安机关负责人决定。

第十章

电信网络诈骗之四——关联犯罪防范指引

电信网络诈骗之所以如此猖獗，在短短数年间从滋生、发展，到蔓延、泛滥，席卷全球，成为最常见的侵犯财产类犯罪，与它身后的地下产业和周边的黑灰色利益链有着密切关联。

本章我们将介绍电信网络诈骗犯罪的“帮凶”。这些“帮凶”虽然不直接参与实施诈骗，但是它们推波助澜，助纣为虐，为电信网络诈骗犯罪分子提供了从信息收集到非法网站研发、骗术设计，乃至钱款转移的全链条服务。它们或者“爬取”、买卖公民个人信息，为诈骗分子精准选择受害群体提供海量的信息服务；或者以技术中立为由，为诈骗分子提供“技术助攻”，开发专门用于犯罪的黑产软件工具，如秒拨 IP 等；又或者通过非法收购身份证件、银行卡等方式为电诈团伙转移赃款，可以说是无所不能、无孔不入，助推电信网络诈骗犯罪高发多发，成为电信网络诈骗犯罪屡打不绝的重要因素。

第一节　识别指南

一、什么是侵犯公民个人信息

受害人时常会问：“诈骗分子怎么知道我在银行有张银行卡，而且还能准确说出我的账号？不是司法机关谁能了解这些？”

生活中，国家机关、金融、通信、互联网等履行职责或提供服务的有关机关部门、企业依照法律在授权范围内按照法定程序对公民个人信息进行收集、保管、使用。但是随着互联网的发展，信息流转速度大幅提高，公民个人信息以及隐私数据正面临前所未有的泄露风险，身份信息、医疗情况、教育经历、物流进度、网购习惯等个人信息因其具有的独特价值在网络市场上被传播、流转，甚至沦为商品交易对象被私下售卖，进而成为某些不法分子实施违法犯罪行为的工具。

1. 公民个人信息的相关概念

《中华人民共和国民法典》第 1034 条第 2 款规定："个人信息是以电子或者其他方式记录的能够单独或者与其他信息结合识别特定自然人的各种信息，包括自然人的姓名、出生日期、身份证件号码、生物识别信息、住址、电话号码、电子邮箱、健康信息、行踪信息等。"

2. 不法分子获取公民个人信息的主要途径

任何非法使用、收集、加工、传输、买卖、提供、公开公民个人信息的行为都是违法行为。不法分子主要通过网络黑客、行业内鬼、不法收集、私下交易四种渠道非法获取公民暴露于外界信息系统中的个人信息（如图 13 所示）。

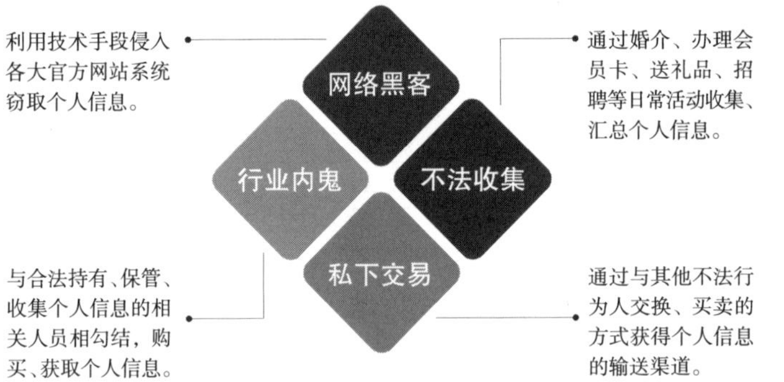

图 13　不法分子获取公民个人信息的主要途径

二、什么是帮助信息网络犯罪活动

1. 帮助信息网络犯罪活动的主要方式

帮助信息网络犯罪活动简称"帮信"，是指明知他人利用信息网络实施犯罪，为其犯罪提供互联网接入、服务器托管、网络存储、通信传输等技术支持，或者提供广告推广、支付结算等帮助的行为。主要有以下几种方式：

一是提供“两卡”，供犯罪使用。这里的“两卡”主要是指银行卡和手机卡，还包括信用卡、银行账户、非银行支付账户、具有结算功能的互联网账号密码、网络支付接口、网上银行数字证书、物联网卡流量卡等具有支付结算功能的“卡”。“两卡”并非天然的犯罪工具，一旦被不法分子所用，就成了为上游犯罪电信网络诈骗分子收取赃款、提供收发短信验证码服务等通信、支付帮助，传递犯罪信息、攫取不法利益的重要帮手。[①]

二是开发软件，提供技术支持。与售卖“两卡”的帮信活动不同，此类帮信活动的主体是具有一定计算机知识背景的人员，甚至是科技公司中的技术骨干、专业人才。一方面，他们根据诈骗团伙提出的开发需求及功能定位，编写、开发程序代码，后将编写好的网页程序代码与域名、服务器关联，最后封装、分包，通过链接形式或者二维码方式将非法 APP 发送至受害人，供受害人下载使用。目前利用虚假 APP 实施诈骗已占全部发案的 60%。[②] 另一方面，研发改号软件、GOIP 设备、批量注册软件等供诈骗分子诈骗使用的技术工具，这些工具能够提高犯罪效率、压缩犯罪成本直至事后转移赃款。技术开发团伙以技术中立为挡箭牌，紧贴社会热点，为了挣快钱、牟取巨额利润成为不法分子的帮凶。

2. 售卖“两卡”人员的分类

“两卡”是现代社交生活的基本标配，几乎是每一个普通公民都拥有的，带有重要个人身份标识的物品。根据售卖“两卡”人员所在层级及获利情况、

---

① 例如，在北京市公安局密云公安分局破获的一起案件中，嫌疑人王某利用职务便利，在全国多地以 30 元每张的价格向施工工地等招工单位大量收购办理实名电话卡 2000 余张，并为他人提供接收验证码。接收验证码后可在短时间内大量注册社交 APP 账号，供电诈团伙用于“杀猪盘”等骗局。《(生活观察) 帮忙？帮凶！——电诈案件背后，警惕“帮信”陷阱》，载新华社网易号，https://www.163.com/dy/article/GSDHUPA905346RC6.html，最后访问时间：2023 年 4 月 1 日。

② 参见《注意！电信诈骗类型已超 50 种 这种诈骗方式占六成》，载中国新闻网，https://www.chinanews.com.cn/cj/2022/04-14/9728692.shtml，最后访问时间：2022 年 11 月 10 日。

行为危害大小大致可以分为卡农、卡商、卡贩三类。

（1）卡农

这类人员是底层出售本人银行卡的人，也是售卖“两卡”最重要、人数最多的群体。向电诈团伙出售“两卡”就能轻松赚取使用费、好处费，参与诈骗分子的利益分配，成为犯罪链条中的重要一环，还不用亲自实施诈骗行为，听起来似乎是稳赚躺赢、一本万利的“买卖”，因此许多民众出于贪图小利的心理，加之盲目自信“卖卡而已不构成犯罪”，而被犯罪团伙所利用，卷入犯罪深潭而不自知。实践中，参与售卖“两卡”的不法分子大多是初犯、偶犯，低学历、低收入、低龄化现象突出，如农民工群体因防范意识相对薄弱容易落入帮信陷阱，在校大学生因无收入、社会阅历浅，容易受校园周边不法分子诱惑，导致涉罪人数持续增加。

（2）卡商

这类人员是卡农和卡贩的中间人，通过招揽身边的同学、朋友收购银行卡，再卖给用于电信网络诈骗的人。卡农和卡商之间并非泾渭分明，许多卡农一开始只是被动出售、出借、出租自己的“两卡”，涉卡数量及非法获利数额极为有限，但在尝到蝇头小利之后转为主动收卡，甚至组织他人集中开办“两卡”后再出售[①]，成为卡商。

（3）卡贩

这类人员是非法买卖“两卡”犯罪的顶层，直接与电信网络诈骗行为人对接，为诈骗团伙提供资金结算便利。从 2015 年 9 月起，手机卡办理就实行了实名制，用户开办手机卡必须提供本人真实的身份证件。卡贩们集中身边

---

① 参见《收售银行卡还招揽同学入伙，大学生从“工具人”变“卡商”》，载光明网搜狐号，https://www.sohu.com/a/473591329_162758，最后访问时间：2023 年 4 月 2 日。2018 年，在校大学生涂某通明知他人利用信息网络实施犯罪，长期在学校收购银行卡供他人使用，还唆使身为某职业技校的在校生万某玲参与收购，便是从“工具人”卡农沦为“卡商”的实例。2019 年 3 月至 2020 年 1 月，万某玲以亲属开淘宝店需要用卡等为由从 4 名同学处收购了 8 套银行卡提供给涂某通。随后共计 21 名电信网络诈骗被害人向万某玲出售的银行卡中转入 207 余万元。

的朋友、同事以及通过各种途径网罗的陌生人有组织地开办手机卡、银行卡后出售给犯罪团伙，主观恶性更深，社会危害性更大。

三、什么是掩饰、隐瞒犯罪所得、犯罪所得收益

1. 掩饰、隐瞒犯罪所得、犯罪所得收益的相关概念

如果说提供个人信息，出卖“两卡”，提供技术支持是为电信网络诈骗犯罪做准备的上游行为，那么掩饰、隐瞒犯罪所得、犯罪所得收益就是电信网络诈骗犯罪的下游行为，当诈骗分子已经完成诈骗，取得被害人的巨额钱款，要如何实现赃款的转移？这时就需要有人来帮助处理诈骗所得，这种行为就是掩饰、隐瞒犯罪所得、犯罪所得收益。

《最高人民法院关于审理掩饰、隐瞒犯罪所得、犯罪所得收益刑事案件适用法律若干问题的解释》第 10 条规定，通过犯罪直接得到的赃款、赃物，应当认定为刑法第 312 条规定的“犯罪所得”。上游犯罪的行为人对犯罪所得进行处理后得到的孳息、租金等，应当认定为刑法第 312 条规定的“犯罪所得产生的收益”。

2. 掩饰、隐瞒犯罪所得、犯罪所得收益的常见模式

在电信网络诈骗犯罪中，掩饰、隐瞒犯罪所得、犯罪所得收益最常见的就是“跑分”，即当诈骗行为已经实施完毕后，诈骗团伙招募大量社会人员提供自己的银行卡、支付宝账号、微信账号等支付手段将电信网络诈骗、网络赌博等违法所得的钱款通过层层转账、频繁划转等方式“洗白”，逃避公安机关追查资金。

此外，还有另一种行为方式是套现、取现，表现为明知是他人犯罪所得的财物，仍使用开设的信用卡、资金支付结算账户帮助他人套现、取现，协助转换或者转移财物。

第二节　典型案例

案例一："猜猜我是谁"暗藏信息贩卖黑灰产业链

——王某等侵犯公民个人信息案[1]

◆ 冒充领导诈骗案发，疑似个人信息被盗

2016 年 3 月，公安局接到多起以"猜猜我是谁"，冒充单位领导实施诈骗的报案。在这类诈骗案件中，诈骗团伙能第一时间说出被害人的姓名、单位、职务等准确信息，短时间内就有 28 人被骗。警方接到报案后，经过一个月的艰苦侦查，缴获用于实施电信网络诈骗的全国各地公民个人信息 16.7 万条，涉案金额 117 万余元，成功抓获 11 名诈骗犯罪嫌疑人。

◆ 不止一个上家，犯罪团伙浮出水面

面对如此海量、精准、详细的公民个人信息，专案组民警敏感地意识到该案背后应该潜藏着另一个不法团伙。其中负责贩卖信息的中介廖某引起了专案组的注意。专案组民警介绍："廖某除了贩卖缴获的这类数据以外，还贩卖孕检、车主、银行、金融类等多类型数据。通过分析研判发现，在他的背后有一个更大的贩卖公民个人信息的团伙。"

---

① 参见《[新闻 30 分] 特大侵犯公民个人信息案 浙江松阳：7 亿余条个人信息被泄露》，载央视网，https://tv.cctv.com/2017/04/15/VIDESaxdXUKpsuKUwGhUxZNF170415.shtml，最后访问时间：2022 年 11 月 9 日。

◆ 网络黑客入侵官网，个人信息仅被卖 3 角

公安局再次抽调精干警力成立专案组开展循线彻查，发现这是一个完整的贩卖公民个人信息的产业链，处在底层的购买者是电信网络诈骗团伙，上家是贩卖个人信息的中介，而源头就是网络黑客。警方在江西省、福建省、内蒙古自治区等地抓获多名犯罪嫌疑人，确认这些用于违法犯罪的数据主要来源于两名黑客，分别是来自山东的王某和来自贵州的库某。

王某于 2016 年 2 月入侵某部委的医疗服务卫生信息系统，将其中的部分公民个人信息，以每条 3 毛至 5 毛的价格进行贩卖。另一名犯罪嫌疑人库某则于 2016 年 9 月侵入某省扶贫网站窃取系统内数个高级管理员账号及密码，下载系统内大量公民个人信息数据，贩卖获利后又将其中一个账号和密码转卖给陈某。陈某通过该账号下载大量公民个人信息的同时，又将该数据和账号密码贩卖给了境外的诈骗团伙。

◆ 查获海量非法数据，犯罪链条土崩瓦解

历时 13 个月，专案组分赴江西省、内蒙古自治区、河北省等地，查获非法获取的公民个人信息 7 亿余条，超过 370G 的电子数据，抓获了犯罪嫌疑人 20 人。至此，警方成功斩断了一条将公民个人信息、成套银行卡（含银行卡、身份信息、绑定的手机卡、网银证书）贩卖到境外的通道，侦破一起特大侵犯公民个人信息案件。

案例二：非法软件伪装出售，神奇 APP 竟能自动提取通讯录

——王某侵犯公民个人信息案

◆ 裸聊好友要求下载指定 APP

2020 年 8 月至 9 月，王某在网络上制作可以读取他人移动电话内短信息、

通讯录、经纬度定位等隐私信息并可以将上述信息存储至指定服务器的软件，后将该软件打包为一款指定名称的 APP 出售给客户。

2020 年 8 月 14 日，被害人李某在北京市东城区家中，通过某网络社交 APP 结识一女子后添加对方为该网络社交平台好友。

2020 年 8 月 21 日，被害人李某通过网络社交平台与该女子视频裸聊，8 月 29 日又在另一网络社交平台添加该女子为好友，并在该女子的引导下，在手机上安装了指定名称的 APP，李某手机通讯录及短信被 APP 程序自动提取。后对方以向李某通讯录好友发送裸聊截图为威胁，实施违法犯罪。

◆ 数据存入指定路径，非法获取信息终获刑

通过对王某租用的服务器进行远程勘验发现，自 2020 年 9 月 9 日至 11 日，该服务器共存储他人移动电话内通讯录信息 9 万余条，手机经纬度位置信息 400 余条，手机短信息 4 万余条。王某于 2020 年 9 月 10 日被民警抓获。

为了证明王某租用的服务器中存储的 9 万余条信息是通过其指定的 APP 获取的，司法机关委托司法鉴定中心对该 APP 做功能性鉴定，证实王某制作的 APP 具有提取公民个人信息并将信息存储至指定服务器的功能。本案由北京市东城区人民检察院以非法获取公民个人信息罪对王某提起公诉。北京市东城区人民法院经审理认为，被告人王某违反国家规定，非法获取公民个人信息，情节特别严重，其行为已构成侵犯公民个人信息罪。鉴于被告人王某具有如实供述、认罪认罚的量刑情节，依法予以从轻处罚，最终认定被告人王某构成侵犯公民个人信息罪，判处有期徒刑三年三个月，并处罚金。

案例三：蝇头小利不可取，买卖“两卡”当心沦为工具人

——韩某某帮助信息网络犯罪活动案

◆ 好工作从天而降，吃住全包月薪 5 万元

2021 年 5 月底，韩某某在老家山西省五台县的家中上网浏览贴吧，偶然

间看见一条夺人眼球的招聘广告，大致内容是“工作轻松简单，学历无要求，一个月赚3万元至5万元”，仅有高中文化，正好待业在家的韩某某觉得机会难得，便不假思索地联系了对方并按照对方的要求下载了指定的APP聊天软件。在与对方通过APP聊天软件简单闲聊几句之后，对方说让韩某某到北京去，包吃包住包路费，到了北京就有人接应。

5月31日，韩某某凭着对方提供的免费火车票到达了北京火车站。下车后他发现像他一样同一时间到北京前来“应聘工作”的还有四五个男子。当天，接待他们的“老板”就把他们带去了一栋小楼房，住在同一个房间里。

◆ 挂羊头卖狗肉，“高薪工作”有风险

安顿妥当之后，所谓的“老板”才告诉韩某某其来北京应聘的“高薪工作”，其实就是协助办理银行卡然后提供给对方，用于转移通过电信网络诈骗得到的赃款。“老板”承诺韩某某，只要同意出卖银行卡和手机卡，事成之后即可获得3000元的酬劳。

原本以为是正经招聘的韩某某有些动摇，毕竟明摆着是违法犯罪的事。然而此时的韩某某因为欠了20多万元的外债，捉襟见肘，而且对方称转账流水较小，危害性不大，心存侥幸的韩某某未认识到事情的严重性，在几经犹豫之后，还是同意了协助对方办卡。

◆ 银行善意提醒，劝阻无效执意开卡

6月1日，在对方男子的带领下，一行人打车到银行，韩某某使用本人身份证办理了一张银行卡。在办理银行卡的时候，银行工作人员专门提醒韩某某不要轻易给陌生人转账，也不要将本人的银行卡提供给他人使用。然而，此时的韩某某已经被唾手可得的利益冲昏了头脑，不顾任何提醒还是执意按照对方要求办理了银行卡。办完卡后韩某某又依照“老板”指示到自助机器上开通了银行卡和U盾。

最后韩某某将当日办理的银行卡、配套的U盾、银行卡密码，还有办卡时使用的手机卡都交给了对方男子，随后其就买车票回了太原。

◆ 两卡用于电信诈骗，接收赃款40万元

在韩某某办卡的同时，一位黄女士被自称某单位领导“韩书记”的人添加为微信好友。“韩书记”通过微信告诉黄女士，其正在陪某领导调研，领导亲戚的公司急需招标保证金，希望黄女士帮忙将钱转给对方，在黄女士转账前，“韩书记”会先将钱汇给黄女士。在收到“韩书记”发送的盖有银行印章的转账截图后，黄女士因为考虑到对方的领导身份，在未经仔细核实的情况下，先后分十余次向对方指定的四个银行账户汇款共计人民币260万元。后黄女士发现钱款并未入账，对方提供的转账截图系伪造的，意识到被骗后黄女士拨打110报警。

经公安机关查实，黄女士被骗的260万元钱款流向的四个银行账户，其中40万元就流入韩某某于十天前出售的银行卡内。

◆ 酬劳还未兑现，卖卡已被判刑

2021年6月19日，在距离卖卡不到20天后，韩某某作为一级临控人员，在北京西站被两名民警查询身份时抓获。而直到韩某某被抓，向他收购“两卡”的买方一直以“银行卡被冻结”为由还未曾向他支付承诺的3000元酬劳。

据韩某某供述，除了在涉诈APP上联络以外，他并没有买家的其他联络方式，而且交易完成后买家就要求韩某某删除了聊天记录和好友。

北京市东城区人民法院经审理查明：被告人韩某某明知他人利用信息网络实施犯罪，为其提供支付结算帮助，情节严重，已构成帮助信息网络犯罪活动罪。因被告人韩某某具有如实供述、认罪认罚的量刑情节，依法予以从轻处罚，最终被判处有期徒刑七个月，并处罚金。

案例四：骗子新宠“超级签”，推广非法 APP

——王某等帮助信息网络犯罪活动案[①]

◆ 可以绕过监管的新工具“超级签”

随着智能手机的普及，手机中的 APP 应用软件已经进入千家万户，成为社会大众进行社交、购物、教育、咨询、医疗等各项活动的平台。正常情况下，下载 APP 必须通过手机品牌方的应用商城。应用商城中向用户提供的 APP 都是经智能检测和人工检测两道环节审核通过，用户认可、主管部门审核监管、值得信赖的安全合法 APP。但一些不法分子试图躲过监管将非法 APP 装入智能手机，从而实现电信网络诈骗的目的。“超级签”就是这样一种逃避监管的工具。

所谓“超级签”，即不法分子利用测试的名义，将个人开发者账号集中起来，对 APP 进行签名，签过名的 APP 就会生成一个含有安装包的网址链接，有需求的客户可以绕开应用商城，进而绕开开发公司审查和网信部门监管，直接从这个链接将 APP 下载到手机上运行。通过“超级签”平台，一些被电信网络诈骗团伙控制的非法 APP 就可以顺利进入被害人的手机中，在更多的设备上实现自由安装下载，被用于上架推广牟利。这些 APP 后面隐藏着大量陷阱。

◆ 抓捕现场查获 300 多部二手手机

2020 年 3 月，淮安市公安局淮安分局接到群众举报，一个销售电商优惠券、游戏账号等虚拟商品的平台非法买卖居民身份证照片。公安机关立即行

① 参见管莹、朱亮、李汇敏:《“超级签”牵出网络黑产链》，载《检察日报》2022 年 3 月 28 日。

动，将该平台运营人员（另案处理）抓获。在案件办理过程中，公安机关发现了以丁某为首的犯罪团伙在该平台大量购买身份证照片信息，于是立即展开抓捕，赶赴深圳将丁某等人抓获归案。

在丁某等人租用的办公室里，公安机关发现除几台办公电脑外，还有300余部老旧某品牌手机。这些手机有什么用途？与他们非法购买的居民身份证照片有什么关联？侦查人员立即对丁某进行讯问，真相渐渐浮出水面。“90后”的丁某初中毕业后四处打工，一直从事手机游戏测试类的工作。2019年年初，丁某发现在某品牌手机上注册的个人开发者账号可以售卖，于是在深圳租用了一间办公室，招聘工作人员，正式开始个人开发者账号的售卖业务。

个人开发者账号是某公司为鼓励软件开发者进行APP的研发而设置的，软件开发者在缴纳年费后，可以用个人身份证和ID在指定手机上注册个人开发者账号，进行手机APP的开发与调试。由于一部指定手机只能注册一个个人开发者账号，丁某等人要做成业务，必须获取大量居民身份证信息、ID和手机。随后，丁某从网上联系了这家网络销售平台，非法购买居民身份证照片以及ID，并在某电子市场租赁大量二手手机，注册生成个人开发者账号。抓捕现场查获的300余部旧手机，正是丁某等人用于注册个人开发者账号的。

由于部分电子数据已被删除，侦查人员最终从涉案电脑中查获丁某等人非法购买公民个人身份信息8000余条，注册并对外销售个人开发者账号1.5万余个。这些个人开发者账号被卖给在上海从事互联网中介业务的孙某。

◆“超级签”被查，为667个非法APP提供服务

侦查人员随后赶赴上海，将孙某抓获归案，并根据他的交代，又在上海一家信息科技公司内抓获大量购买个人开发者账号的王某等人。

据悉，2019年，王某在上海注册成立信息科技公司，主要业务是利用个人开发者账号替客户上传的APP进行“超级签”。从一开始接触“超级签”

业务，王某就明白很多客户提供的APP并非正规的应用软件，而是一些境外犯罪集团提供的赌博、色情类非法软件。王某一开始并不敢接这些非法业务，但因为利益巨大，他决定铤而走险，招聘多名业务人员和技术人员，利用非法购买的个人开发者账号和“超级签”系统，开始不断扩大APP签名业务。他们在各种网络中介群里打广告，还对客户允诺不论什么APP都可以上传。发展到后来，王某甚至主动联系境外博彩集团，开拓非法APP签名分发业务。

截至案发，王某的公司一共购买了个人开发者账号6000余个，共计为667个非法APP提供签名服务30余万次，涉案金额高达800余万元。

◆ 电子数据收集成为认定犯罪的关键

2021年3月，公安机关将该案中14名犯罪嫌疑人移送至淮安区检察院审查起诉。由于该案系新型网络犯罪案件，涉案金额大、层级多，且犯罪手法复杂，给办案人员在电子证据审查上造成了一定的困难。该院成立专案组，并抽调工作经验丰富的检察技术人员参与案件辅助办理，加强对涉案手机和“超级签”服务器内电子数据收集、提取、保全、固定等工作，为准确认定犯罪事实提供了扎实的证据支撑。

经与公安机关进行联合技术勘验，专案组在信息科技公司查缴的“超级签”服务器中发现有效存活767个系统APP，其中有664个APP涉及赌博功能、3个APP涉及淫秽色情功能，非法APP数量占比近九成。

检察技术人员介绍，个人开发者账号在一年内可以为100台手机签名分发不限量的APP安装包，犯罪分子通过购买大量公民个人信息注册海量的个人开发者账号，即可为使用该指定品牌手机的用户提供非法APP下载服务。

“14名涉案人员均为‘90后’，还有几个是刚刚毕业没有社会经验的大学生。我们在办案过程中除了查明犯罪事实外，还同步做好思想转化和挽救工作，要求他们积极认罪悔罪，配合司法机关办案。”承办检察官介绍。最终，淮安区检察院对犯罪情节轻微的7名普通工作人员作出相对不起诉决定。而丁某、王某等人主动认罪认罚，退出全部犯罪所得，并积极提供其他关联犯罪线索。

2021年12月30日，淮安区检察院对丁某、孙某等5人以侵犯公民个人信息罪，王某等2人以帮助信息网络犯罪活动罪提起公诉。

案例五：境外来电化身“本地号码”，警惕电信诈骗新型“羊皮”

——李某帮助信息网络犯罪活动案[①]

◆ 小心来电有诈，什么是“GOIP设备”

GOIP设备，可以让远在国外的犯罪嫌疑人远程控制国内的手机，具有无人值守、双向通话、隐匿犯罪分子位置的功能，该设备的特点就是原理简单、造价低、携带方便，由两部手机，一根音频线组成。GOIP设备的操作方式是，首先需要在手机A上下载一个软件和境外的犯罪嫌疑人进行联系，之后在手机B上下载一个手机远程控制软件，由境外的犯罪嫌疑人直接控制手机B，对境内的被害人进行拨打电话实施诈骗。由于境外的犯罪嫌疑人无法和境内的被害人进行通话，所以需要这根音频线，把手机A上境外嫌疑人的声音通过这根音频线传输到手机B上，这样境外犯罪嫌疑人就可以和境内的被害人直接通话，对被害人进行诈骗了。

◆ 两部手机一条音频线，开机即可轻松赚钱

“只要准备两部手机，一条音频线，每天开机几个小时，为客户提供通信服务，就可以轻松赚取几千块钱的高额佣金。”如果看到这样的招工信息，您

① 参见《【这就是帮信犯罪】“两部手机一根音频线，每天开机轻松赚钱”这样的兼职工作可别干！》，载好看视频恩施网警巡查执法账号，https://haokan.baidu.com/v?vid=17339810298580196892&collection_id=，最后访问时间：2023年5月10日。

可别激动，这其实是电信网络诈骗的新花招，一旦您应聘上岗，就可能涉及犯罪。

某县公安局电信网络诈骗侦查大队接到上级公安机关线索，县辖区有人涉嫌帮助网络信息犯罪活动罪。市公安局反诈中心给县公安局下发了一个线索，在辖区内有一个利用 GOIP 设备进行作案的犯罪嫌疑人。

◆ 贴心“通信服务”竟能境外远程操控

接到线索后，警方立即展开侦查，犯罪嫌疑人李某很快落网，警方在现场查扣了李某作案使用的手机式 GOIP 设备两套。经过审讯，警方了解到，李某是在某聊天软件的群里看到了招工信息，声称“350 元一天，当天晚上有预付，第二天结全款，一月赚上万元”。他觉得这个活儿来钱快，便主动联系了对方，对方告诉他，仅通过两部手机和一条音频线就可以完成任务，低风险高回报，还有额外的收入，平均下来每天多时能挣 2000 元左右。李某虽然也隐约意识到这个工作可能会涉及违法，但因欠钱比较多，家庭还贷压力大，面对操作简单、酬劳丰厚的诱人条件，他很快便答应了。

在境外电信诈骗分子的指导下，李某先后通过网络渠道购买了 20 多张未经实名注册的手机卡、一条音频线，准备了两部二手手机，架起了简易的 GOIP 设备，开始提供所谓的通信服务。李某需要将两部手机用一条音频线连接起来。然后，境外诈骗分子通过控制李某的手机进行拨号，多次拨号后，李某会被要求更换新的手机卡。为躲避警方侦查，李某将设备放在自己的车里，开车四处游荡。有了李某架设的设备作为中转站，境外犯罪分子就实现了远程操控中国境内手机进行电话诈骗的目的。

◆ 贪图小利架设 GOIP，一周内诈骗 90 余万元

随着群众防诈意识的提高，很多人对境外诈骗电话都会选择拒接，即使接听也会提高警惕。但通过 GOIP 设备作案的手法，被呼叫电话显示成境内手

机号码，被害人戒备心降低，诈骗分子诈骗成功的可能性随之提高。这种诈骗手法给公安机关的工作带来很大的难度，因为这种设备的特点就是体积小，携带方便，可以放到车上进行流窜作案。不到一周的时间，犯罪嫌疑人李某陆续按照境外电信诈骗分子的要求提供通信服务四次，非法获利11000元。根据初步调查和讯问得知，犯罪嫌疑人李某虽然架设GOIP设备仅仅四五天，但是已经对国内的被害人造成了90余万元的损失，这些被害人遍布全国各地，涉及北京、江苏、天津等地。

案例六：帮朋友转账取现，怎么就犯法了

——吴某某掩饰、隐瞒犯罪所得案

◆“外国友人”主动加好友，代收快递必有重谢

2020年3月，被害人薛某某在家中收到微信添加好友的信息，一个自称是某国“维和人员”有事想请求薛某某帮忙，出于好奇的薛某某通过了对方的好友验证。

成为“好友”后，薛某某与“维和人员”相谈甚欢，这位陌生人声称近期办理相关手续后，就想到中国来定居，并与薛某某订婚。一次聊天中，“维和人员”让薛某某帮忙接收一个快递，接收成功后会给予其报酬。薛某某心想只是帮忙收个快递能有什么风险，还有报酬可赚，于是毫不犹豫地答应了。

◆ 快递寄送困难重重，垫付费用屡屡得逞

当日下午，薛某某接到一个QQ邮箱信息，上面显示快递正寄往薛某某的住址，但快递被海关扣押了，需要支付49800元罚款才能把快递寄出来，这位“维和人员”让薛某某把钱先垫付上，等其来中国后再将这些钱成倍返

还给薛某某，于是薛某某就根据QQ邮箱上的收款银行卡给对方汇款。

4月3日，薛某某又收到一封海关发送的QQ邮件，说是快递已经到达北京，但因为没有原产地证书无法送达，现在需要补办，要求薛某某继续缴纳15万元手续费才可以把快递寄出，于是4月3日薛某某又通过手机银行给所谓手续收款方先行转账7万元。在汇款两笔之后，薛某某心生疑虑。这位“维和人员”尽管一直联系薛某某承诺还钱，却没有任何实际行动，反倒让薛某某继续凑够8万元把快递取出来。薛某某这才发现被骗向警方报案。

◆ 频繁转账“偷天换日”，转移百万赃款终获刑

经查，薛某某通过手机银行等方式向对方指定的银行账户转账，其中就包括被告人吴某某的银行账户。吴某某系按照网友“赵某某”指示，使用“赵某某”指定银行卡将涉案赃款转至其银行账户并取现，再交给指定人员，并从中赚取辛苦费。吴某某于2020年9月27日被抓获并被诉至法院。

经北京市东城区人民法院审理查明，2020年1月至4月，被害人薛某某等人在北京市东城区等地，通过网络社交平台交友，被对方以缴纳国际快递关税等费用为由骗取钱款人民币200余万元。被告人吴某某在明知转入其银行账户的钱款系犯罪所得的情况下，仍使用其名下银行账户、第三方支付软件账户等多个账户，通过不同账户之间频繁划转等方式，帮助收取并转移上述被骗取的钱款共计人民币120余万元。法院认为，被告人吴某某明知涉案资金系他人犯罪所得，仍通过不同账户之间频繁划转等方式予以窝藏、转移，构成掩饰、隐瞒犯罪所得罪，但因其具有如实供述、认罪认罚的量刑情节，最终判处被告人吴某某有期徒刑四年，并处罚金。

第三节 防范举措

一、刑事法律评价

对电信网络诈骗犯罪进行有效惩治，必须斩断其帮助链条，运用刑罚手段惩治其关联犯罪，实现全方位、全链条打击。

（一）侵犯公民个人信息罪

公民个人信息安全事关人格尊严和人身权利，当个人信息在被电信网络诈骗分子利用之时更是具有财产属性、社会价值。如果个人无法知道自己的信息在何种程度上被何人获取并利用，那么个人将失去作为主体参与的可能性，从而沦为他人可以操纵的信息客体，也就是说，沦为客体是人被物化并丧失人性尊严之体现。[①]

对公民个人信息的非法侵害和买卖不仅会降低公民个人安全系数，也使整个社会安全置于不稳定之中。随着《中华人民共和国网络安全法》《中华人民共和国个人信息保护法》等相继出台，进一步完善了个人信息保护的法律体系，保护公民个人信息势在必行，刻不容缓。

1. 基本法律规定

《中华人民共和国刑法》第253条之一规定："违反国家有关规定，向他

---

① 参见刘艳红：《民法典编纂背景下侵犯公民个人信息罪的保护法益：信息自决权》，载《浙江工商大学学报》2019年第6期。

人出售或者提供公民个人信息，情节严重的，处三年以下有期徒刑或者拘役，并处或者单处罚金；情节特别严重的，处三年以上七年以下有期徒刑，并处罚金……窃取或者以其他方法非法获取公民个人信息的，依照第一款的规定处罚……”

2. 具体情节认定

2017 年 5 月 8 日颁布的《最高人民法院、最高人民检察院关于办理侵犯公民个人信息刑事案件适用法律若干问题的解释》，对如何认定公民个人信息、侵犯公民个人信息的手段、如何保护个人信息、“两卡”使用、“情节严重”和“情节特别严重”的具体认定标准等作了规定。

如前所述，侵犯公民个人信息只有达到“情节严重”，才能达到刑事立案标准，予以刑罚处罚。根据司法解释相关规定，“情节严重”的具体情形大致可以分为以下几类：

一是侵犯信息用于犯罪。主要涉及两种行为：行为人出售或者提供信息，被他人用于犯罪的，这里的公民个人信息仅限于行踪轨迹信息；明知或者应当知道他人利用公民个人信息实施犯罪，仍向其出售或者提供公民个人信息的行为。

二是信息达到数量标准。非法获取、出售或提供信息达到一定数量。包括行踪轨迹信息、通信内容、征信信息、财产信息50条以上的，或者住宿信息、通信记录、健康生理信息、交易信息等其他可能影响人身、财产安全的公民个人信息 500 条以上的，以及其他公民个人信息 5000 条以上的。如果数量未达到规定标准，但是按相应比例合计达到有关数量标准的，也可构成犯罪。

三是违法所得达到数额标准。只要因非法获取、出售或者提供公民个人信息，行为人的违法所得数额达到 5000 元以上即可构成侵犯公民个人信息罪。另，一旦构成犯罪，对被告人所判处的罚金数额也是根据违法所得的一倍以上五倍以下来确定。

四是特殊人群从严处理。在履行职责或者提供服务过程中获得的公民个人信息出售或者提供给他人，则数量或者数额均只需要达到半数标准即可。另，曾因侵犯公民个人信息受过刑事处罚或者二年内受过行政处罚，又非法获取、出售或者提供公民个人信息的，均可构成侵犯公民个人信息罪。

3. 关联犯罪

网络服务提供者不履行法律、行政法规规定的信息网络安全管理义务，会导致发生危害网络安全的案件，进而危害网络参与者的权益。鉴于此，2015 年《中华人民共和国刑法修正案（九）》增设拒不履行信息网络安全管理义务罪。

《中华人民共和国刑法》第 286 条之一规定，网络服务提供者不履行法律、行政法规规定的信息网络安全管理义务，经监管部门责令采取改正措施而拒不改正，有下列情形之一的，处三年以下有期徒刑、拘役或者管制，并处或者单处罚金：

（1）致使违法信息大量传播的；

（2）致使用户信息泄露，造成严重后果的；

（3）致使刑事案件证据灭失，情节严重的；

（4）有其他严重情节的。

单位犯前款罪的，对单位判处罚金，并对其直接负责的主管人员和其他直接责任人员，依照前款的规定处罚。

有前两款行为，同时构成其他犯罪的，依照处罚较重的规定定罪处罚。

（二）帮助信息网络犯罪活动罪

帮助信息网络犯罪活动罪是自 2015 年 11 月起施行的《中华人民共和国刑法修正案（九）》的新增罪名。2020 年 10 月，国务院打击治理电信网络新型违法犯罪工作部际联席会议决定在全国范围开展“断卡”行动。同年 12 月，最高人民法院、最高人民检察院、公安部、工业和信息化部、中国人民银行共同发布《关于依法严厉打击惩戒治理非法买卖电话卡银行卡违法犯罪活动的通告》，要求加强对买卖两卡行动的源头治理。自此对帮助信息网络犯罪活动罪的打击力度持续攀升。

自 2015 年《中华人民共和国刑法》增设帮助信息网络犯罪活动罪至 2020 年 10 月“断卡”行动前，检察机关共以帮助信息网络犯罪活动罪起诉 6000 余人。“断卡”行动开展以来，2021 年起诉人数逐月上升，共起诉近 13 万人，是 2020 年的 9.5 倍，帮助信息网络犯罪活动罪目前已成为各类刑事犯罪中起诉人数排名第三的罪名。随着执法司法机关对非法买卖“两卡”（银行卡、电话卡）行为加大打击力度，自 2021 年第四季度以来，起诉帮助信息网络犯罪活动罪人数环比逐季下降。其中，2022 年第一季度环比 2021 年第四季度下降 33%；第二季度环比第一季度下降 6%。[①]

1. 基本法律规定

《中华人民共和国刑法》第 287 条之二规定，帮助信息网络犯罪活动罪是指明知他人利用信息网络实施犯罪，为其犯罪提供互联网接入、服务器托管、网络存储、通信传输等技术支持，或者提供广告推广、支付结算等帮助，情节严重的行为。

2. 具体情节认定

帮助信息网络犯罪活动罪的成立以行为人“主观上明知他人利用信息网络实施犯罪”为前提。参与帮信的许多行为人大多是初犯，低龄化现象突出，因为偶然的机会卷入犯罪之中，“主观不知”便成了最为常见的自我辩解理由，行为人辩称自己只是单纯出租、出卖两卡，并不知道对方拿去干什么。如果确实是因为被欺骗，被他人冒用支付软件账号、银行卡转账结算，那么因行为人没有“主观上明知他人利用信息网络实施犯罪”，就不能作为犯罪处理。

关于如何来界定行为人作案时的主观心态进而判定其是否构成帮助信息网

---

① 参见《2022 年上半年检察机关起诉帮信罪 6.4 万人》，载最高人民检察院网站，https://www.spp.gov.cn/spp/xwfbh/wsfbt/202207/t20220722_566409.shtml#1，最后访问时间：2022 年 11 月 10 日。

络犯罪活动罪，《最高人民法院、最高人民检察院关于办理非法利用信息网络、帮助信息网络犯罪活动等刑事案件适用法律若干问题的解释》第11条以及《最高人民法院、最高人民检察院、公安部关于办理电信网络诈骗等刑事案件适用法律若干问题的意见（二）》第8条列举了为他人实施犯罪提供技术支持或者帮助，可以认定行为人明知他人利用信息网络实施犯罪的情形（有相反证据的除外）：

（1）经监管部门告知后仍然实施有关行为的；

（2）接到举报后不履行法定管理职责的；

（3）交易价格或者方式明显异常的；

（4）提供专门用于违法犯罪的程序、工具或者其他技术支持、帮助的；

（5）频繁采用隐蔽上网、加密通信、销毁数据等措施或者使用虚假身份，逃避监管或者规避调查的；

（6）为他人逃避监管或者规避调查提供技术支持、帮助的；

（7）收购、出售、出租单位银行结算账户、非银行支付机构单位支付账户的；

（8）电信、银行、网络支付等行业从业人员利用履行职责或提供服务便利，非法开办并出售、出租他人手机卡、信用卡、银行账户、非银行支付账户等的；

（9）其他足以认定行为人明知的情形。

审判实践中，行为人案发时的内心想法不好探求和固定，且随着审判进程的变化，嫌疑人的供述时常改变。因此司法解释确立了综合认定的标准，综合全案证据对嫌疑人的主观状态进行推定，依靠客观证据来排除合理怀疑。在实践中对此类犯罪的主观认定，既要考虑行为人自身的教育水平、认知能力、既往经历，也要结合行为人收购、出售、出租信用卡、银行账户、非银行支付账户、具有支付结算功能的互联网账号密码、网络支付接口、网上银行数字证书，或者他人手机卡、流量卡、物联网卡等的次数、张数、个数、时间、获利情况、交易对象、与实施信息网络犯罪行为人的关系等，从银行转账记录、微信聊天记录等客观证据中抽丝剥茧，搜寻蛛丝马迹，还要比对被告人供述、其他同案犯证言，判断被告人辩解的合理性，最后做出被告人是否明知的判断。

（三）掩饰、隐瞒犯罪所得、犯罪所得收益罪

犯罪所得及犯罪所得收益是刑事案件的重要证据，也是侵犯财产类犯罪中犯罪分子实施犯罪行为的终极目标。犯罪所得及犯罪所得收益对于明确犯罪分子所实施的犯罪行为及其非法获利大小，进而查明案件事实，判断其社会危害性程度具有重要意义。窝藏、转移、代为销售犯罪所得及犯罪所得收益的犯罪行为为公安机关查办案件，乃至后续的追赃挽损工作都带来巨大阻碍，妨害正常司法秩序，有予以刑罚规制的必要。

1. 基本法律规定

《中华人民共和国刑法》第 312 条规定，明知是犯罪所得及其产生的收益而予以窝藏、转移、收购、代为销售或者以其他方法掩饰、隐瞒的，处三年以下有期徒刑、拘役或者管制，并处或者单处罚金；情节严重的，处三年以上七年以下有期徒刑，并处罚金。单位犯前款罪的，对单位判处罚金，并对其直接负责的主管人员和其他直接责任人员，依照前述的规定处罚。

2. 具体情节认定

在司法实践中，对掩饰、隐瞒犯罪所得、犯罪所得收益罪的认定要注意以下几个方面：

一是关于“明知是犯罪所得及其产生的收益”的判断。2009 年 11 月 4 日颁布的《最高人民法院关于审理洗钱等刑事案件具体应用法律若干问题的解释》第 1 条就“明知”的具体认定作出规定，应当结合被告人的认知能力，接触他人犯罪所得及其收益的情况，犯罪所得及其收益的种类、数额，犯罪所得及其收益的转换、转移方式以及被告人的供述等主、客观因素进行认定。具有下列情形之一的，可以认定被告人明知系犯罪所得及其收益，但有证据

证明确实不知道的除外：

（1）知道他人从事犯罪活动，协助转换或者转移财物的；

（2）没有正当理由，通过非法途径协助转换或者转移财物的；

（3）没有正当理由，以明显低于市场的价格收购财物的；

（4）没有正当理由，协助转换或者转移财物，收取明显高于市场的“手续费”的；

（5）没有正当理由，协助他人将巨额现金散存于多个银行账户或者在不同银行账户之间频繁划转的；

（6）协助近亲属或者其他关系密切的人转换或者转移与其职业或者财产状况明显不符的财物的；

（7）其他可以认定行为人明知的情形。

在被告人否认明知是赃物予以收购的情况下，需要结合交易场所、交易时间、交易价格、赃物的种类数量、行为人的职业背景、是否有收赃的前科劣迹等客观证据进行事实推定，通过调取交易双方的微信聊天记录、买卖合同等进行综合判断，根据人们的一般生活经验得出其是否明知是犯罪所得及产生的收益的结论。

二是注意本罪与诈骗罪的区分。就量刑规定而言，诈骗罪要重于掩饰、隐瞒犯罪所得、犯罪所得收益罪，相较而言是重罪。如果行为人与诈骗分子存在事先通谋，即在明知他人实施电信网络诈骗犯罪时仍提供帮助，那掩饰、隐瞒犯罪所得、犯罪所得收益就是诈骗行为的一部分，行为人与上游诈骗行为人构成共犯，而不是单纯的事后帮助行为。只有发生在诈骗犯罪既遂之后的单纯帮助处理赃款赃物的行为才能构成掩饰、隐瞒犯罪所得、犯罪所得收益罪。

三是注意本罪与上游犯罪的独立性。认定掩饰、隐瞒犯罪所得、犯罪所得收益罪，是以上游犯罪事实成立为前提。如果电信网络诈骗犯罪嫌疑人尚未到案或案件尚未依法裁判，但现有证据足以证明掩饰、隐瞒犯罪所得、犯罪所得收益行为确实存在的，不影响掩饰、隐瞒犯罪所得、犯罪所得收益罪的认定。

二、民事行为指引

1. 强化个人信息保护意识

既要尊重他人个人信息以及隐私权利，也要树立防范个人信息泄露的意识，不轻易向他人透露银行卡号、账号密码、身份证号、短信验证码等重要个人信息。一旦身份信息不慎泄露，立即更换账号；设置密码尽量选择安全系数高的组合；不随意转发或点击陌生链接或者网址，不使用盗版软件，访问非法网站、钓鱼网站等；正确使用杀毒软件查杀电脑病毒，定期升级系统补丁，下载防火墙维护个人电脑安全；不轻易使用来路不明的无线网络；需要时才开启蓝牙。

2. 证件至关重要，务必妥善保管

身份证件、银行卡、手机卡、网银、U 盾、驾驶证、出入境证件等都是日常生活中重要的个人物品，对于废弃不用的银行卡应及时到银行办理注销业务，重要证件一旦丢失或被盗要立刻到发证机关挂失，最大限度保障自身合法权益，切莫给不法分子以可乘之机。

3. 增强法律意识，不做诈骗帮凶

电信网络诈骗犯罪以及其关联帮助行为具有社会危害性，出借“两卡”、买卖信息不仅存在成为诈骗犯罪对象的风险，更有可能因此沦为网络赌博、敲诈勒索、电信诈骗等犯罪行为的帮凶而受到法律的严惩。因此，要坚决抵制可能为电信网络诈骗提供帮助的行为，做到自身“两卡”不外借，他人“两卡”不使用。面对不法分子提出的收购“两卡”、出卖信息、转移赃款等要求时提高警惕，明辨是非，切勿为了蝇头小利以身试法。

三、综合治理建议

打击治理电信网络诈骗违法犯罪是一个复杂的社会治理问题，必须将金融、电信、互联网等行业的源头治理作为重中之重，让电信网络诈骗的关联犯罪失去生存土壤，无处生根。

2022 年 9 月 2 日，十三届全国人大常委会第三十六次会议表决通过了《中华人民共和国反电信网络诈骗法》，一部系统治理电信网络诈骗的专门法律应时而生，除明确政府、司法机关的反诈职责外，还将电信、金融、互联网机构均列为反诈主体并提出了具体要求，力求形成跨行业、全方位的反诈溯源治理模式。

（一）金融治理

1. 建立客户尽职调查制度，确保账户设立真实

银行业金融机构、非银行支付机构开立银行账户、支付账户应当注意不得超出国家有关规定限制的数量。对经识别存在异常开户情形的，银行业金融机构、非银行支付机构有权加强核查或者拒绝开户。银行业金融机构、非银行支付机构为客户开立银行账户、支付账户及提供支付结算服务，和与客户业务关系存续期间，可以通过建立客户尽职调查制度，依法识别受益所有人，保护客户开户情况等信息安全，防范银行账户、支付账户等被用于电信网络诈骗活动。

2. 建立风险防控机制，采取风险管理措施

银行业金融机构、非银行支付机构对银行账户、支付账户及支付结算服务加强监测，对于老年人、大学生等特殊群体，大额、异常交易情况加强风险排查，建立完善符合电信网络诈骗活动特征的异常账户和可疑交易监测机制。开展监测可以通过收集异常客户互联网协议地址、网卡地址、支付受理终端信息等必要的交易信息、设备位置信息的方式，但要注意上述信息未经客户授权，不得用于反电信网络诈骗以外的其他用途。对监测识别的异常账户和可疑交易，银行业金融机构、非银行支付机构可以根据风险情况，采取核实交易情况、重新核验身份、延迟支付结算、限制或者中止有关业务等必要的防范措施。

3. 加强协作配合，打击电信诈骗

银行业金融机构、非银行支付机构会同电信、市场监管、税务等有关部门建立开立企业账户相关信息共享查询系统，提供联网核查服务；配合中国人民银行统筹建立跨银行业金融机构、非银行支付机构的反洗钱统一监测系统，建立完善与电信网络诈骗犯罪资金流转特点相适应的反洗钱可疑交易报告制度；建立完善电信网络诈骗涉案资金即时查询、紧急止付、快速冻结、及时解冻和资金返还制度，明确有关条件、程序和救济措施。

（二）电信治理

1. 依法办理电话卡，全面落实实名制，建立监测预警制度

电信业务经营者办理电话卡要注意不得超出国家有关规定限制的数量。电信业务经营者要依法全面落实电话用户真实身份信息登记制度，基础电信企业和移动通信转售企业承担对代理商落实电话用户实名制的管理责任，在协议中明确代理商实名制登记的责任和有关违约处置措施。对经识别存在异常办卡情形的，电信业务经营者有权加强核查或者拒绝办卡。对监测识别的涉诈异常电话卡用户要重新进行实名核验，电信业务经营者可以根据风险等级采取有区别的、相应的核验措施。对未按规定核验或者核验未通过的，电信业务经营者可以限制、暂停有关电话卡功能。

电信业务经营者要建立物联网卡用户风险评估制度，评估未通过的，不得向其销售物联网卡；要严格登记物联网卡用户身份信息；采取有效技术措施限定物联网卡开通功能、使用场景和适用设备。对物联网卡的使用建立监测预警机制。对存在异常使用情形的，应当采取暂停服务、重新核验身份和使用场景或者其他合同约定的处置措施。

2. 确保主叫真实，识别拦截虚假主叫

电信业务经营者要注意规范真实主叫号码传送和电信线路出租，对改号电话进行封堵拦截和溯源核查；注意规范国际通信业务出入口局主叫号码传送，真实、准确向用户提示来电号码所属国家或者地区，有效利用监测系统对网内和网间虚假主叫、不规范主叫进行识别、拦截，避免虚假主叫被不法分子利用成为电信网络诈骗活动的工具。

3. 采取技术措施，及时识别、阻断非法设备软件

有关法律规定，任何单位和个人不得非法制造、买卖、提供或者使用下列设备、软件：（1）电话卡批量插入设备；（2）具有改变主叫号码、虚拟拨号、互联网电话违规接入公用电信网络等功能的设备、软件；（3）批量账号、网络地址自动切换系统，批量接收提供短信验证、语音验证的平台；（4）其他用于实施电信网络诈骗等违法犯罪的设备、软件。电信业务经营者应当采取有效技术措施，及时识别、阻断非法设备、软件接入网络，并向公安机关和相关行业主管部门报告。

（三）互联网治理

1. 核查用户信息真实性，对涉诈互联网账户进行核验

互联网服务提供者为用户提供以下服务：（1）互联网接入、网络代理等网络地址转换、互联网域名注册、服务器托管、空间租用、云服务、内容分发服务；（2）提供即时通信、网络交易、网络游戏、网络直播发布、广告推广等服务；（3）与用户签订协议或者确认提供服务时，要依法要求用户提供真实身份信息，用户不提供真实身份信息的，不得提供相关服务。

2. 履行合理注意义务，加强涉诈监测、识别和处置

互联网服务提供者对提供的下列服务可能从事涉诈支持、帮助活动，要注意履行合理注意义务，加强监测识别，对分发平台以外途径下载传播的涉诈应用程序进行重点监测、及时处置:(1)提供互联网接入、服务器托管、网络存储、通信传输、线路出租、域名解析等网络资源服务;(2)信息发布或者搜索、广告推广、引流推广等网络推广服务;(3)应用程序、网站等网络技术、产品的制作、维护服务;(4)支付结算服务等。

对于发现涉诈违法犯罪线索、风险信息的，依照国家有关规定，根据涉诈风险类型、程度情况移送公安、金融、电信、网信等部门。互联网服务提供者要根据公安机关、电信主管部门要求，对涉案电话卡、涉诈异常电话卡所关联注册的有关互联网账号进行核验，根据风险情况，采取限期改正、限制功能、暂停使用、关闭账号、禁止重新注册等处置措施。

第十一章

“全链条、全行业、全社会”综合反诈指引

国泰民安是人民群众最基本、最普遍的愿望。平安是老百姓解决温饱后的第一需求，也是关乎民生的大事。党的十八大以来，党中央着眼于国家长治久安、人民安居乐业，把平安中国建设置于中国特色社会主义事业发展全局中谋划推进，今天的中国被国际社会普遍认为是世界上最安全的国家之一。同时，随着我国社会主要矛盾发生历史性变化，人民群众对平安的需求越来越多元化，内涵外延不断拓展，标准要求更新更高。对于普通老百姓而言，“平安”来源于安宁的居所、安康的生活、安全的环境、安定的社会，意味着内心充满安全感。

当前，我国社会大局持续稳定，但也面临各种风险挑战，诈骗犯罪活动形势仍旧严峻，在刑事犯罪案件中占据较大比重。加之不法分子利用新型电信网络技术手段实施精准诈骗，组织化、链条化运作，跨境跨地域实施违法犯罪行为，诈骗犯罪已经成为当前发案最高、损失最大、群众反响最强烈的突出犯罪之一，严重侵害群众切身利益。特别是老百姓的治病钱、养老钱、上学钱等被骗走，导致因骗致贫，因骗致困，甚至引发危及生命的次生危害后果，人民群众对此深恶痛绝。

人民群众的幸福生活是“国之大者”。全力维护人民群众财产安全，守护好百姓的“钱袋子”，是建设更高水平平安中国的重中之重，诈骗犯罪的触角延伸到哪里、防范治理的工作就要跟进到哪里。从“群众利益无小事”紧盯民生小案、持续整治“盗抢骗”多发侵财犯罪；到“群众厌恶什么就打击什么”的常态化开展扫黑除恶斗争、“守护养老钱”“让老年人安享幸福晚年”的打击整治养老诈骗专项行动；再到持续掀起坚决惩处电信网络诈骗犯罪强大攻势，全民反诈利剑出鞘，为群众带来实实在在的安全感。

从本书前面章节的介绍不难看出，诈骗犯罪的骗术套路一般根据社会热点、认知盲点和人性弱点掺杂演绎，同时叠加新型手法、新生领域、新兴业态更新升级，现已蔓延至各领域，从基本民生的衣食住行到经济、文化、社交等，都有可能成为犯罪发生的条件、工具和场景，其发案之高频、危害之深远、治理形势之严峻都不容小觑。但必须指出，诈骗是可防性犯罪，办案人员口中常说的“快破案不如不发案，多追赃不如不受骗”讲的就是这个道理。实践充分证明，打击治理诈骗犯罪工作就是在与犯罪分子进行攻防对抗、在与时间赛跑，绝不能止于见招拆招，而是要让防范工作走在诈骗前端。

本书最后一章，将在前述各章节反诈指引的基础上，对打击成效、制度成效、教育成效进行梳理总结，以期提取出全民反诈的“最大公约数”，形成放之“反诈四海”而皆准的有效指引，不断提高反诈防骗的智慧含量、创新含量、科技含量，为常态化、长效化开展反诈工作提供更多思路。

第一节　全链条反诈：织密“不敢骗”的反诈防护网

无论是1.0版传统型诈骗犯罪、2.0版新类型诈骗犯罪（主要指金融诈骗犯罪），还是3.0版电信网络诈骗犯罪，犯罪链条化运作模式日益明显，且围绕犯罪滋生了大量周边黑灰产业链，如上游非法收集办理电话卡、银行卡，提供公民个人信息、诈骗剧本，搭建技术平台，中游通过引诱、恐吓等办法将目标引入圈套，下游为诈骗集团转赃取现，这些利益链条又助推诈骗犯罪高发多发，屡打不绝。打击治理诈骗违法犯罪的实践表明，必须把依法从严惩处、全链条纵深打击作为首要任务，对电信网络诈骗违法犯罪持续重拳出击，向诈骗犯罪发起凌厉攻势。结合笔者在司法实务中的打击犯罪经验，同时结合笔者对于反诈这一工作的具体认识和体会，建议从以下方面进一步完善相关工作。

一、保持高压态势，形成有力震慑

（一）坚决从严惩处诈骗犯罪

司法机关将严格遵循《中华人民共和国刑法》及相关司法解释的规定，对包括电信网络诈骗在内的诈骗犯罪，实行最低入罪门槛；对诈骗致人自杀、死亡，冒充司法机关等国家机关工作人员诈骗，在境外实施诈骗，诈骗残疾人、老年人、未成年人、在校学生财物，以及组织、指挥电信网络诈骗犯罪团伙的，依法从重处罚。此外，诈骗犯罪的首要原则是从严惩处，而从严惩处的“重中之重”则是跨境电信网络诈骗犯罪，特别是对于跨境电信网络诈骗犯罪集团首要分子和骨干成员，司法机关将用足用好现有法律政策，坚决依法从严惩处，最大限度彰显刑罚的功效。

（二）全链条纵深打击关联犯罪

为强化源头预防管控，压缩诈骗犯罪滋生蔓延的空间，公安机关、人民检察院、人民法院在依法严厉打击诈骗幕后组织者、出资人、策划者的同时，还需着眼于斩断电信网络诈骗犯罪的帮助链条，依法惩治电信网络诈骗犯罪的关联犯罪，一并严惩为实施电信网络诈骗违法犯罪提供转账洗钱、技术平台、引流推广、人员招募、偷越国（边）境等服务的组织和人员，以及买卖银行卡、电话卡、公民个人信息、企业营业执照信息等关联违法犯罪行为，对侵犯公民个人信息，帮助信息网络犯罪活动，掩饰、隐瞒犯罪所得、犯罪所得收益等上下游关联犯罪，在进一步明确和细化法律适用标准的基础上依法予以惩处，坚决斩断电信网络诈骗犯罪的帮助链条，坚决铲除其周边“黑灰产”。

二、确立刑事、行政、民事一体化追责体系

全面、精准打击诈骗及其关联违法犯罪人员是反诈工作中的重要内容。除依照刑法等法律对电信网络诈骗分子依法惩处外，《中华人民共和国反电信网络诈骗法》进一步完善了其他相关惩处措施，既侧重前端防范，也坚持精准防治，通过加强防范性制度措施建设，压实部门监管责任和企业社会责任，构建起刑事、行政、民事一体化打防管控追责体系。

一是在刑法规定刑事责任的基础上，对尚不构成犯罪的，规定了专门的行政处罚，没收违法所得、罚款和拘留。

二是规定对从事电信网络诈骗犯罪和关联犯罪的人员，可以按照国家有关规定记入信用记录，并规定了有关惩戒措施。

三是规定从事电信网络诈骗违法犯罪人员，除依法承担刑事责任、行政责任以外，造成他人损害的，还要依法承担民事责任。

四是规定限制出境措施，对前往电信网络诈骗活动严重地区且出境活动存在重大涉诈活动嫌疑的，以及因从事电信网络诈骗活动受过刑事处罚的人员，可以限制出境。

五是对从事各类涉诈黑灰产业活动进行处罚，包括：非法买卖银行卡、电话卡的，非法生产、销售 GOIP 等涉诈设备的，提供有关涉诈支持、帮助活动的，都规定了罚款和拘留，情节严重的，还要根据《中华人民共和国刑法》规定追究刑事责任。

三、推进各职能部门联动治理

加强部门协同，是反诈工作的重要经验。《中华人民共和国反电信网络诈骗法》对强化政府、监管部门、政法机关履职尽责、密切协作，实现跨行业、跨地域协同配合、快速联动进行了相关规定。

一是国务院加强顶层制度设计，建立反诈工作机制，地方各级政府组织领导反诈工作，开展综合治理。各部门、各地之间要协同配合、快速联动。

二是公安机关牵头负责反诈工作，要完善机制、加强依法打击工作，会同有关部门加强打击跨境电信网络诈骗，提升合作水平，有效防范遏制跨境诈骗。人民法院、人民检察院要依法防范、惩治电信网络诈骗活动，人民检察院依法开展公益诉讼。

三是金融、电信、互联网等主管部门依照职责履行监管和防范主体责任，负责本行业领域反诈工作，有关部门、单位的工作人员滥用职权、玩忽职守、徇私舞弊的，依法承担相应法律责任。

第二节　全行业反诈：当好“不能骗”的反诈“看门人”

全民反诈的背后，是数字时代风险对当下的法治安全与公民利益的挑战。随着互联网数字技术的快速发展，人们的生产生活加速向线上转移，越来越多的资金交易以数字形式发生，在金融、通信、互联网等领域流动，不法分子利用这些技术和服务将诈骗行为遍布线上、线下，实施“套路贷”“杀猪盘”等骗术、转移资金等，钻行业管理漏洞，采取各种包装手法逃避打击。因此，作为风险应对的重要参与方，赋予电信、互联网、银行等机构和单位反诈“看门人”的主体地位，加大前端义务和处置责任，有利于形成全维度、全方位、强有力的遏制涉诈犯罪活动的生态空间和制度网格。这是行业领域的治理关键和重点，也是难点。

《中华人民共和国反电信网络诈骗法》对电信网络诈骗的各环节进行针对性制度设计，在加强行业治理，压实企业社会责任方面作出了一系列规定。

一、加强内部风险防控机制

金融、通信、互联网行业的相关经营者及服务者在反诈工作中要承担风险防控责任，建立内部控制制度和安全责任制度，加强新业务涉诈风险安全评估。例如，银行业金融机构、非银行支付机构应当对银行账户、支付账户及支付结算服务加强监测，建立完善符合电信网络诈骗活动特征的异常账户和可疑交易监测机制。

二、加强账号账户使用管理

为从源头上防范电信网络诈骗，进一步全面落实实名制要求，特别是为保证对涉诈异常电话卡、账号在使用环节的“实人实操”，可以要求重新实名核验，并根据风险情况采取相应限制、暂停服务等措施；对办理电话卡、金融账户的数量进行合理限制，有针对性地完善物联网卡销售、使用监测制度等。

三、建立监测识别处置机制

例如，银行业金融机构、非银行支付机构要履行反洗钱、反诈职责，建立尽职调查制度，对涉诈异常银行卡、可疑交易等进行监测处置；电信企业要对涉诈异常电话卡、改号电话、GOIP 等非法设备等进行监测处置；互联网企业要按照国家规定，履行合理注意义务，对涉诈互联网账号、APP、网络“黑灰”产业进行监测处置，防范其相关业务被用于实施电信网络诈骗等。

四、加强与司法机关协作配合

电信业务经营者应当采取技术措施，及时识别、阻断非法设备、软件接入网络，并向相关部门报告；支付机构应当配合司法机关对涉案资金采取即时查询、紧急止付、快速冻结等措施；互联网服务提供者提供域名跳转、网址链接转换服务的，应当按规定记录并留存日志信息，实现记录溯源，向有关部门移送违法犯罪线索，并对公安机关调取证据提供技术支持和协助。此外，在强化各行业涉诈违法犯罪线索、风险信息、样本数据信息共享的同时，还规定了企业违反上述规定的法律责任。

第三节　全社会反诈：成为“骗不了”的反诈主人翁

全民反诈，群众既是受益者，也是重要的参与者与建设者，反诈宣传是全民反诈最根本、最有效的一环，加强有针对性的宣传教育和防范预警是反电信网络诈骗工作的重要实践经验，反诈工作唯有推动传统宣传向分群体、分类型的精准宣传转型，才能从根本上铲除滋生诈骗犯罪的土壤。

一、人人参与：全民防范

1. 各方主体加大宣传防范力度

各级政府和部门、有关基层组织、企业、新闻信息服务单位以及社会面单位、个人在注重加强内部防范和提升防范意识的同时，可以建立鼓励群众举报的奖励制度，动员社会力量防范打击。

2. 增强宣传的针对性、精准性

宣传主体可以聚焦青少年群体、老年群众等案件高发人群，重点行业及问题突出领域进行主题教育宣传，深入推进进学校、进社区、进农村、进企业、进家庭“五进活动”，及时向公众发布电信网络犯罪预警提示，切实增强群众识骗意识和防骗能力，大力弘扬诚信守法的良好社会风气，营造全民反诈的舆论声势和浓厚氛围。

3. 加强事前预警提示

金融、通信行业可以对本领域新出现的各种诈骗手段及时向用户作出提醒，也可以在业务过程中对非法买卖“两卡”的法律责任作出警示。公安机关要主动会同有关部门、企业建立预警劝阻系统，及时采取相应劝阻措施，将工作做在受害人上当受骗之前。

二、人人知晓：精准识骗

再高明的网络诈骗技术，也是利用人性弱点。我们在紧盯诈骗犯罪手法新变化、创新打击之策的同时，也要注重分析骗术伎俩的策略手段，才能避免上当受骗。拨开骗局的层层迷雾，不法分子的底牌可谓万变不离其宗，可以归纳总结为“三张牌”。

第一张牌：情感牌

部分被害人群存在生活圈小、社交不多、与家人沟通交流少等情况，内心渴望得到关怀和陪伴。犯罪分子则抓住这一情感弱点和需求，利用心理学上的“首因效应”，创建“热心体贴”“善解人意”的基本人设，被害人一旦对骗子建立“好”的第一印象，就会不自觉地将这种初期印象持续带入后续的交易过程。有的被害人甚至在被骗后因为已经与犯罪分子建立情感连接，依然相信他们编造的各种延迟付息、项目停滞的理由，不仅不好意思向犯罪分子主张权利，还反过来安慰犯罪分子。

第二张牌：专业牌

对于部分被害人来说，普通的伎俩并不能骗取他们的信任。此时，犯罪分子会利用心理学上的“多看效应”，就是越熟悉的东西越喜欢，越信得过，通过团队作战、骗术环环相扣，经过线上线下连环包装给宣讲内容“套”上专业外壳，通过反复推销提高彼此间的熟悉度、获得好感，再进一步推销量身定制的“公司”产品，即使是有一定知识背景和阅历的人也很难识别，普通人更是轻松入局。

第三张牌：赔本牌

犯罪分子抓住部分被害人勤俭节约、跟风、贪小便宜的心理，组织各种免费讲座、参观、促销活动等，免费试吃试用，甚至包住包游。犯罪分子通过这种集中发放福利的方式，利用心理学上的“从众效应”，通过小恩小惠实现人员聚集，假意烘托气氛和引导投资消费，让人觉得“大家都这么干，一定没问题”“我不参与就是吃亏”。犯罪分子看似赔本，实则以小利换得大批人群围观造势，引人入局跟风购买，最终再推销虚假理财产品、虚假药品保健品等，骗取钱财。

三、人人掌握：有效防骗

斩断源头和预警劝阻是预防诈骗犯罪的关键，反诈工作不仅有赖于铁腕打击手段，更需要依靠人民群众反诈意识的觉醒和防诈能力的提升。

（一）反诈利器

1. 国家反诈中心 APP

国家反诈中心 APP 是国务院打击治理电信网络新型违法犯罪工作部际联席会议合成作战平台，集资源整合、情报研判、侦查指挥于一体，在打击、防范、治理电信网络诈骗等新型违法犯罪中发挥着重要作用。

APP 的功能主要有四个：一是当用户收到涉诈电话、短信或登录涉诈网址时，及时进行预警提示。二是当用户发现涉诈线索时，可以一键举报。三是对可疑网友的真实身份、社交账号、交易账号进行涉诈风险验证，降低网络交易风险。四是剖析典型案例，揭秘诈骗套路。

在 APP 主页面，一共分为四个板块：“我要举报”“报案助手”“诈骗预警”“身份验真”（如下页图 14 所示），APP 不仅能实时推送最新骗局陷阱常识，实现防骗知识普及常态化，还能及时甄别可疑来电及短信是否是诈骗电话，并对手机用户进行预警，第一时间受理用户报警，实现全流程防诈保护。

图 14 国家反诈中心 APP 页面

法官小贴士：国家反诈中心 APP 就像是人民群众贴身的防诈手机卫士，方便实用，操作简易，建议大家积极下载，筑牢全天候、全方位的防诈“防火墙”。

2. 12381 涉诈预警劝阻短信

2021 年 7 月 14 日，工业和信息化部联合公安部进一步创新工作方法和思路，正式推出 12381 涉诈预警劝阻短信系统（如图 15 所示），首次实现对潜在被骗用户的短信实时预警，上线以来已成功发送预警信息 1.49 亿条，预警劝阻准确率达 60% 以上。[①]

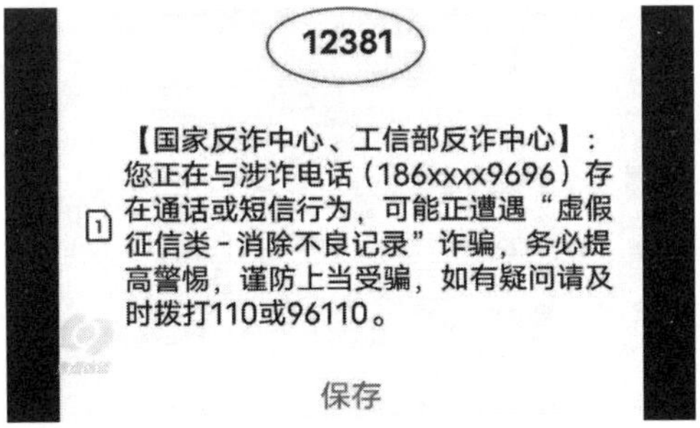

图 15 12381 涉诈预警劝阻短信内容

① 参见《“五大反诈利器”有效防范电信网络诈骗》，载央视网，https://news.cctv.cn/2022/05/19/ARTIJO8XKPF7PxtHlyLVEOdj220519.shtml，最后访问时间：2022 年 11 月 11 日。

12381 系统可根据公安机关提供的涉案号码，利用大数据、人工智能等技术自动分析发现潜在被骗用户，并通过 12381 短信端口第一时间向用户发送预警短信，提示用户可能面临“贷款”“刷单返利”“冒充公检法”“杀猪盘”等高发电信网络诈骗情况。

法官小贴士：如果收到来自 12381 的预警短信，说明很可能遭遇了电信网络诈骗，要保持高度警惕，牢记“三不一多”原则：未知链接不点击、陌生来电不轻信、个人信息不透露、转账汇款多核实，谨防上当。

3. 96110 预警劝阻专线

2019 年 11 月 8 日，96110 预警劝阻专线（如图 16 所示）率先在北京启用，随后推广至全国，目前全国已有 29 个省区市的公安机关开通。

96110 预警劝阻专线是反诈专用号码，主要有以下功能：一是预警劝阻，发现群众正遭遇电信网络诈骗或者属于极易受骗的人员，公安机关将通过该专线及时预警劝阻。二是防骗咨询，如果遇到疑似电信网络诈骗活动，群众可以拨打 96110 进行咨询。三是涉诈举报，如果发现涉诈线索，群众可以通过该号码进行举报。

图 16　96110 预警劝阻专线

法官小贴士：96110 是官方预警劝阻专线，如接到 96110 号码来电，说明机主本人或其家人正遭遇电信网络诈骗，请一定及时接听并耐心听取民警的劝阻提示，避免上当受骗。

需要说明的是，国家反诈中心将预警信息区分为低危、中危和高危三类。对于低危预警信息通过 12381 来发送预警短信，同时将预警指令推送至各地公安机关，各地公安机关对于中危的预警信息，通常采取 96110 电话，或者是标记反诈名片来预警劝阻。对于高危的正在遭受电信网络诈骗的预警，则是由辖区的派出所民警上门劝阻和紧急止付。

（二）查询利器

1. 全国移动电话卡“一证通查”

针对部分群众身份信息被诈骗分子冒用办理涉案电话卡等情况，工业和信息化部推出全国移动电话卡“一证通查”服务（如图 17 所示）。“一证通查”服务打通了 93 家省级基础电信企业和 39 家移动通信转售企业相关数据，只需要使用自己的居民身份证，即可通过线上线下多种渠道查询本人名下持有的全国移动电话卡数量，专用短信端口 10699000 将在 48 小时内向预留手机号码反馈结果，真正实现了全国移动电话卡的统一便捷查询。[①]

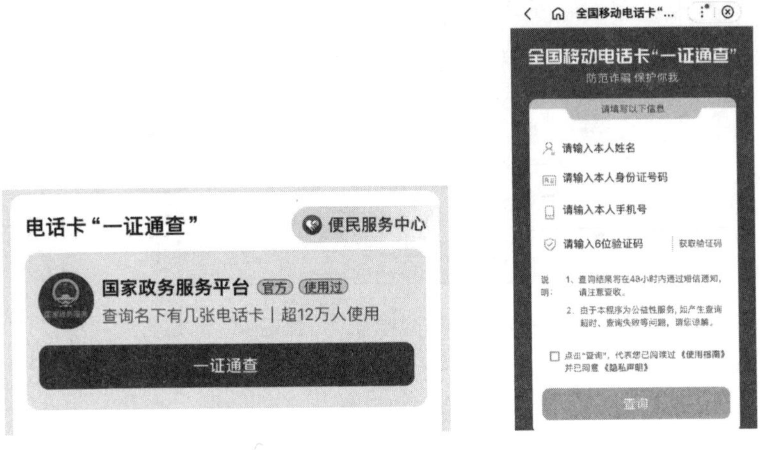

图 17 “一证通查”小程序界面

① 参见《“反诈利器”有效防范电信网络诈骗》，载央视网，https://news.cctv.cn/2022/05/19/ARTIJO8XKPF7PxtHlyLVEOdj220519.shtml，最后访问时间：2022 年 11 月 11 日。

【使用方法】

搜索“一证通查”，点击“国家政务服务平台——一证通查”，填写信息即可。

2. 全国互联网账号“一证通查 2.0”

为防范用户在不知情的情况下注册互联网账号等带来的涉诈风险，工业和信息化部反诈中心（中国信息通信研究院）在全国移动电话卡“一证通查”服务的基础上，联合互联网企业和电信企业于 2022 年 7 月 21 日正式推出“一证通查 2.0”（如图 18 所示）服务——全国互联网账号“一证通查”，用户凭借手机号码和身份证号码后六位，便可查询本人名下手机号码关联的所有互联网账户，还可以对自己未掌握的互联网账号进行注销。

图 18　全国互联网账号“一证通查”界面

该服务目前支持涉及短视频、支付平台、网购平台类共 8 家企业的互联网账号查询，后续将接入更多互联网企业。

【使用方法】

本服务对移动电话卡、互联网账号均适用。

用户可以通过工业和信息化部政务微信公众号“工信微报”和“工信部

反诈专班”，微信公众号“中国信通院”，以及支付宝“一证通查”小程序等方式等进入查询入口。下面以“工信微报”查询方式为例。

第一步：在微信平台搜索“工信微报”（ID：gxwbwx）或长按识别下方二维码关注工业和信息化部政务微信公众号。

第二步：在“工信微报”下设“政务服务”栏目，选择“一证通查”（如图 19 所示）。

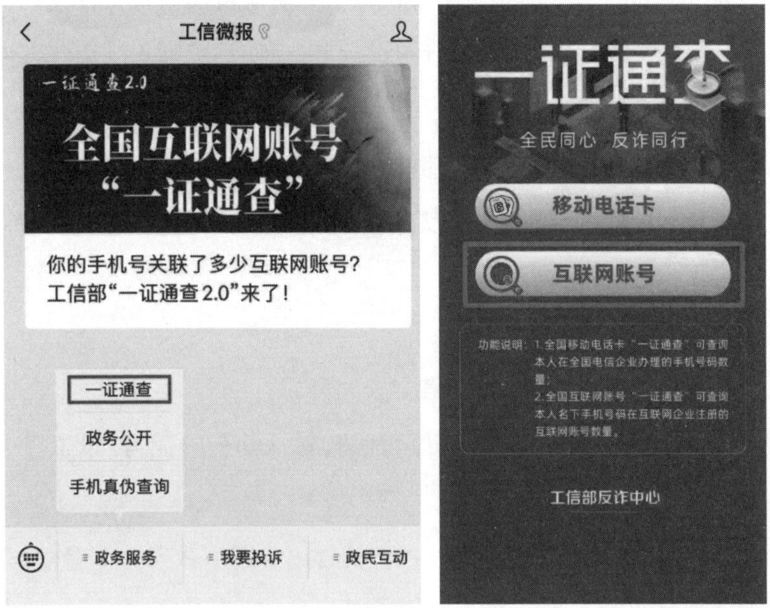

图 19 “工信微报”公众号下的“一证通查”界面

第三步：在进入查询首页后，选择“互联网账号”进入对应页面。

第四步：在查询页面填写手机号码、身份证号码后六位和验证码，即可进行查询。查询结果将在 48 小时内通过 10699000 统一的短信端口进行回复。

3.“云闪付”APP“一键查卡”

为满足群众对于跨行银行卡账户查询的诉求，2021 年 12 月，中国人民银行指导中国银联股份有限公司联合商业银行基于银行业统一 APP 云闪付试点“一键查卡”功能，打造统一查询途径，向公众提供银行卡数量、每张卡的银行名称、借贷记属性、脱敏卡号等信息的查询服务，在确保信息安全的前提下，便利公众直接掌握个人名下银行卡信息，强化自身银行卡管理。

目前，“一键查卡”功能于 2022 年 6 月 29 日向全国境内多个省市的用户开放试用，并支持工商银行、农业银行、中国银行、建设银行、交通银行、邮储银行、中信银行、光大银行、招商银行、浦发银行、民生银行、华夏银行、平安银行、兴业银行、广发银行、浙商银行、渤海银行 17 家全国性商业银行，以及北京银行、上海银行、重庆银行、重庆富民银行、吉林亿联银行、吉林农信、广东农信7家区域性银行的银行卡查询。后续随着试运营逐步完善、推广，将有更多商业银行陆续加入。①

值得注意的是，“一键查卡”功能处于试运营阶段，部分未在商业银行预留手机号、身份证件过期、未开通无卡自助消费业务等情况的银联卡尚不支持查询。

【使用方法】

（1）在各大应用市场中搜索下载“云闪付”。

（2）点击“立即注册”，使用手机号注册，输入短信验证码，设置登录密码，完成注册。

（3）云闪付 APP 实名用户可以在首页常用应用中看到“一键查卡”服务栏目。在线选择当次查询的商业银行范围，通过身份认证后，即可提交查询申请。申请成功后，云闪付 APP 将在 24 小时内生成查询报告，并发送短信至用户云闪付 APP 注册手机号。收到短信通知的用户可通过云闪付 APP 查询页面入口查看报告。报告内容根据商业银行反馈的数据生成，为用户提供脱敏后的卡片信息，并在 7 个自然日后被系统自动删除，充分保障用户信息安全。

---

① 参见《想知道自己有多少张银行卡？“一键查卡”服务来了》，载荆楚网，http://news.cnhubei.com/content/2022-07/01/content_14872062.html，最后访问时间：2022 年 11 月 11 日。

（三）有效拦截境外非必要电话

电信网络诈骗境外有组织犯罪日益猖獗，部分涉诈电话是由境外打来的，这些境外电话往往是以 00 或者 + 号开头，因此接到境外电话要尤其提高警惕。另外，对于没有接听境外电话需求的手机用户，还可以直接联系手机号的运营商设置拦截，完全阻断此类电话。阻断境外来电方法如下。

（1）中国移动用户通过短信发送“KTFSR”到 10086 免费开通，再关注微信公众号“中国移动高频骚扰电话防护”选择骚扰拦截设置，开启国际号段拦截（如图 20 所示）。

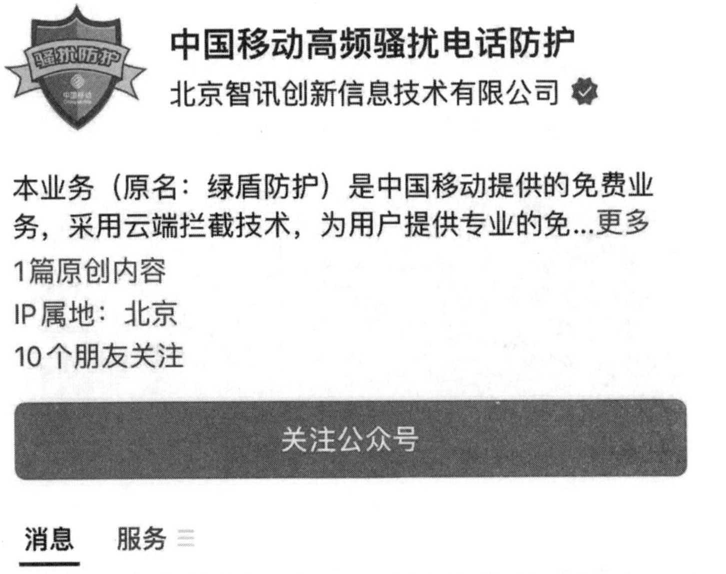

图 20 中国移动高频骚扰电话防护界面

（2）中国电信用户拨打 10000 或关注微信公众号“天翼防骚扰”，点击个人信息，选择我的专属服务，开启国际长途电话智能拦截（如下页图 21 所示）。

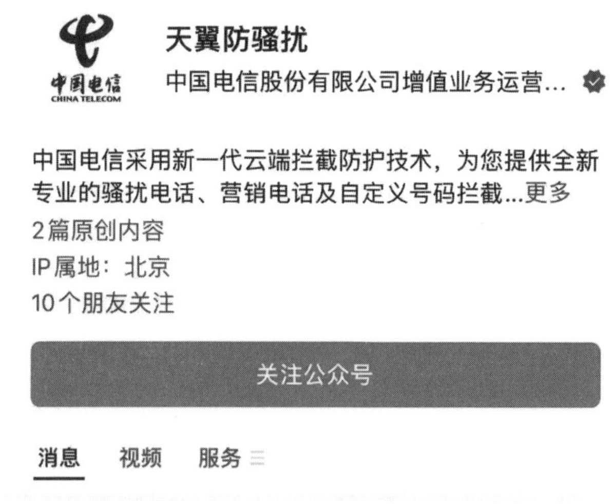

图 21　天翼防骚扰界面

（3）中国联通用户拨打 10010 或关注微信公众号“中国联通微厅”，选择智慧沃服务，订购免费国际电话智能拦截服务（如图 22 所示）。

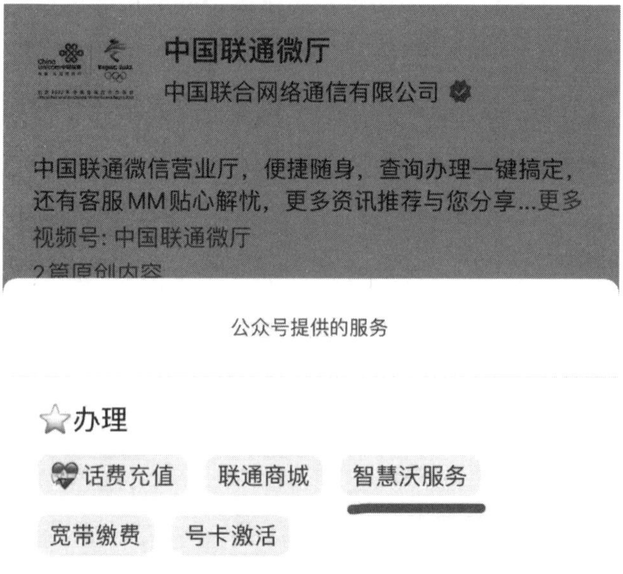

图 22　中国联通设置电话智能拦截服务界面

四、人人自救：及时止损

被害人若不慎掉入不法分子精心设下的陷阱，着急慌乱已于事无补，只会错失自救机会，这时要沉着冷静，积极应对。

（一）步骤一：紧急止损、积极止付

1. 利用支付软件自有渠道进行投诉举报

当在支付软件上完成转账、扫码支付等操作后，发现对方可能存在欺诈行为，造成资金损失时，可以第一时间通过支付软件自有渠道进行举报投诉，以便启动支付软件相应处置程序。目前，常用支付软件大多设置了专门的投诉举报方式并提供了较为详细的流程指引，只需要按照提示要求填录信息、提交证据材料，即可完成欺诈投诉举报。

2. 即时通信软件的投诉举报功能指引

在即时通信软件上遭遇骗局时，可以分别通过访问软件客户端、开发运营方的小程序等方式提交相关证据进行举报投诉。客服人员会对用户提交证据材料进行判定，一般会在 72 小时内完成审核。对利用即时通信软件实施欺诈行为的用户，一经确认，将对违规账号进行梯度处罚直至封停处理，并将审核结果反馈至投诉用户。

3. 自主发起银行紧急冻结

若发现可能与风险账户进行交易遭遇诈骗，可以通过拨打各大银行的客服热线对账户进行临时挂失，起到临时冻结账户的作用。例如，中国工商银行储蓄卡的临时挂失有效期一般为 15 天，15 天后银行卡账户会自动解除挂失，若 15 天内发现没有问题，用户可以携带身份证明到相关网点办理解除临时挂失。另外，还可以通过手机银行、网上银行或者银行的 ATM 机，输入错误密码达到一定次数后对银行卡密码进行锁定，从而阻止线下转账操作。但需要注意的是，

由于银行卡存在线上线下密码分离的情况，锁定卡密码并不能阻止通过手机银行等进行的线上转账操作，该种紧急措施的作用有限。紧急临时冻结可以在一定程度上防止对方在短时间内向其他关联账户迅速转移赃款，这时要利用临时冻结时间去银行网点寻求帮助，为挽回损失争取时间。

（二）步骤二：留存证据，马上报警

及时报警维权十分重要，如果正在被骗或已经被骗，此时我们就是在跟骗子赛跑、争抢时间，报警越及时、提供的信息越多，民警破案、及时止损、挽回损失的可能性就越大。若发现被骗可以立即拨打110或者到就近派出所报警，同时注意收集以下几类证据：

1. 不法分子的所有信息，包括身份证号码、电话号码、银行卡号、账户信息、电话录音等。

2. 与不法分子沟通的微信、QQ等所有社交软件的聊天记录截图。

3. 网上转账记录、纸质汇款凭证、银行电子回单、取现凭条等交易信息。

4. 涉诈平台网站的链接、截图等。

（三）捂紧“钱袋子”，“三个警惕”要记牢

一是“不劳而获”要警惕。“天底下没有免费的午餐”，打消“用小钱赚大钱”“我捡着大便宜了”的念头，骗子们神神秘秘“我给您专门申请的额度”“不要告诉任何人”“您这绝对能卖出好价钱”的话术，以及所谓稳赚不赔、利润翻倍都是虚假承诺，不能轻信。

二是“来路不明”要警惕。陌生链接不点击，非官方软件不下载，不在非正规机构和网站填写个人资料，陌生电话不接听或及时挂断，身份证号码、银行卡号、密码、验证码等关键信息一定要妥善保管。

三是“不能见光”要警惕。部分受害人投资、交友时未告诉家人，被骗后怕家人埋怨不敢告诉家人，常常既遭受钱财损失，又背负巨大心理压力。

如有投资理财、社会交友等计划，多和亲朋好友商量，听取身边人意见，尤其可以征求具有一定社会阅历、知识背景的家人朋友的意见，必要时可以咨询专业机构寻求对策建议。

打击治理防范诈骗犯罪是一项系统性工程，必须坚决贯彻党中央决策部署、体现人民意愿，必须适应统筹发展与安全、兼顾维护社会管理秩序和保障人民群众财产安全的实践需要，唯有构建起“不敢骗、不能骗、骗不了”的全链条打击、一体化治理体系，才能打赢这场全民反诈人民战争，最终实现天下无诈，把民生愿景变成幸福实景，让中国式现代化的建设成果惠及人民群众生活的方方面面，让老百姓更安心、放心、舒心，让人民获得感、幸福感、安全感更加充实、更有保障、更可持续。

图书在版编目 (CIP) 数据

法槌下的正义 : 全民反诈指引 / 罗兰等著 . — 北京 : 中国法制出版社 , 2023.8（2023.12重印）

ISBN 978-7-5216-3186-9

Ⅰ . ①法… Ⅱ . ①罗… Ⅲ . ①诈骗—鉴别—案例—中国 Ⅳ . ① D669.8

中国版本图书馆 CIP 数据核字（2022）第 223542 号

策划编辑 / 责任编辑：孙 静（bnusunjing@163.com） 封面设计：杨泽江

法槌下的正义：全民反诈指引

FACHUI XIA DE ZHENGYI : QUANMIN FANZHA ZHIYIN

著者 / 罗兰 等

经销 / 新华书店

印刷 / 三河市紫恒印装有限公司

开本 / 710 毫米 ×1000 毫米 16 开 印张 / 19.5 字数 / 268 千

版次 / 2023 年 8 月第 1 版 2023 年 12 月第 2 次印刷

中国法制出版社出版

书号 ISBN 978-7-5216-3186-9 定价：68.00 元

北京市西城区西便门西里甲 16 号西便门办公区

邮政编码：100053 传真：010-63141600

网址：http://www.zgfzs.com **编辑部电话：010-63141787**

市场营销部电话：010-63141612 **印务部电话：010-63141606**

（如有印装质量问题，请与本社印务部联系。）